U0057974

教學理論與方法
Teaching Theories and Methods

張清濱　著

作者簡介

張清濱

臺灣省南投縣人

學歷：國立政治大學西洋語文學系文學士（1967）

國立政治大學教育碩士（1971）

美國北愛荷華大學（University of Northern Iowa）學校行政碩士（1982）

國立政治大學教育學博士（1994）

國家考試：高等考試教育行政人員及格（1970）

研習：美國東西中心（East-West Center）師範教育與學校行政研習（1973）

經歷：臺北縣及人中學教師（1970～1971）

臺灣省政府教育廳股長、視察、督學、總務室主任、第一科科長、研究員兼督學室主任（1971～1995）

臺灣省國民學校教師研習會主任（1995～1997）

臺灣省中等學校教師研習會主任（1997～1999）

教育部臺灣省中等學校教師研習會主任（1999～2002）

中臺醫護技術學院應用外語系副教授（2003～2007）

中臺科技大學應用外語系兼文教事業經營研究所教授（2007～2013）

朝陽科技大學師資培育中心兼任教授（2007～2016）

國立彰化師範大學師資培育中心兼任教授（2007～）

著作：《學校行政》（1988），台灣書店

《學校行政與教育革新》（1997），台灣書店

《學校經營》（2007），學富文化事業有限公司

《學校教育改革：課程與教學》（2008），第三版，五南圖書
出版公司

《教學視導與評鑑》（2008），一版二刷，五南圖書出版公司

《教師心理學》（2015），五南圖書出版公司

《教學原理與實務》（2020），第二版，五南圖書出版公司

《課程與教學：理論與實務》（2021），五南圖書出版公司

《教學理論與方法》（2021），一版二刷，心理出版社股份有
限公司

自序

　　教學是學校教育的核心;沒有教學,教育就淪為空談。廣義的教學包含教師的教學(teaching)與學生的學習(learning)。教學理論與方法主要來自學習理論,學習成為教學的中心課題。

　　教學是一個複雜的歷程,它涉及許多的要素,至少包括教師、學生、教學目標、教學材料、教學方法,以及教學評量,學習則與這些要素息息相關。除了具備專門學科的知能外,教師要了解學生身心發展的狀態、探討各級各類的教育目標、熟悉教材的組織、採取有效的教學方法,以及妥善運用評量的方式,教學才能得心應手、應付裕如。這些歷程牽涉到一個問題——學習究竟如何產生?學習理論即在描述學習的歷程與本質,從而構成教學理論。

　　然而,教學理論貴在實踐。教學理論要轉化為具體可行的教學方法,徒有教學理論而無教學方法,教學理論就會變成空中樓閣、紙上談兵。教學理論與教學方法必須兼籌並顧、攜手並行。

　　基於上述理念,本書分為兩篇,分別探討教學理論與教學方法。「教學理論篇」闡述神經科學、行為學派、認知發展、社會認知、資訊處理、認知學習、人文學派、多元智能、學習型態、情緒智商、建構理論,以及動機等理論。「教學方法篇」論述直接教學、探究教學、問題解決教學、創意教學、個別化教學、小組教學、合作學習、協同教學,以及道德教學等方法,最後討論教學評量。教學理論篇各章末節皆有教學的應用與省思,各種教學方法亦有實務演練,實為本書最大特色。

　　依據美國心理學家 Abraham Maslow 的需求階層理論,人生的最高需求層次是自我實現(self-actualization)。作者畢生從事教育工作,總覺得

尚有許多事情沒有完成，乃利用退休之餘，撰寫本書以達成自我實現。

許多教師或相關教育人員博覽群籍、知識廣博、經驗豐富、處事嫻熟。但是，無可諱言，亦有少數教師滿腹經綸、博學多聞，卻常陷入「書到用時方恨少」的窘境，對於教學或行政問題依然束手無策，終究無濟於事。揆其原因，泰半未能融會貫通，無法學以致用。因之，本書先從理論著手，探討各派學說，並舉出例證，以求應用；進而研討方法，將理論化為實務，舉出若干實例，以供演練。冀望讀者能舉一反三、觸類旁通，對於教學與行政工作或許有所助益。

本書可供大學校院師資培育中心、教育系所學生修習教育心理學、教學原理、課程發展與設計、班級經營、兒童（青少年）發展與輔導、教學實習及研習機構研習之用，亦可供各級學校教師與教育行政機關人員參考與應用。唯作者才疏學淺，思慮不周，舛誤之處實所難免，尚祈方家不吝指正。

張清濱

2017 年 8 月

目 次

第二篇　教學方法篇

表　次

圖　次

第一篇

教學理論篇

Chapter 1

學習的概念

　　教學是學校教育的核心，沒有教學，教育就淪為空談。廣義的教學包含教師的教學（teaching）與學生的學習（learning）。教學理論與方法主要來自學習理論。學習成為教學的中心課題。

　　學習理論不斷在發展與改變之中，學習理論家與研究者對於學習從來沒有一致的看法。一般的學習理論可分為行為學派、認知學派，以及人文／人本學派。近年來，學習理論逐漸擴大研究的範圍，包含：神經科學（neuroscience）、行為理論（behaviorism）、認知理論（cognitivism）、人本理論（humanism）、社會認知理論（social cognitive theory）、資訊處理理論（information processing theory）、建構理論（constructivism），以及動機（motivation）理論等。本章就學習的基本概念包括：學習的定義、學習理論的先驅、學習心理學的研究，以及學習心理學的重要議題，分別敘述。

第一節　學習的定義

　　學習涉及知識、技能、策略、信念的獲得與行為的改變。雖然心理學家利用動物來進行實驗，建立學習的理論，人類的學習根本上有別於動物

的學習，因為人類的學習更加複雜、精巧、快速，而且會使用語言（Schunk, 2012, p. 2）。學習沒有放諸四海而皆準的定義（Shuell, 1988）。Kimble（1961, p. 6）把學習界定為：「行為受到強化後相當持久的改變。」Olson 與 Hergenhahn（2009, p. 1）則認為，學習是「可觀察的行為改變」。一般的學習可定義為：「學習是行為的持久改變，以固定的方式或從實際或別的經驗形式造成的能力。」（Schunk, 2012, p. 3）

從上述的定義可以看出學習是透過經驗而產生持久的改變。它涵蓋三個準則，分述如下（Schunk, 2012, p. 4）：

1. 學習涉及改變

當人們有能力去做不同事情的時候，就產生學習。人們透過各種方式學習，並且依據他們所作所為予以評估。當學習產生的時候，人們學會了知識、技能、信念或行為，造成能力的改變。

2. 學習持續一段時間

學習不是短暫的行為改變而是持久的行為改變，例如：人們服用藥物、喝酒等因素而引起行為的改變，都是暫時性的；這樣不算是學習，因為原因消除後，行為就回到原來的狀態。然而，學習也未必是永久性的，因為人們會遺忘。

3. 學習透過經驗而產生

這個準則排除受到遺傳決定的行為改變，例如：兒童發育的行為（如爬行、站立等）。然而，成熟發育（maturation）與學習之間的差別不十分明顯。人們的舉止行為可能有遺傳的傾向，但特殊行為的發展有賴於環境。語言的學習便是一個例子。人類的聲帶發展成熟，就可以透過互動，學習語言。雖然遺傳對於學習有很大的影響，環境受到了侷限，就不容易學習。

學習必須具備上述這三個準則，缺一就不構成學習。有些行為改變，如良好的運動控制行為可以歸之於成熟，因此不視為學習。其他的行為改

變如飢餓時尋找食物，顯然是暫時的狀態，也不能稱為學習。學習需要透過經驗，學習產生的歷程與結果構成學習理論的核心（Driscoll, 2000, p. 11）。

孟子說：「人之異於禽獸者，幾希。」（《孟子・離婁篇下》）人類畢竟有別於動物，最大的差異就在於人有「四端」（《孟子・公孫丑篇上》）：惻隱之心、羞惡之心、辭讓之心，以及是非之心。這四端是可以教養、可以學習的。宋代教育家張載也認為「學以變化氣質」，道盡學習的本意。平常我們觀察人類的行為舉止，有些人溫文儒雅，氣質非凡；另有些人行為粗暴，狂妄無知。行為的好壞都是學習的結果，人性的發揚、氣質的改變就是學習的確據。

縱然學習有好壞之分，從教育的觀點言之，教育的目的是要發展學生的潛能，矯正缺失，成為有用的人才。許慎的《說文解字》說：「教，上所施，下所效也；育，養子使作善也。」《禮記・學記篇》也說：「教也者，長善而救其失者也。」準此以觀，教育是要使人為善，引導學生良性的發展；學生學壞了，不是學習的本意，而是違背教育的原則，失去教育的意義。

第二節　學習理論的先驅

當代的學習理論可以追溯到古代哲學家探討知識的起源，而演變成現代心理學家的學習理論。從哲學的觀點，學習可以在認識論（episte-mology）裡討論知識的起源、本質、限制，以及方法。例如我們是怎樣知道的？我們怎樣去學習新的事物？知識的起源是什麼？現代心理學家認為知識可分為先天的知識與後天得來的知識。先天的知識是與生俱有的知識，不經學習就會的知識，例如：飢餓求食、口渴求喝；後天的知識是學習得來的知識，例如：工作職場的知識、技能。從學習的觀點，知識的起源有兩派不同的主張：理性主義（rationalism）與經驗主義（empiricism）（Schunk, 2012, pp. 4-7）。

壹　理性主義

　　理性主義主張知識是經由推理的思考而來的。理性主義可追溯至古希臘的 Plato（427?-347? B.C.）。他把感官得來的知識（knowledge acquired）與推理得來的理念作了區別。Plato 相信事物（如房子、樹木等）是經由感官顯現出來，而理念是把所知道的事物經由推理或思考得來的。推理是最高的心智能力（mental faculty），因為透過推理，人們學會抽象的理念。

　　另一位理性主義的代表人物是法國的哲學家及數學家 René Descartes（1596-1650）。他把懷疑當作探究的方法，透過懷疑而得到的結論是絕對的真理，是不容易遭受懷疑的。他相信「我思，故我在」（I think, therefore I am）。透過演繹推理，他證明上帝是存在的，透過推理而得到的理念也必定是真實的。像 Plato 一樣，Descartes 建立心物二元論（mind-matter dualism）。他認為外在世界如同動物的動作是機械式的。人之異於禽獸，乃是人有推理思考的能力。人類的心靈或思考的能力影響身體的機械式動作，但身體的動作係受到感官的經驗所引起。

　　德國哲學家 Immanuel Kant（1724-1804）把理性主義發揚光大，將理性主義闡述得更淋漓盡致。他在《純粹理性批判》（*Critique of Pure Reason*）一書中，針對心物二元論提出批判，指出外在世界是混亂的，但心中察覺出來的卻是井然有序的，因為秩序是由心靈產生的。Kant 堅信理性思考是知識的來源，但主張理性是在經驗的範疇運作。

　　總而言之，理性主義認為知識是透過心靈而產生。人們從外在的世界獲得感官的訊息，但理念是從心靈的運作得來的。

貳　經驗主義

　　相對於理性主義，經驗主義認為經驗是知識唯一的來源。最早採取這

個觀點的是 Aristotle（384-322 B.C.），他是 Plato 的學生。他的主張不同於 Plato，認為理念不能獨立存在於外在的世界。Aristotle 提出有關記憶的連結原理（principle of association）。兩種物體或兩個理念的回憶觸及其他類似的、不同的，或者體驗過的物體或理念的回憶。兩種物體或兩個理念的連結愈強，回憶的可能性愈高。連結原理的學習在今日心理學仍有其重要性。

　　另一位具有影響力的經驗主義代表人物是英國哲學家 John Locke（1632-1704）。他發展經驗主義學派，認為人類沒有天賦的理念；一切的知識都來自兩種類型的經驗：外在世界的感官印象（sensory impressions）與個人的體會（personal awareness）。人類出生時，心靈猶如一張白紙，理念是從感官印象與個人對這些印象的反映得來。

　　總而言之，經驗主義主張經驗是知識的唯一形式。從 Aristotle 開始，經驗主義者認為外在世界當作感官印象的基礎。物體或理念的連結形成複雜的刺激或心理的類型。

　　哲學的觀點與學習的理論不盡相同，但是制約理論（conditioning theory）通常是經驗主義者，而認知理論（cognitive theory）多偏向理性主義者。

第三節　學習心理學的研究

　　心理學何時成為一門科學難以確定，然而有系統的心理學研究在 19 世紀後期開始出現。對學習理論有重大影響的兩位代表人物是 Wilhelm Wundt（1832-1920）與 Hermann Ebbinghaus（1850-1909）（Schunk, 2012, pp. 7-10）。

壹　Wundt 的心理學實驗室

　　美國心理學家 William James（1842-1910）於 1875 年在哈佛大學

（Harvard University）設立教學實驗室，Wundt 則於 1879 年在德國萊比錫創立第一個心理學實驗室（Dewsbury, 2000）。Wundt 想要把心理學成為一門科學，他的實驗室頗負國際聲譽，於是創立心理學研究期刊。隨後在 1883 年，Stanley Hall（1844-1924）也於美國成立第一所研究實驗室（Dewsbury, 2000）。

　　心理學實驗室的設立是一個劃時代的創舉，Wundt 把形而上的哲學理論轉成實驗的心理學（Evans, 2000）。這個實驗室是許多從事科學研究者的結晶。他在《生理心理學原理》（*Principles of Physiological Psychology*）一書中認為，心理學乃在研究人類的心靈（mind）。心理學的方法應該取法於生理學，研究過程應該以實驗方式，控制刺激並測量反應。

貳　Ebbinghaus 的語言學習（verbal learning）

　　Ebbinghaus 是德國心理學家，與 Wundt 的實驗室沒有關聯，但他促進心理學採用實驗法成為一門科學卻是功不可沒。他研究記憶的高層次心理歷程，接受連結原理，並且相信學習與學過的訊息回憶有賴於訊息出現頻率的強度。正當的測試假設要使用受試者不熟悉的資料。Ebbinghaus 創用無意義的音節（nonsense syllables），即子音－母音－子音混合的三個字母，進行研究。

　　Ebbinghaus 常常把自己當作研究的對象。在一項典型的實驗裡，他設計了一張無意義的音節表，受試者短暫地注視一個音節、停頓，然後再注視下一個音節。他研判受試者要看多少次才能學會整張表的音節。他反覆學習這張表，少有錯誤；學習更多的音節就需要較多的嘗試，起初很快就會忘記，然後漸漸地，重新學習就比前次花費較少的時間。他發現記住有意義的音節可使學習更為容易。

　　Ebbinghaus 經常使用（自己）一個人當實驗對象，研究結果不可能有偏見。但是我們不禁懷疑學習無意義音節的結果可否概念化為有意義的學習。無論如何，他是一位嚴謹的研究者，他的許多研究發現後來都經過實

驗印證有效。Ebbinghaus 可說是一位把高層次的心理歷程帶進實驗室的先驅。

參　學習研究的類型

心理學家設計並從事許多類型的研究，主要可分為下列四種（張文哲譯，2013，頁 23-31；Schunk, 2012, p. 12; Woolfolk, 2011, p. 14）：

1. 敘述性研究（descriptive studies）

旨在發現並蒐集某一主題的資料，通常採用調查（survey）或訪談（interview），有時進行民族誌（ethnography）的研究或田野調查（field studies），亦有針對某一特殊個案進行個案研究（case studies）。

2. 相關研究（correlation studies）

係指在自然情境下，研究變項之間有無相關的存在。變項之間的關係可能是正相關、負相關或零相關。相關研究有其限制，它無法辨認原因與結果，例如：自我效能與學習成就之間的正相關可能指：(1)自我效能影響成就；(2)成就影響自我效能；(3)自我效能與成就相互影響；(4)自我效能與成就受其他因素的影響。因此要判斷原因與結果，最好採用實驗方法。

3. 實驗研究（experimental studies）

是用以考驗某處理之效果的程序。在實驗裡，研究者施以實驗處理而分析其效果。隨機化實地實驗（randomized field experiments）是常用的實驗研究，通常研究對象分為實驗組（experimental group）與控制組（control group）。前者是在實驗中接受特別處理的組，後者是在實驗中未接受特別處理的組。實驗研究可以澄清因果關係，有助於了解學習的本質。同時，實驗研究的範圍狹窄，研究者通常僅研究某些變項，並且設法控制其他的影響至最小的限度。課堂或其學習的場所甚為複雜，許多因素要立即掌控。一、兩個變項造成的結果可能過度強化它的重要性，有必要重複進行實驗並檢驗其他變項以便進一步了解其影響。

4. 行動研究（action research）

是一種特別形式的敘述性研究，由教師本人在自己的班級或學校進行與工作有關的研究。

相關研究與實驗研究屬於量化研究（quantity research），必須用統計方法呈現研究發現；敘述性研究與行動研究可採用質性研究（quality research）或量化研究。

第四節　學習心理學的重要議題

行為理論（behavioral theory）視學習為行為的發生頻率、或者行為或反應的形式，主要受到環境因素的功能而產生改變。行為理論主張學習涉及刺激與反應之間連結的形成。依據 B. F. Skinner 的觀點，由於先前反應的後果，刺激的反應更可能在未來發生。強化的後果（如獎賞）將使反應更可能發生，而懲罰的後果將使反應更不可能發生。

行為理論在 20 世紀前半甚為盛行，大部分較古老的學習理論都是行為理論。這些理論以可觀察的行為現象來闡釋學習。行為理論者認為學習的行為不包括內在的思考、信念、感覺，不僅因為這些歷程不存在，而且因為學習的原因是可觀察的環境現象。

相反地，認知理論（cognitive theory）強調知識與技能的獲得、心理結構的形成，以及資訊的處理。從認知理論的觀點，學習是內在的心理歷程。它的建構、獲得、組織、記憶的編碼、演練、儲存，以及復原都是認知理論的中心課題。

這兩派的學習理論對於教育的實務有重大的啟示。行為理論讓教師得以妥善安排環境，這樣學生可以針對刺激做出適當的反應；認知理論強調有意義的學習並且考量學生的感受，教師需要考慮教學時如何影響學生的思考。

學習理論演變成許多學派，各派理論不盡相同，衍生許多議題，值得

進一步探討。學習理論至少有下列六大議題（Schunk, 2012, pp. 21-25）：

壹 學習如何產生？

行為理論與認知理論承認學習者與環境的個別差異會影響學習，但是它們對於兩大因素的重要性各有不同的看法。行為理論強調環境的重要性，更明確地說，也就是刺激如何安排呈現與反應如何強化。認知理論重視學習者的個別差異，認為身心發展狀態影響學習，例如：身心障礙的學生不容易學習困難或複雜的知識技能。

貳 記憶的角色如何？

各派學習理論在記憶扮演的角色上抱持不同的觀點。有些行為學派理論以神經連結的觀點，認為記憶是與外在刺激相連結的行為功能。大部分的行為學派理論認為遺忘是因為長久缺少反應所引起。

認知學派理論認為記憶在學習方面扮演重要的角色。資訊處理理論視學習等同於編碼（encoding），或在記憶中以有組織、有意義的方式儲存知識。資訊從記憶中復原以回應相關的線索。遺忘係因受到干擾、記憶消失、或暗示不足，無法從記憶中回復原有的資訊。記憶對於學習至為重要，資訊如何學習決定了資訊如何儲存與如何從記憶中復原。

參 動機的角色如何？

動機（motivation）影響學習與表現的各層面。各種學派對於動機理論各有不同的觀點，分述如下（Eggen & Kauchak, 2016, p. 397）。

一、行為學派或行為理論的觀點

行為學派把動機界定為行為發生的增加率或概率，它是為了回應刺激

或當作強化作用的後果，重複行為的結果。行為理論者把學習視為可觀察的行為改變。學生肯花時間學習就是動機的證據，因此，諸如讚賞、作業評語、優良成績都是動機強化物（motivators）（Schunk, Meece, & Pintrich, 2014）。

獎賞並非萬靈丹。內在動機所引起的學習者並不在意獎賞，對此類學生，獎賞反而減低學習的興趣（Ryan & Deci, 2009）。過度獎賞也會變成功利主義的傾向。此外，面臨艱鉅的任務時，即便施以強化，學生也會無動於衷（Perry, Turner, & Meyer, 2006）。

儘管有這些批評，獎賞仍然可以當作動機強化物。教師若能妥當使用強化物，可以激發學生的學習動機。

二、認知學派或認知理論的觀點

認知學派的動機論者認為人類與生俱有解決疑惑、好奇、堅持，以及想要獲得回饋的慾望。這些趨向促使個人引起學習的動機（Greeno, Collins, & Resnick, 1996）。

社會認知理論者強調學習者的期望與觀察他人的行為對於動機的影響。學習者觀察到他人學習的熱忱與興趣，因而增進學習者的學習動機（Schunk & Pajares, 2004）。

三、社會文化論的觀點

社會文化論者認為社會互動對於動機會產生重大的影響，尤其學生在課堂參加合作學習的經驗（Hickey & Zuiker, 2005）。

有些專家提出動機的近側發展區（motivational zone of proximal development）觀點，認為學習活動與學習者的先備知識及經驗要互相接近配合，兩者之間的差距太大不容易引起學習的動機（Brophy, 2010）。

四、人文學派或人本論的觀點

人文學派注重全人（the whole person）的教育，視動機為人類企圖實

現個人的潛能並且完成自我實現（self-actualization）。依據這種觀點，了解動機就需要了解人類的思想、感覺，以及行動。但是只有了解行為或思想仍不足以了解學生，教師必須了解整體，包括人之所以為人（Schunk & Zimmerman, 2006）。

Maslow（1968）提出需求階層理論（hierarchy of needs），把人類的需求分為五個層級：生理需求、安全需求、社會需求、自尊需求，以及自我實現需求。在動機理論方面，需求是一種內部力量或獲得或避免某種事物的驅力（drive）（Schunk et al., 2014）。

Rogers 創立「以人為中心的治療」（person-centered therapy），他相信無條件的正向關注（unconditional positive regard）至為重要，無論學生的行為如何，要把學生視為與生俱有價值（Rogers & Freiberg, 1994）。依據他的觀點，有條件的關注阻礙個人的成長。受教師或父母親無條件接納的學生更可能引起學習的動機（Kohn, 2005）。

肆　學習遷移如何產生？

學習遷移（transfer of learning）係指以新的方式，應用於新教材或新情境，有別於原先學習得到的知識技能。學習遷移也指原先學到的知識技能對於新的學習產生影響。行為理論強調遷移有賴於兩種情境間具有共同的元素或類似的特徵，例如學會拉丁文，再學西班牙文，就會產生學習遷移，因兩者具有一些共同的元素。認知理論認為當學習者了解如何應用知識於不同的場合時，就會產生學習遷移。資訊如何儲存至為重要，知識的運用隨著知識的本身儲存起來，例如學生學會記憶術記住英文單字「電梯」（elevator），再學單字「手扶梯」（escalator），學會分辨兩者的差異。兩者運用的情境並無共同的元素。

從行為理論的觀點言之，教師教學時，要增加情境之間的相似性並指出兩者之間的共同元素。認知論的觀點則強調知識如何在不同的場合運用。教師要教導學生一些在情境中應用的規則與程序，以判定何種知識有

其必要，並且提供學生回饋，如何採取不同的方式，運用技巧與策略，發揮最大的效用。

伍 自我調整涉及哪些歷程？

自我調整（self-regulation）或自我調整學習（self-regulated learning）是指學習者引導自己的思想、感覺以及動作，朝向目標的達成（Schunk & Zimmerman, 2001）。傳統的研究者認為自我調整的歷程涉及訂定目的或目標、採取目標導向的行動、監控策略與行動，以及調整策略以確保成功。行為學派的研究者主張自我調整涉及自我強化的權變措施，著重學習者的外顯行為：自我監控、自我教學，以及自我強化。認知學派的研究者強調心理歷程，諸如專注、演練、學習策略的運用，以及理解的監控。認知理論者也重視有關自我效能、學習成果，以及學習的價值等動機信念（Schunk, 2001）。自我調整的關鍵要素是選擇。如果學習者的選擇太少，他們的行為大部分會淪為外在的調整而非內在的自我調整。

陸 學習理論對於教學有何啟示？

學習理論企圖闡釋各種不同型態的學習，但是它們的實際作為卻大相逕庭（Bruner, 1985）。行為學派理論著重刺激與反應之間連結的形成，似乎較適合應用於簡單的學習形式，諸如數學乘法運算、外語單字意義，以及地理城市的學習等。認知學派理論強調資訊處理、記憶網路，以及學生的課堂因素（教師、同學、教材與組織等）的感受與解析。認知論似乎較適合於解釋複雜的學習形式，諸如解答數學難題、從課文推論，以及撰寫文章等。

有效的教學需要教師因人、因時、因地制宜，判定何種理論與措施最適合自己班上的學生。當學生需要強化時，教師就應該適時予以強化。

第五節　教學的應用與省思

　　教學是一個複雜的歷程，它涉及許多的要素，至少包括教師、學生、教學目標、教學材料、教學方法，以及教學評量。學習與這些要素息息相關。除了具備專門學科的知能外，教師要了解學生身心發展的狀態、探討各級各類的教育目標、熟悉教材、採取有效的教學方法，以及妥當使用評量方式，教學才能得心應手、應付裕如。這些歷程牽涉到一個中心問題──學習究竟是如何產生的？學習理論即在描述學習的歷程（Driscoll, 2000, p. 25）。教師最重要的任務就是妥善運用這些學習理論。

壹　教學的應用

　　顯然地，教師要深入研究學習理論，將它融會貫通，應用於教學，才能發揮教學的效果。學習理論在教學上的應用敘述如下：

一、教師扮演的角色

　　教學的主角是教師。他們應該扮演良師的角色，傳道、授業並解惑。現代的教師同時要扮演「十項全能」的角色：廚師、人師、經師、工程師、設計師、醫師、園藝師、幽默大師、魔術師，以及裁縫師（張清濱，2008，頁 125）。

二、學生的學習能力

　　教學的主要對象是學生。沒有對象，教學必成為自導自演，紙上談兵，不切實際。教學時，教師必須先了解學生的起點行為（entering behavior）及個別差異，判斷學生的學習能力與水準，才能因材施教。

三、教學目標的訂定

教育的目的何在？教學的目標為何？這是教學歷程必須考慮的要素。教學沒有目標，猶如無舵之舟，航行大海，茫茫然沒有方向，隨波逐流。教學前，教師應訂定明確的教學目標，安排學習活動，以達成預期的效果。

四、教材的運用方式

教學的材料（teaching materials）通常包括教材及視聽媒體器材。教學前，教師對於教材應有透澈的了解並應準備有關的教學媒體。若無媒體器材可資應用，師生亦可製作教具，可能的話，得由學生自備。

五、教學的策略方法

教學方法包括教學策略、方法、技術或技巧。教學方法很多，例如：問題解決教學法、思考教學法、小組教學法、練習法、討論法、探究法、欣賞法、協同教學、合作學習，以及電腦輔助教學等。教師應該從學習理論判斷何種學科採用何種教法才適當。

六、多元的教學評量

學生學習有無困難？教學目標是否達成？學習效果如何？唯有實施教學評量，教師才能了解學生學習的情形。通常教學開始前，教師應該進行診斷性評量（diagnostic evaluation）；教學過程中，教師要進行形成性評量（formative evaluation）；教學結束，教師也要進行總結性評量（summative evaluation）。

貳　教學的省思

研讀本章學習的概念之後，請思考並回答下列問題：

1. 學習的定義為何？它有哪些準則？

2. 有些心理學家以動物作為實驗的對象，建立學習理論。你認為動物的學習理論可以推論到人類的學習嗎？兩者有何不同？

3. 依據行為學派的觀點，獎賞可以當作動機的強化物。你認為獎賞在教學上有何利弊得失？

4. 教師面臨課程與教學改革，應扮演哪些重要的角色？請舉出五種角色並說明之。

5. 行為學派與認知學派對於記憶的觀點有何不同？請就兩派的觀點，說明遺忘的原因。

6. 下列何者不是學習的本意？(1)小明從社團活動學會跳舞；(2)曉華從電視節目學會唱歌；(3)大年從電腦學會資訊處理；(4)小林從社區同伴學會吸毒。

7. 行為學派的學習理論接近何種哲學的認識論？(1)自然主義；(2)理性主義；(3)理想主義；(4)經驗主義。

8. 認知學派的學習理論接近何種哲學的認識論？(1)經驗主義；(2)自然主義；(3)理想主義；(4)理性主義。

9. 王老師想要針對自己任教的班級進行專案研究，探討小班教學對英語學習的影響。此種專題研究較適合採用哪一類型的研究？(1)相關研究；(2)敘述性研究；(3)實驗研究；(4)行動研究。

10. 興仁國民中學輔導教師李老師針對學校高風險的學生進行特殊的個案研究。此種研究性質較屬於哪一類型的研究？(1)相關研究；(2)實驗研究；(3)行動研究；(4)敘述性研究。

參考文獻

中文部分

張文哲（譯）（2013）。**教育心理學**（原作者：R. Slavin）。臺北市：學富。

張清濱（2008）。**學校教育改革：課程與教學**。臺北市：五南。

英文部分

Brophy, J. (2010). *Motivating students to learn* (3rd ed.). New York, NY: Routledge.

Bruner, J. S. (1985). Models of the learner. *Educational Researcher, 14*(6), 5-8.

Dewsbury, D. A. (2000). Introduction: Snapshots of psychology circa 1900. *American Psychologist, 55*(2), 255-259.

Driscoll, M. P. (2000). *Psychology of learning for instruction* (2nd ed.). Boston, MA: Allyn & Bacon.

Eggen, P. D., & Kauchak, D. P. (2016). *Educational psychology: Windows on classrooms* (10th ed.). Boston, MA: Pearson.

Evans, R. B. (2000). Psychological instruments at the turn of the century. *American Psychologist, 55*, 322-325.

Greeno, J., Collins, A., & Resnick, L. (1996). Cognition and learning. In D. Berliner, & R. Calfee (Eds.), *Handbook of educational psychology* (pp. 15-46). New York, NY: Macmillan.

Hickey, D. T., & Zuiker, S. J. (2005). Engaged participation: A sociocultural model of motivation with implications for educational assessment. *Educational Assessment, 10*, 277-305.

Kimble, G. A. (1961). *Hilgard and Marquis' conditioning and learning* (2nd ed.). Englewood Cliffs, NJ: Prentice-Hall.

Kohn, A. (2005). Unconditional teaching. *Educational Leadership, 63*(1), 20-24.

Maslow, A. (1968). *Motivation and personality*. New York: Harper and Row.

Olson, M. H., & Hergenhahn, B. R. (2009). *An introduction to theories of learning* (8th ed.). Upper Saddle River, NJ: Pearson.

Perry, N. E., Turner, J. C., & Meyer, D. K. (2006). Classrooms as contexts for motivating learning. In P. A. Alexander, & P. H. Winne (Eds.), *Handbook of educational psychology* (2nd ed.) (pp. 327-348). Mahwah, NJ: Lawrence Erlbaum Associates.

Rogers, C., & Freiberg, H. J. (1994). *Freedom to learn* (3rd ed.). Upper Saddle River, NJ: Merrill/Pearson.

Ryan, R. M., & Deci, E. L. (2009). Promoting self-determined school engagement, motivation, learning, and well-being. In K. R. Wentzel, & A. Wigfield (Eds.), *Handbook of motivation at school*. New York, NY: Routledge.

Schunk, D. H. (2001). Social cognitive theory and self-regulated learning. In B. J. Zimmerman, & D. H. Schunk (Eds.), *Self-regulated learning and academic achievement: Theoretical perspectives* (2nd ed.) (pp. 125-151). Mahwah, NJ: Lawrence Erlbaum Associates.

Schunk, D. H. (2012). *Learning theories: An educational perspective* (6th ed.). Boston, MA: Allyn & Bacon.

Schunk, D. H., Meece, J. L., & Pintrich, P. R. (2014). *Motivation in education: Theory, research, and applications* (4th ed.). Boston, MA: Pearson.

Schunk, D. H., & Pajares, F. (2004). Self-efficacy in education revisited: Empirical and applied evidence. In D. M. McInerney, & S. Van Etten (Eds.), *Sociocultural influences on motivation and learning: Vol. 4. Big theories revisited* (pp. 115-138). Greenwich, CT: Information Age.

Schunk, D. H., & Zimmerman, B. J. (Eds.) (2001). *Self-regulated learning and academic achievement: Theoretical perspectives* (2nd ed.). Mahwah, NJ: Lawrence Erlbaum Associates.

Schunk, D. H., & Zimmerman, B. J. (2006). Competence and control beliefs: Distinguishing the means and the ends. In P. A. Alexander, & P. H. Winne (Eds.), *Handbook of educational psychology* (2nd ed.) (pp. 349-367). Mahwah, NJ: Lawrence Erlbaum Associates.

Shuell, T. J. (1988). The role of the student in learning from instruction. *Contemporary Educational Psychology, 13*, 276-295.

Woolfolk, A. (2011). *Educational psychology* (11th ed.). Boston, MA: Pearson.

Chapter 2

神經科學

我們每一個人都有一顆頭（head），但是卻有許多類型的腦（brain），掌管不同的功能。換言之，頭腦裡隱藏無限的潛能，有待我們探究與開發。

雖然神經科學（neuroscience）不純粹是學習理論，熟悉神經科學有助於我們了解學習的本質。本章先從腦的組織與構造敘述，再談論神經生理學、腦發展，以及教學上的應用。

第一節　腦的組織與構造

人類的腦有許多複雜與精巧的組織與構造。本節就神經組織與腦的構造分別敘述如下。

壹　神經組織

從腦的組織言之，腦有許多神經系統，包括中樞神經系統（central nervous system, CNS）與邊緣神經系統（peripheral nervous system, PNS）。邊緣神經系統又包含軀幹神經系統（somatic nervous system, SNS）與自律

神經系統（autonomic nervous system, ANS）；自律神經系統又區分為交感神經系統（sympathetic nervous system）與副交感神經系統（parasympathetic nervous system），如圖 2.1 所示。

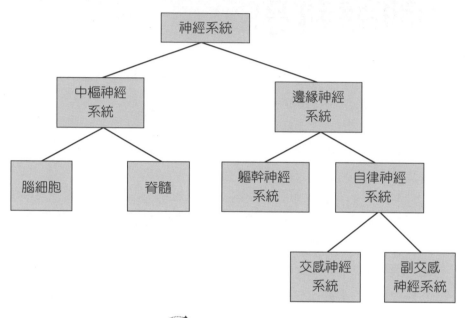

圖 2.1　人體神經系統

資料來源：Buckler 與 Castle（2014, p. 89）

中樞神經系統（CNS）是由無數的腦細胞與脊髓組成。它是人體的中央機關，控制自發性的行為，如思考與動作。自律神經系統（ANS）調節非自發性的行為，如消化、呼吸，以及血液循環等。這些系統不是完全獨立的，例如：人們可以學會控制心律，亦即他們自發性地控制非自發性的活動。

腦與神經系統由各種不同類型的細胞組成。腦細胞的兩種主要類型是神經元（neuron）與神經膠質細胞（glial cell），最主要的是神經元。腦細胞與脊髓包含約 1,000 億到 2,000 億的神經元，所有肌肉與器官的知覺、運

動、思考、記憶，以及感覺經由神經元傳達信號，掌管發送與接收資訊（Berninger & Richards, 2002; Wolfe, 2001）。神經元之間不會互相碰觸，資訊無法從一個神經元傳到另一個神經元。神經元之間的溝通是跨過一種能釋放化學物質到神經元末梢的突觸（synapse），刺激另一個神經元；實際上，傳達資訊不是由神經元一對一產生，而是數千個神經元互相運作，才能傳達資訊。

神經元由三個部分組成：(1)細胞體（cell body），包含細胞核製造大部分的分子（molecules）供神經元維持生機與功能；(2)樹狀突起（dendrites），像樹枝延伸至細胞體外，接收來自其他神經細胞的訊息；(3)軸突（axons），接收來自樹狀突起的信號並傳達到腦的神經元或其他器官的細胞（Tuckman & Monetti, 2011, p. 44）。

大部分人體的神經元都在中樞神經系統。神經元有別於人體其他器官的細胞，大部分人體的細胞可以有規則地再生，例如：皮膚受傷可以再生，血液可以再造，但是神經元不能以相同的方式再生。腦細胞與脊髓因中風、疾病或意外事故損傷，可能永久地喪失功能。然而，研究顯示神經元受傷可能有某種程度的再生（Kempermann & Gage, 1999）。

腦細胞的第二種類型是遠比神經元數目還多的神經膠質細胞，它們被視為支援細胞因為其協助神經元的工作。它們不像神經元會傳達信號，但在過程中會給予協助。神經膠質細胞有許多功能，最主要的功能是確保神經元在良好的環境中運作。它協助清除一些會干擾神經元運作的化學物質，也會清除死亡的腦細胞。神經膠質細胞與神經元合作無間以確保中樞神經系統有效地運作（Schunk, 2012, pp. 31-33）。

脊髓約有 18 英寸長與一個食指寬。它從腦的底部下至背後的中央，是腦的延伸。它的主要功能是把信號傳到腦部，成為腦部與其他人體部位之間的傳令兵。脊髓也涉及一些與腦部不相干的反應如膝蓋－痙攣反射。脊髓受到損傷，例如：意外事故會造成一些徵候如麻痺，甚至完全癱瘓（Schunk, 2012, p. 31）。

貳 腦的構造

　　人腦構造依部位可分為前腦（forebrain）、中腦（midbrain），以及後腦（hindbrain）。前腦掌管語言與分辨感官，中腦掌管視覺與聽覺的處理，後腦掌管運動的協調（如表 2.1 所示）。

表2.1　腦的部位

主要部位	構造	行為示例
前腦	腦皮質（cerebral cortex）	語言缺陷
	視丘〔丘腦（thalamus）或間腦〕	感官過濾
	下視丘	攻擊性
中腦	頂蓋（tectum）	聽覺、視覺處理
	被蓋（tegmentum）	
後腦	小腦（cerebellum）	運動協調
	延腦（medulla oblongata）	重要的生存機能處理

資料來源：改編自 Buckler 與 Castle（2014, p. 93）

　　腦皮質由四個部分或腦葉（lobe）組成，包括：額葉（前頭葉）（frontal lobe）、頂葉（頭頂葉）（parietal lobe）、枕葉（後頭葉）（occipital lobe），以及顳葉（側頭葉）（temporal lobe）（如圖 2.2 所示）。額葉處理記憶、計畫、做決定、目標設定，以及創造有關的訊息；頂葉負責觸覺的感官並統整視覺的訊息；枕葉是人腦的視覺處理中心；顳葉負責聽覺訊息的處理，並把視覺記憶、語言理解，以及情緒連結等適當的儲存，獲得意義（Tuckman & Monetti, 2011, p. 44; Schunk, 2012, pp. 35-36）。

　　腦皮質分為兩個半球體，左側涉及思考與語言，右側涉及視覺、空間關係，以及情緒連結（Byrnes, 2001）。兩側互相控制，當一側的皮質受到損傷，另一側的皮質予以補償並取代其功能。

　　從人腦的構造與腦葉的功能，教師可以判斷兒童語言缺陷可能與顳葉的缺陷有關。如果兒童說話有困難，可能是大腦主管語言訊息處理、說話

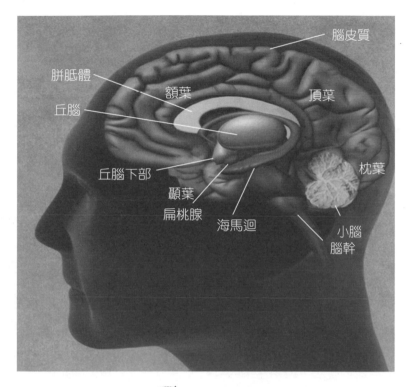

脑皮質

胼胝體

額葉　　　　頂葉

丘腦

丘腦下部　　　　　　　　　　枕葉

顳葉

扁桃腺　海馬迴

小腦
腦幹

圖 2.2　腦的構造

資料來源：Mandal（2017）

表達的布洛卡氏區（Broca's area）出現問題。有些兒童患有失語症，失語症係部分或完全喪失語言的能力。此種病症也有可能使兒童無法聽懂教師所說的話，例如：兒童的聽力受損，或是中腦有缺陷導致無法處理聽覺所接收的訊息。此類兒童亦可能患有另類的失語症，稱為「魏尼克氏失語症」（Wernicke's aphasia）。它是神經性的理解缺陷，係因顳葉左側的魏尼克氏區（Wernicke's area）損傷所致（Martin, 2006）。在課堂上，教師會發現兒童一直玩弄鉛筆或小東西，這可能是兒童發展運動協調的技巧，也有可能是一種運動神經協調缺陷的徵候，要不然就是患有發展協調障礙（developmental dyspraxia）（Carslaw, 2011）。

　　如果我們想要說明兒童的行為，可能無法直接觀察，但我們可以從生物學的觀點去了解兒童的行為，例如：患有注意力缺陷過動症（attention deficit/hyperactivity disorder, ADHD）的兒童，神經元傳達資訊的理論可以協助我們了解過動症的行為是因為多巴胺（dopamine）留在神經元末梢的突觸過久，使它繼續刺激另一個神經元（Agay et al., 2010；引自 Buckler & Castle, 2014, p. 99）。

　　「右腦對左腦」（right brain vs. left brain）是一個熱門的理論。右腦與左腦在教育上的重大意義，三十多年來一直在教育文獻上流傳。Sousa（1995）在其《頭腦如何學習》（*How the Brain Learns*）一書中，專章闡述左右腦理論，並提出教師可用來確信左右腦涉及學習的教學策略。按照標準的說法，左腦掌管邏輯、分析，涉及說話、閱讀及寫字。它是一部序列式的處理機，可以追蹤時間及序列而能辨認單字、字母及數字；右腦掌管直覺及創意，它從意象所蒐集的資訊多於文字。它是一部平行式的處理機，適用於類型的認定及空間的推理。它能認人、認地及認物。

　　根據傳統的說法，慣用左腦的人較擅長語言、分析及問題解決，而且女性多於男性。慣用右腦的人，男性多於女性，較擅長繪畫、數學，同時處理視覺世界優於語言。Sousa（1995）指出：學校泰半適合慣用左腦的人，因此，慣用左腦的女生多於慣用右腦的男生。左右腦理論說明為何女生的算術優於男生，蓋因算術是線形、邏輯，只有一個答案。男生則擅長代數、幾何，乃因這些學科不像算術，它們著重整體、關係及空間的能力，而且答案不只一個。

第二節　神經生理學

　　人類學習時，腦神經組織究竟如何運作？許多心理學家指出學習時，腦神經就會開始啟動資訊處理系統（information processing system）。這個系統包括感官登錄（sensory registers）、短期記憶（short-term memory, STM）或工作記憶（working memory, WM），以及長期記憶（long-term memory, LTM）（Atkinson & Shiffrin, 1968; Santrock, 2001, p. 280; Schunk, 2012, pp. 43-47）。

感官登錄接收資訊並且保留不到一秒的時間，登錄後的資訊不是拋棄就是轉入短期記憶（STM）或工作記憶（WM）。大部分登錄的資訊會消失，因為資訊處理系統隨時都在爆量接收多元的感官輸入（sensory inputs）。

所有的感官輸入（嗅覺除外）都直接傳到丘腦，至少有一部分送到合適的腦皮質處理，例如：腦葉處理合適的感官資訊。但是，感官輸入不是以相同的接收方式傳送，而是根據神經系統的輸入感受（perception），例如：由丘腦接收的聽覺刺激轉換成神經系統同等的感受刺激。

壹 記憶網路

由於刺激或資訊的反覆出現，神經網路（neural networks）會得到增強，神經反應也會發生得快些。從認知神經科學的觀點來看，學習涉及神經（突觸）連結與網路的形成與增強。這個定義類似於當前資訊處理理論的說法（Schunk, 2012, p. 46）。

這些突觸連結（synaptic connection）與神經網路形成的歷程一直是多年來科學探究的焦點。Hebb（1949）提出神經生理學的學習理論，凸顯兩種腦皮質構造的角色：細胞組合（cell assemblies）與步調順序（phase sequence）。細胞組合是一種構造，包括腦皮質的細胞與次級腦皮質中心（Hilgard, 1956）。基本上，細胞組合是神經簡單連結的搭檔。當特殊的刺激再度發生，細胞組合就啟動。Hebb相信當細胞組合啟動的時候，有助於其他系統的神經反應與運動神經的反應。

細胞組合如何形成？Hebb只是臆測，因為在那個時代，檢驗腦神經運作的科技有所限制。他認為反覆刺激導致突觸球塊（synaptic knobs）的生長，增進軸突與樹狀突起之間的接觸。

步調順序是一系列的細胞組合。反覆刺激的細胞組合形成一種類型或

順序，使組織影響歷程，例如：當我們注視朋友臉孔的時候，我們就會接收多元的視覺刺激。我們可以想像多元的細胞組合，每一種組合都包含一個特殊的臉孔情況（如左眼左下角、右耳底部）。反覆注視朋友的臉孔，這些細胞組合同時活化起來並且連結形成步調順序，指揮細部運作。我們不會把右耳底部變換位置為左眼左下角。步調順序使整個神經系統協調一致，能讓我們有意義且有意識地覺察出他人的臉孔（Schunk, 2012, pp. 46-47）。

貳 神經連結

Hebb 的神經生理學理論已有六十多年的歷史，他的理念與當今「學習」如何產生的觀點互相吻合。人類與生俱來就有大量的神經（突觸）連結（neural connection）。神經連結是選擇性的，可被選擇或不被選擇的，也可以增強或減弱消失。透過新經驗，連結可以增加並發展（National Research Council, 2000）。

值得注意的是形成與增強突觸連結的歷程，改變了腦的生理結構與功能的組織（National Research Council, 2000）。我們一向以為腦決定學習，但事實上，由於腦的神經可塑性（neuroplasticity），兩者有互惠的關係；或者說，由於經驗的結果，它們具有改變結構與功能的能力（Begley, 2007）。

腦的研究顯示記憶不是當初學習發生時就形成的。記憶的形成是連續的歷程，在此歷程中，神經連結穩定了一段時間（Wolfe, 2001）。神經連結穩定化的歷程稱為穩固（consolidation）。海馬迴（hippocampus）似乎扮演穩固的關鍵角色，縱然海馬迴不是記憶儲存的地方。

何種因素改進了神經連結的穩固？神經組織、演練，以及精進都是重要的因素。研究顯示腦絕對不是被動的接收器與資訊的錄音機，它在儲存與復原資訊方面扮演積極的角色（National Research Council, 2000）。

總而言之，刺激與將出現的訊息活化了腦的組織並且編碼成為神經

（突觸）的連結。由於反覆操練，這些神經連結數量增加並增強，更能自動地發生，也更能互相溝通。經驗是學習的重要關鍵，這些經驗包括來自環境的經驗（如視聽的刺激）與來自內心的活動（如思考）。

參　語言學習

　　神經結構與神經連結的互動在語言的學習與閱讀方面至為明顯。雖然現代科技允許研究人員探究腦的實際功能，如個體獲得與使用語言的技巧，大部分腦在語言獲得與使用方面的研究，是針對腦部受到傷害與某種程度語言喪失的人士。此種研究可以知道何種功能受到腦部區域損害的影響，但是此種研究沒有針對兒童腦部發展的語言獲得與使用（Schunk, 2012, p. 49）。

　　腦部腫瘤的研究顯示腦皮質左側是閱讀的樞紐，左側的皮質連結區背後對於語言的了解與使用，以及正常的閱讀，至為重要（Vellutino & Denckla, 1996）。閱讀功能失常往往是腦部左側背後皮質機能損害的徵候。對有閱讀困難的青少年與青年人的腦部進行事後分析顯示，腦部左側的構造異常；閱讀功能失常有時也是腦部額葉機能受到損害。這些研究的結果顯示腦部左側區域與語言、說話相連結，對於閱讀極為重要。

　　然而，腦部沒有一個區域涉及閱讀，反而閱讀有許多層面（如字母、單字的辨認、句子構造、語意等）涉及很多特殊化的腦部結構與突觸連結，必須步調協調，才能成功地閱讀（Vellutino & Denckla, 1996）。神經組合（neural assemblies）觀念上類似於 Hebb 的細胞組合與步調順序。

　　神經科學的研究顯示腦的特定部位與閱讀所需的拼字、發音、語意、句子構造的處理相連結（Byrnes, 2001）。拼字（字母、單字）的處理有賴主要的視覺區。發音的處理（音素、音節）與顳葉連結。語意（字義）的處理與額葉的布洛卡氏區連結。句子構造（句子結構）的處理似乎也在布洛卡氏區進行（Schunk, 2012, p. 49）。

　　如前所述，腦部有兩個主要的區域涉及語言。布洛卡氏區在語法正確

方面扮演重要的角色。魏尼克氏區在顳葉左側，對於適當的單字選擇與朗誦極為重要。魏尼克氏區有缺陷的人可能使用不恰當的字，例如：要說「刀」（knife）卻說「叉」（fork）。

語言與閱讀需要腦部各區域的協調，此種協調透過無數的神經纖維連結各語言區域與各部位的腦皮質。這些纖維組織受到損傷或破壞就阻礙腦部的溝通，無法表達正確的語言，產生語言的失調。

第三節　腦發展

腦是人體的重要器官，掌管生理與心理機能。但是，腦是怎樣發展的？怎樣才能發展健全的頭腦？這些都是重要的課題，尤其教師更有必要了解影響發展的因素、發展的歷程、發展的關鍵期，以及發展在語言學習的角色。

壹 影響發展的因素

雖然人腦在結構方面非常類似，事實上，人腦有極大的個別差異。Byrnes（2001）指出，影響發展的因素有五種：遺傳、環境刺激、營養、類固醇（steroids），以及畸形物質（teratogens）。

一、遺傳

人腦在大小與構造方面不同於動物。人類的基因組（genome）與人類有近親關係的猿猴基因組之間的差異僅有 1.23%（Lemonick & Dorfman, 2006）。此種異於動物的差異與其他基因變異產生萬物之靈——人類，可以設計建築橋梁、寫音樂曲子、撰寫小說、解答複雜方程式等。

人腦有類似的基因構造，但大小與結構不同。同卵雙胞胎的研究顯示他們的腦有時也有結構不同的發展。

二、環境刺激

　　腦的發展需要來自環境的刺激。胎兒期的發展開始進入學習的階段，發展神經的電路系統，可以接收並處理刺激與經驗。這些經驗靠增加與重組突觸，進一步塑造電路系統，例如：孕婦對胎兒說話與唱歌可能有助於建立神經連結（Wolfe, 2001）。當經驗消失或減至最小的程度，發展就會遲緩。

三、營養

　　營養不良對於腦的發展有重大影響，例如：胎兒營養不良，神經元與神經膠質的製造與成長緩慢。關鍵期是在製造大部分腦細胞的時候，約在懷胎的第四與第七個月之間（Jensen, 2005）。雖然其後的問題可以靠適當的飲食予以矯正，胎兒的發育卻無法補救。這就是為什麼孕婦應避免吸毒、酗酒、吸菸；維持均衡飲食與避免壓力（壓力對於發育中的胎兒也會造成問題）。

四、類固醇

　　類固醇係指影響人體功能之類的荷爾蒙，包括：性發展與壓力反應（Byrnes, 2001）。腦有荷爾蒙的接收器，荷爾蒙會以各種方式影響腦部發展。此類荷爾蒙如雌激素（estrogen）與可體松（cortisol）吸收入人體，在懷孕期會潛伏性地改變腦組織。過度的壓力荷爾蒙會造成神經元的死亡。研究人員也曾經探討由於類固醇的不同是否會引起性別與性偏好的差異。雖然研究結論中類固醇對腦部發展的重要性比營養素少，類固醇對於腦的發展確實有潛在性的影響。

五、畸形物質

　　畸形物質指外來物質（如酒精、病毒）會引起胚胎或胎兒異常（Byrnes, 2001）。研究顯示實際高度影響腦發展的物質，始認定為畸形物質，例

如：少量的咖啡因不可能是畸形物質，但攝取量過高，就變成畸形物質。畸形物質會影響腦發展與神經元和腦皮質之間的連結，過度使用這些物質，會造成畸形。

貳 發展歷程

在懷孕期，胎兒的腦在大小、結構、神經元的數量、腦皮質，以及神經連結等方面快速成長。懷孕期的胎兒發展迅速，大部分腦細胞在第四到第七個月長成（Jensen, 2005）。細胞遊走於神經管（neural tube），移動到各個腦部地區，並且形成連結。據估計高峰狀態，胚胎每分鐘製造 25 萬個腦細胞（Schunk, 2012, p. 52）。

兒童到了小學一年級，腦的大小約成人的 90～95%。人腦尚未成熟，直到正式教育結束，約 20 至 25 歲。大部分腦的發展不包含腦大小的成長，而是在神經元與支援神經元的腦細胞的發展（O'Donnell, Reeve, & Smith, 2009, p. 78）。

海馬迴是腦構造的重要部分，處理人類的新經驗並調節組織結構與記憶的重建。唯有海馬迴處理新資訊並使其有意義之後，才能產生記憶，最後並儲存於長期記憶之中。人腦透過感官（視覺、聽覺、嗅覺、味覺、觸覺等）接收新訊息，短暫停留，進入短期記憶，最後才進入長期記憶之中。新經驗與舊有的知識之間連結形成學習與記憶的基礎（O'Donnell et al., 2009, p. 79）。

記憶是許多群的神經元以相同的型態一起啟動傳達訊息。當電流刺激經過枕葉，我們就能看見事物；當神經化學物質釋放在邊緣神經系統，我們就有感覺。神經元受到初始的刺激而啟動功能，記憶就開始運作。如果神經元受到刺激而快速啟動，神經元就會觸動鄰近的神經元。如果神經細胞同步啟動功能，兩者之間就形成連結（O'Donnell et al., 2009, p. 79）。

神經元是腦細胞，促使所有的腦功能盡可能運作。嬰孩出生時，腦就擁有 1,000 億的神經元（Carter, 1998; Rakic, 1991），可以鑄造 100 兆的連

結，平均每個神經元連接 1,000 個鄰近的神經元。有些連結出生時就存在，但多數的神經元之間的連結有賴於學習（O'Donnell et al., 2009, p. 79）。神經連結的形成有下列方式（Greenough & Black, 1992; Greenough, Black, & Wallace, 1987; Nelson & Bloom, 1997）：

1. 暴露於豐富的學習環境可以刺激神經元。
2. 神經元受到刺激時，會延伸到鄰近的神經元。
3. 由於不斷反覆的刺激，神經元之間的連結數目會增加。

受到刺激的神經元延伸並連結到其他受到刺激的神經元，但不活動的刺激與刺激薄弱的神經元就會退化並消逝（Huttenlocher, 1994）。此種經驗在腦發展留下特殊的記號。此種結合經驗與腦發展的概念就是神經的可塑性。它主要是針對經驗反應，腦改變結構的能量（Greenough et al., 1987）。刺激與使用導致更多的神經相互連結，但缺乏刺激與使用則走向修剪消除（pruning）。教育支持更多的神經相互連結，但神經的修剪消除也是重要的，例如：許多神經科學家們相信出生前神經修剪不足或異常，會造成自閉症（autism）。

嬰兒出生時，腦的神經連結，約占終生突觸數目的60%（Jensen, 2005）。這個數字看出胎兒的發展何等重要，此種變化影響極為深遠。嬰兒期的腦部發展非常迅速。2 歲前，嬰兒的突觸像成人一樣多，3 歲前，突觸多至數十億。幼兒的腦稠密並且有許多複雜的神經連結，多於其他各期的發展（Trawick-Smith, 2003）。另一方面，神經相互連結在 6 至 12 歲之間發展迅速。12 歲以後，發展中的腦傾向著重在加速現有的神經連結。

事實上，幼兒有太多的突觸，大約 60%的精力用在腦部；相較於成人，成人的腦僅需要花 20%至 25%的精力而已（Brunton, 2005）。隨著歲月的流逝，兒童與青少年會喪失腦的突觸，比所得到的還多。到了 18 歲，他們已喪失嬰兒期突觸的一半，不需用的神經連結消失。依「用進廢退」的定律，使用的神經連結會增強並穩固，不用的神經連結就會消失。

5 歲前，兒童的腦已經獲得語言與運動及其他的能力。前幾年的快速

變化緩慢下來，但腦開始增加突觸，神經網路變得更複雜。

在青少年階段，掌管抽象、推理，以及問題解決的額葉開始成熟，而頂葉變得大些；掌管判斷與激情衝動的前頭皮質緩慢地成熟（Shute, 2009）。神經傳導也有改變，尤其存留在腦裡的多巴胺對於藥物與酒精更為敏感。在此階段，青少年往往容易做出錯誤的決定，並且喜歡嘗試高風險的行為，如吸毒、酗酒與性行為等（Schunk, 2012, p. 52）。

參　發展的關鍵期

許多兒童養育的書籍強調一生中的前兩年是人生的關鍵期。在這個時期，兒童沒有得到適當的教養，就會輸在起跑點上。這種觀點有點誇大，但也不無道理。心理學家指出，腦發展的關鍵期有五個層面：語言、情緒、感官運動、聽覺，以及視覺發展（Jensen, 2005; Schunk, 2012, pp. 52-55）。

嬰兒期的語言與情緒發展前面各節已有論述，此處不再贅述，僅就感官運動、聽覺，以及視覺發展分述如下。

感官運動、聽覺，以及視覺系統在兩歲前的關鍵期透過經驗充分發展。內耳的前庭系統影響運動的感官與平衡並且影響其他的感官系統，證據顯示嬰兒期的前庭刺激不足會導致日後學習的困難（Jensen, 2005; Schunk, 2012, p. 54）。

然而，嬰兒不常在刺激的環境，尤其長期處在托育中心的嬰兒。許多的兒童也都沒有充分接受外在環境的刺激，因為他們花費相當多的時間在嬰兒車或在電視機前。如果父母親或照顧人員每天能花費時間陪同嬰兒玩耍並加以解釋述說，他們的理解力與學習就會增進（Courage & Setliff, 2009）。

嬰兒 6 個月前能辨別周遭環境的聲音（Jensen, 2005）。2 歲前，兒童的聽覺器官逐漸發展並能分辨是何種聲音。聽覺器官有問題會導致語言學習的困難，因為語言的發展有賴於聽到別人說話。

　　兒童的視覺發展大都在 1 歲左右，尤其是在 4 個月後。視覺系統的突觸密度戲劇性地增加，包括神經連結，以及調節顏色、深度、運動和色度等。適當的視覺環境需要豐富的環境，嬰兒可以體驗物體及其運動。電視與電影不是良好的環境，雖然它們提供顏色與動作，然因移動太快，嬰兒的眼睛無法適應（Jensen, 2005）。

肆　發展在語言學習的角色

　　語言發展的關鍵期約在出生後到 5 歲之間。在此階段，兒童的腦已能發展大部分的語言能力。在 19 到 31 個月，嬰兒的字彙快速增加（Jensen, 2005）。這些語言能力如果處在良好的語言環境，父母與他人經常與嬰兒交談，就會有良好的發展。語言發展的關鍵期與聽覺發展的關鍵期都在出生到 2 歲之間。

　　教學可以促進語言的發展。腦部的不同區域包括看、聽、說、想，彼此分工合作，有助於語言的學習，雖然左腦在語言學習的貢獻比右腦顯著，尤其閱讀技巧需要左腦的控制。

　　語言的習得反映遺傳與環境之間的互動。兒童的文化經驗決定腦突觸的存留。如果文化強調運動功能，這些功能就受到強化，例如：某些地區或家庭中兒童從小就注重打棒球或打籃球，影響所及，當地兒童也就擅長打棒球或打籃球；學習外語亦復如是。這些經驗增強突觸連結與神經網路之間的形成。證據顯示孕婦吸毒、酗酒，胎兒會發展異常，如果此類嬰孩在前三年接受早期療育，將可獲得改善（Schunk, 2012, p. 56）。

第四節　教學的應用與省思

　　最近幾年，神經生理學的研究風起雲湧，紛紛探討腦的發展與功能。這股風氣席捲教育界，教師們相信神經生理學的研究可以找到一道曙光，提供改進教學的方式。

　　遺憾的是，行為科學的歷史反映出腦研究與學習理論的相互脫節。各派學習理論雖然強調腦研究的重要性，但都傾向於脫離腦研究的發現，提出各自的主張（Schunk, 2012, p. 62）。

　　從神經科學的觀點，學習發生在細胞層級，基於生理的狀態與細胞的環境，細胞能夠傳達信息到另一細胞（Baars & Gage, 2010）。這些細胞活動教育人員不能用肉眼觀察，但是只要人活著，細胞仍然是活動的，而且可以產生學習。細胞能否反應有賴於內外在的狀態。事實上，教師們可以根據他們對於學生如何學習的了解，影響內外在的狀態，改變教學措施，從投入—輸出的教學派典轉到學生如何學習的派典（Parkay, Anctil, & Hass, 2014, p. 236）。

　　神經科學家認為發展來自學習。兒童學會走路、說話、站立、閱讀、寫字、計算，以及思考等。為了學習，中樞神經系統必須與兒童的環境連結，此種連結是透過感官：視覺、聽覺、嗅覺、味覺，以及觸覺的刺激而成。每一種感官接收器（眼睛、耳朵、鼻子、嘴巴、皮膚等）會分辨輸入的類型，傳達資訊。

　　此種狀況明顯地正在改變之中。教育研究者漸漸相信，了解腦神經處理資訊的歷程可以洞察學習的本質與發展（Byrnes & Fox, 1998）。有些認知學習理論涉及中樞神經系統的處理運作歷程，探討學習與記憶。腦研究的發現確實支持學習與記憶的研究（Byrnes, 2001; Byrnes & Fox, 1998）。

壹　教學的應用

　　一般言之，腦研究與中樞神經系統的研究引起許多教育的議題，例如：幼兒教育的角色功能、認知歷程的複雜性、學習困難的診斷，以及學習的本質等（Schunk, 2012, p. 63）。

一、幼兒教育

　　談到幼兒教育階段，幼兒的腦正在快速成長之中，它的神經元與突觸

未必都是健康的。生理、情緒，以及認知發展都涉及腦的發展狀態；非典型的發展造成身心障礙，因為此種發展的歷程並沒有獲得正常發展。因此在幼兒教育階段，腦的正常發展格外重要。家庭與幼兒園應重視幼兒的照護與教育以維護幼兒的正常發展。

二、認知歷程

學校的課程與教學必須妥善規劃，考慮認知歷程的複雜性（如注意力與記憶）。神經科學的研究顯示注意力不是單一的歷程，而是許多元素的組合。記憶力則區分為不同的類型如宣示性與程序性。教育人員不能認為特殊的教學技術僅是「獲得學生的注意」或「幫助學生記憶」而已，對於如何引起學生注意力與何種記憶類型能幫助學生學習應該更具體明確。

三、學習困難

學生的學習困難應該施以補救與輔導。腦的研究指出，補救某一特定科目的關鍵應該判斷學生在特定科目的哪一方面有困難，然後對症下藥。例如：英語包含單字、片語、發音、文法、會話、閱讀、作文、翻譯等，教師若要診斷不擅於閱讀的學生，應該施以測驗，辨認學習困難之所在，擬定補救矯正的方案。

四、學習本質

腦研究顯示學習的複雜性，例如：左腦與右腦有其獨特功能，但學習有賴整體腦部組織的運作。古典制約理論與操作制約理論比社會認知理論、資訊處理理論，以及建構理論更為簡單。後者的理論更能反映腦的實際狀況。教育人員應該接受教育環境的複雜性並探討改進學習的方式。

五、腦本位的教學措施

具體明確的教學措施促進學習，而腦研究使教學措施更具體化。腦研究有助於心理學家與教育人員更加了解學習、發展，以及動機。下列一些

教學措施與腦研究及學習理論息息相關。

（一）問題本位的學習

　　問題本位的學習（problem-based learning）是一種有效的學習方法，可以引導學生進行學習並引起學習的動機。學生分組學習，可以培養互助合作的精神。問題本位的學習促使學生創意思考並以獨特的方式探究問題、解決問題。當沒有單一的標準答案時，採用問題本位的學習最有效果。

　　腦研究證實問題本位的學習形成腦的「突觸連結」。此外，問題本位的學習容易引起學習的動機，學生心甘情願投入學習，也創造大量的「神經網路」。

（二）模擬與角色扮演

　　模擬（simulation）與角色扮演（role-playing）如同問題本位的學習有許多好處。透過電腦，在正常班級或特殊場合，模擬可能發生。角色扮演是一種模仿的形式，學生觀察他人。模擬與角色扮演提供學生學習的機會。這些方法具有引起動機的優點，並且引起學生的注意，可使學生主動學習與感情投入。

（三）活潑的討論

　　許多的話題可讓學生討論。教師採取分組討論的方式，分配任務，學生就不能袖手旁觀，可將被動化為主動。這樣的討論能增進認知的層次與情感的投入，提升學習的效果。認知的活動有助於建立突觸的連結與新的資訊處理方式。

（四）繪圖

　　視覺吸收的資訊多於其他各種感官得來的資訊（Wolfe, 2001）。視覺展示的資料可以促進學生的注意力與學習的保存率。一份顯眼的海報或一句話可以讓學生過目不忘。學習與腦研究的發現支持這項論點。教學使用繪圖（graphics）的教師也常會讓學生使用繪圖，利用視覺資訊處理，改進

學習。

（五）積極的氣氛

當學生有積極的學習態度並有良好的學習氣氛，學習就事半功倍。反之，學生的壓力沉重，憂心重重，學習效果就一落千丈。腦的研究顯示學生的感情投入對於學習產生積極的效果，並且建立神經（突觸）的連結。教師創造積極的學習氣氛，可以發現學生的行為問題大為減少，學生也更專注於課業。

六、腦本位的教學策略

下面是一些腦本位的教學策略，可以產生有效的學習（Wilmes, Harrington, Kohler-Evans, & Sumpter, 2008）。

（一）視覺環境

頭腦的研究顯示，大腦接收的資訊 80%以上來自視覺。因此，教師應該思考視覺因素在學習方面所扮演的重要角色。有些大腦的學習原理在創造及深化視覺環境（如運動、對比、顏色等）特別有用。有些策略本身就接近這些屬性，例如：當教師向一群人講話，就需要在課堂走動，增加或減少群眾的距離；利用視覺的展示呈現教材；利用實物讓學生覺得身歷其境；運用不同顏色來編碼教材；關燈片刻以便反躬自省。

1. 顏色

顏色在視覺環境中特別重要，因為它對於大腦有極大的影響。顏色會供應電磁輻射能，每一種顏色都有它的波長，並且對人體及大腦各有不同的影響。

一項研究試圖了解顏色在環境中對兒童的學習能量有否影響。研究者在一些天花板較低的教室漆上不同的顏色。學生在尚未漆上不同顏色的教室接受智力測驗，然後再到漆了不同顏色的教室上課。研究顯示在淺藍色、黃色、綠黃色及橘黃色環境中的學生，再施以智力測驗，分數平均增

加 12 分；在白色、黑色或褐色教室中的學生，分數則下降。

顏色也會影響情緒。紅色有造成血壓增高、心跳和呼吸加速、排汗增加，以及腦波興奮的傾向。紅色也會刺激食慾，這就是為何許多飯店使用紅色的原因。橘黃色類似紅色，但在效果上不像紅色明顯。

藍色有導致血壓較低及心跳較慢的傾向，腦波也有下降的傾向。藍色被視為是最寂靜的顏色。有時候藍色有助於學習，像是可安排過度活躍型的學生在藍色的教室中上課；然而，對於大多數正規的學生，藍色可能會顯得太寧靜。綠色雖然不像藍色，但也是一種安靜的顏色，它對於學生的學習有著類似的影響。

黃色是大腦首先區別的顏色，它與壓力及憂慮有某種程度的連結，但也會刺激幸福與樂觀的感官。對於學生及檢討活動而言，有助於學生進行設定目標。

就整體而論，研究人員已經發現鮮明的顏色具有創意及活力的傾向。相對地，暗色會減輕壓力並引發心平氣和的感覺。黃色、淡橘色、米色及灰白色有助於學習，因為它們似乎刺激積極的情感。

研究人員也發現記憶與顏色有強烈的關係。在測試語言線索的記憶與顏色的記憶時，學生記住與顏色相連結的人、物遠比黑色或白色系列的人、物更準確。因此，教育人員應該盡量把新的資訊與顏色相連結，以增進學習者的潛能，例如：用不同的顏色寫出具有特色的音或整個單字，以便有效地幫助學生用視覺認字，改進閱讀及拼字的能力。

2. 燈光

燈光像顏色一樣，對於學習效能有所影響。大多數的研究顯示，柔和的光線對學習最有幫助。但在今日的教室裡，標準的日光燈是最常見的光源。在一項研究中，研究人員在幾所小學教室裡以全光譜的燈光取代日光燈。他發現在受燈光影響的學生中，長期缺課群降低 65%。

五所加拿大學校的研究發現：自然採光比傳統燈光更為有利。有了白晝光，學生的出席率獲得改進，由於照射自然光補充了維他命 D，牙齒腐

蝕減少，學生的身高比人為光線班級的學生平均高 1.5 公分，而且學業成績也提高。教師可用間接而全光譜的燈光取代日光燈，降低人為燈光的有害影響。

（二）聽覺環境

聽覺環境在幫助學習者獲得最大學習方面也很重要。重視大腦學習原理的教師較會透過聽覺，增進溝通。合作學習及真實世界的應用對以大腦學習為主的學習至為重要。

1. 噪音

根據噪音級數的研究，學習者有差別的偏好（divergent preference）。有些希望完全寂靜無聲；另有些可能偏好熱鬧吵雜的環境。教師應該敏銳覺察，注意這兩種偏好，以確保學生獲得有利的學習。外在的吵雜聲對於需要安靜環境的學生而言，可能會讓他們分心，然而對於吵雜聲無動於衷的學生可能覺得毫無影響。

教師可用下列方式降低教室的吵雜聲：

‧把地毯擺設在討論區，以降低教室噪音層級。
‧把挖空的網球套在椅腳，以防止碰撞桌子或其他的椅子。
‧把門窗關上。
‧把橡膠條沿著門縫塞入，以阻止走道傳來聲響。
‧讓學生使用耳塞，以隔離外面聲音。
‧使用耳機聽錄音，以便自我學習。

2. 音樂

音樂對於大腦的情緒、認知及技能學習也有助益。有些研究顯示音樂與學習有連帶關係，音樂直接影響脈搏、血壓、神經系統，以及內分泌腺。音樂可當作激化物（arousal），像傳遞話語，並且當作大腦的傳遞媒介。

激化物係指神經傳送素（neurotransmitter）的增強物。搖滾樂是一種

「高昂」音樂的例子，然而溫柔的鋼琴旋律卻是讓人銷魂。有些研究顯示，柔和的背景音樂造成閱讀能力實質的改進。

當旋律作為話語的工具時，音樂就成為傳遞物。歌曲的歌詞容易記得，因為有強烈的音樂關聯性，例如：剛學步的小孩透過熟悉的《ABC字母歌》學會了英語字母。

音樂可用來實現各種學習目標，包括：

· 創造放鬆心情的氣氛。
· 建立積極的學習風格。
· 提供增進記憶的多重感官學習經驗。
· 創造短期的振奮，增進注意力。
· 發展和諧關係。
· 提供靈感。
· 增加好玩的成分。

「教師助手」（teacher aid）是一種網路線上的教育資源，它們建議使用生動活潑的音樂會，在音樂會裡，教師以戲劇的方式引進新教材於古典音樂中。使用教師助手的策略可以在 5%的時間內，傳遞 60%的內容。

3. 口語發展

研究報告顯示，記憶與回憶涉及電視的插曲及聽覺呈現的故事具有強烈的關係。一項調查 213 位兒童的研究發現，口語發展明顯與幼兒園兒童的音韻知覺發展有密切關係。當注意到口語技巧與書寫知識、理解，以及音素認知（phoneme awareness）有關時，也可看出口語技巧對學習的助益。因此，教師安排時間與學生對談、討論，以及學生聽取附有大量字彙的良好口語模式，乃是有利於學習的工作。

另一個使用聲音產生大腦活動改變的方法見之於針對「快速學單字」（Fast for Words）的研究報告中。它是一種快速改變聽覺資訊以引起注意說話流向（speech streams）改變的歷程。這種使用聲音放大的方法，被發現可以增加大腦後腦區的活動，大腦後腦區掌管視覺單字的探測。教師可

以使用聽覺音調及強度的改變——抑揚頓挫，以增進兒童閱讀任何學科印刷體文字的能力。

（三）嗅覺環境

科學家們已經發現嗅覺對於學習也有實際的涵義。使用芳香劑可以產生類似音樂在學習環境中的效果，這兩者都可以產生能量、安定或改變心情、放鬆、強化記憶，使周邊環境更舒適的作用。

一些芳香劑與增進工作績效有關。薄荷與檸檬氣味有助增進能量眾所周知，一篇研究顯示處在薄荷味中的人解決疑難問題，比未處在薄荷味中的人快 30%。爆米花及新鮮的咖啡氣味可引發期盼。

香草、甘菊及松木對於測驗前創造放鬆的氣氛頗多助益，倫敦機場便利用松木的香味來紓解旅客通過海關時等候的不耐煩情緒。

考試時，教師介紹考試的資訊時，可用相同的原理強化學生的記憶。雖然對於香氣影響記憶的準確機制目前尚無所悉，但當與氣味結合時，記憶似乎增強。

愉悅的氣味可以改進認知功能。當大學生處在化妝品、蘋果切片、檸檬等令人愉悅的氣味中，在有壓力或無壓力的環境下，構字及解碼的工作均表現優於未處在芳香氣味中的大學生。此外，一項研究顯示混合花香氣味與學習速度產生連結。為了提升學習，教師應該使用天然精油而非人造精油。

使用腦本位的感官策略，深化學習是改進兒童學業成就最容易且最划得來的方式。如果我們想要發揮學習機會的最大效果，教師必須利用感官安排教學活動。

貳 教學的省思

研讀本章神經科學之後，請思考並回答下列問題：

1. 腦構造與組織可分為前腦、中腦、後腦、左腦，以及右腦，請分別

說明它們掌管的功能。

2. 腦皮質由腦葉組成，包括額葉（前頭葉）、頂葉（頭頂葉）、枕葉（後頭葉），以及顳葉（側頭葉）。請分別說明它們掌管的功能。

3. 人類學習時，腦神經組織如何運作？請說明之。

4. 人腦有兩個主要的區域涉及語言：布洛卡氏區與魏尼克氏區，各有何功能？

5. 影響腦發展的因素有哪些？請列舉說明之。

6. 下列有關腦組織的各項陳述，何者是錯誤的？(1)腦細胞最主要的類型是神經元與脊髓；(2)腦細胞與脊髓包含約 1,000 億到 2,000 億的神經元；(3)脊髓位在腦的底部下至背後的中央；(4)大部分人體的腦細胞無法有規則地再生。

7. 下列有關腦皮質的組織，何者是人腦的視覺處理中心？(1)額葉；(2)頂葉；(3)顳葉；(4)枕葉。

8. 依據腦的研究，腦接收的資訊 80%以上來自何種感官？(1)聽覺；(2)嗅覺；(3)味覺；(4)視覺。

9. 依據腦的研究，何種顏色會影響情緒，而且有造成血壓增高、心跳及呼吸加速、排汗增加，以及腦波興奮的傾向？(1)綠色；(2)紫色；(3)橙色；(4)紅色。

10. 依據腦的研究，下列各項陳述，何者是錯誤的？(1)暗色會減輕壓力並引發心平氣和的感覺；(2)音樂直接影響脈搏、血壓、神經系統及內分泌腺；(3)一些芳香劑與增進工作績效有關；(4)傳統燈光比自然採光更為有利。

參考文獻

Atkinson, R. C., & Shiffrin, R. M. (1968). Human memory: A proposed system and its control processes. In K. W. Spence, & J. T. Spence (Eds.), *The psychology of learning and motivation* (Vol. 2) (pp. 89-195). New York, NY: Academic Press.

Baars, B. J., & Gage, N. M. (Eds.) (2010). *Cognition, brain, and consciousness* (2nd ed.). New York, NY: Elsevier.

Begley, S. (2007, January 29). How the brain rewires itself. *Time, 169*, 72-74, 77, 79.

Berninger, V. W., & Richards, T. L. (2002). *Brain literacy for educators and psychologists.* San Diego, CA: Academic Press.

Brunton, M. (2005, January 29). What do babies know? *Time, 169*, 94-95.

Buckler, S., & Castle, P. (2014). *Psychology for teachers*. London, UK: Sage.

Byrnes, J. P. (2001). *Minds, brains, and learning: Understanding the psychological and educational relevance of neuroscientific research.* New York, NY: Guilford Press.

Byrnes, J. P., & Fox, N. A. (1998). The educational relevance of research in cognitive neuroscience. *Educational Psychology Review, 10*, 297-342.

Carslaw, H. (2011). Developmental coordination disorder. *Innovait, 4*(2), 87-90.

Carter, R. (1998). *Mapping the mind*. Berkley, CA: University of California Press.

Courage, M. L., & Setliff, A. E. (2009). Debating the impact of television and video material on very young children: Attention, learning, and the developing brain. *Child Development Perspectives, 3*, 72-78.

Greenough, W. T., & Black, J. E. (1992). Induction of brain structure by experience: Substrates for cognitive development. In M. R. Gunnar, & C. A. Nelson (Eds.), *Minnesota symposia on child psychology: Developmental neuroscience* (Vol. 24) (pp. 155-200). Hillsdale, NJ: Lawrence Erlbaum Associates.

Greenough, W. T., Black, J. E., & Wallace, C. S. (1987). Experience and brain development. *Child Development, 58*, 539-559.

Hebb, D. O. (1949). *The organization of behavior: A neuropsychological theory.* New York, NY: John Wiley & Sons.

Hilgard, E. R. (1956). *Theories of learning.* New York, NY: Appleton- Century- Crofts.

Huttenlocher, P. R. (1994). Synaptogenesis, synapse elimination, and neural plasticity in Human Cerebral Cortex. *The Minnesota Symposia on Child Psychology: Threats to Optimal Development, 27*, 35-54.

Jensen, E. (2005). *Teaching with the brain in mind* (2nd ed.). Alexandria, VA: Association for Supervision and Curriculum Development.

Kempermann, G., & Gage, F. (1999, May). New verve cells for the adult brain. *Scientific American, 280*(6), 48-53.

Lemonick, M. D., & Dorfman, A. (2006, October 9). What makes us different? *Time, 168,* 44-50, 53.

Mandal, A. (2017, October). *Brain organization.* Encyclopedia, Yahoo.

Martin, R. C. (2006). The neuropsychology of sentence processing: Where do we stand? *Cognitive Neuropsychology, 23(*1), 74-95.

National Research Council (2000). *How people learn: Brain, mind, experience, and school.* Washington, DC: National Academy Press.

Nelson, C. A., & Bloom, F. E. (1997). Child development and neuroscience. *Child Development, 22*, 60-67.

O'Donnell, A. M., Reeve, J., & Smith, J. K. (2009). *Educational psychology: Reflection for action* (2nd ed.). Hoboken, NJ: John Wiley & Sons.

Parkay, F. W., Anctil, E. J., & Hass, G. (2014). *Curriculum leadership: Readings for developing quality educational programs* (10th ed.). Boston, MA: Pearson.

Rakic, P. (1991). Plasticity of cortical development. In S. E. Brauth, W. S. Hall, & R. J. Dooling (Eds.), *Plasticity of development.* Cambridge, MA: Bradfort/MIT Press.

Santrock, J. W. (2001). *Educational psychology.* Boston, MA: McGraw-Hill.

Schunk, D. H. (2012). *Learning theories: An educational perspective* (6th ed.). Boston,

MA: Allyn & Bacon.

Shute, N. (2009, February). The amazing teen brain. *U.S. News & World Report, 146*, 37-39.

Sousa, D. A. (1995). *How the brain learns: A classroom teacher's guide.* Reston, VA: National Association of Secondary School Principals.

Trawick-Smith, J. (2003). *Early childhood development: A multicultural perspective* (3rd ed.). Upper-Saddle River, NJ: Merrill/Prentice-Hall.

Tuckman, B. W., & Monetti, D. M. (2011). *Educational psychology.* Belmont, CA: Wadsworth/Cengage Learning.

Vellutino, F. R., & Denckla, M. B. (1996). Cognitive and neuropsychological foundations of word identification in poor and normally developing readers. In R. Barr, M. L. Kamil, P. B. Mosenthal, & P. D. Pearson (Eds.), *Handbook of reading research* (Vol. 2) (pp. 571-608). Mahwah, NJ: Lawrence Erlbaum Associates.

Wilmes, B., Harrington, L., Kohler-Evans, P., & Sumpter, D. (2008). Coming to our senses: Incorporating brain research findings into classroom instruction. *The Education Digest, November*, 24-28.

Wolfe, P. (2001). *Brain matters: Translating research into classroom practice.* Alexandria, VA: Association for Supervision and Curriculum Development.

Chapter 3

行為學派理論

　　心理學在 20 世紀還是一門新興的科學，當時兩個主要的學派是結構論（structuralism）與功能論（functionalism），但是每一個學派都有盲點。結構論採用內省法（introspection method），排除科學發展的方法，沒有融入 Darwin 的進化論。功能論的內容過度廣泛，支持者主張太多的研究方向（Schunk, 2012, p. 72）。

　　行為學派乃應運而生，成為首屈一指的心理學門（Rachlin, 1991）。J. B. Watson（1878-1958）是行為學派的創始人，也是倡導者（Heidbreder, 1933）。他認為討論心靈的思想學派與研究方法都不是科學。如果心理學要成為科學，它必須採用物理學的方法，檢驗可觀察與可測量的現象。行為就是適合心理學家研究的材料（Watson, 1924）。

　　行為學派的主要學習理論有 E. L. Thorndike（1874-1949）的連結理論（connectionism）、I. Pavlov（1849-1936）的古典制約理論（classic conditioning）、B. F. Skinner（1904-1990）的操作制約理論（operant conditioning），以及 E. R. Guthrie（1886-1959）的接近制約理論（contiguous conditioning）。本章就四位大師的學習理論分別敘述。

教學理論與方法

第一節　連結理論

Thorndike 是美國著名的心理學家，他的學習理論在 20 世紀前半盛極一時（Mayer, 2003）。他採用實驗的方法，特別熱衷於學習、遷移（transfer）、個別差異，以及智能的研究（Hilgard, 1996）。他的主要著作是三冊的《教育心理學》（*Educational Psychology*），他認為學習的最基本類型涉及感官經驗（刺激）與神經衝動（反應）之間的連結（associations）。

壹　嘗試與錯誤

Thorndike 開始進行一系列的動物實驗，建立他的學習理論。他相信學習常常發生於嘗試與錯誤（Thorndike, 1913a）。在典型的實驗情境，是將貓關在籠子裡，連續幾次隨機反應之後，貓終於做出打開門閂的反應，逃出籠子。然後，再將貓放回籠子裡，經過嘗試（trials）多次，貓很快地逃出並且少有錯誤（errors）。當建立成功的反應時，嘗試錯誤的學習（trial-and-error learning）逐漸產生；不成功的反應就會被放棄。刺激與反應之間的連結是透過機械式的反覆動作而形成的，不需要意識狀態的認知。Thorndike 認為，人類的學習比動物複雜，因為人從事其他類型的學習，涉及分析、推理，以及思考等活動（Thorndike, 1913b）。然而，他從人類與動物學習的相似性，建立了許多學習原理（Schunk, 2012, p. 74）。

貳　學習定律

Thorndike 的基本學習理論涵蓋「練習律」（law of exercise）與「效果律」（law of effect）。練習律有兩個部分：使用律（law of use）——對刺激的反應強化它們之間的連結，與不用律（law of disuse）——對刺激不做

反應，連結力減弱。反應前的時間相隔愈久，連結力就愈下降。Thorndike 的實驗也發現滿意的（正確的）刺激與反應的連結會增強，而苦惱的（不正確的）刺激，連結會減弱（Thorndike, 1927）。

另一個有關學習的定律是「準備律」（law of readiness）。當人們準備行動的時候，去做就是獎賞，不去做即是懲罰，例如：人飢餓時，尋找食物的反應就是處於準備的狀態。把這個理念應用於學習，我們可以說當學生準備去學習特定資料的時候，學習的行為就獲得獎賞；反之，學生沒有準備學習，而去學習就是懲罰，而且浪費時間（Thorndike, 1913b）。

參　學習遷移

Thorndike 指出某一連結的增強或減弱會產生另一連結類似的改變。這兩種連結有共同的元素會影響遷移。當兩種情境有共同的元素並引起類似反應時，才會產生學習遷移。Thorndike 等人發現，練習或在某一特定情境的技能訓練不能改善執行的能力（Thorndike & Woodworth, 1901）。因此，計算長方形面積的訓練不能精進計算三角形、圓形、不規則圖形等面積的能力。技能訓練要教導學生如何應用各種不同的解答方式（Schunk, 2012, p. 75）。

Thorndike 認為，學習的情境要盡可能與實際的環境類似，這樣在課堂學習到的事物才能遷移到外面的環境。他很贊成學徒制度（apprentice-ship）與實習制度（internship），因為學生離開學校之後，在外界的工作職場可以學以致用（Olson & Hergenhahn, 2009, p. 68）。

肆　理論修正

Thorndike 提出的練習律與效果律並沒有獲得其他研究證據的支持（Thorndike, 1932）。他的練習律頗有可議之處。依據他的練習律，練習的次數增加，連結就增強。但是如果練習的次數過多，反而會造成心厭現

象，例如：某生作文寫錯一個字，教師卻要罰他寫二十遍或五十遍，此種「過度學習」（overlearning）反而無效，甚至恐有虐待學生之嫌，引起學生懷恨教師，破壞師生和諧的關係。

Thorndike 發現，只有情境的重複不必然觸動相同的反應，於是放棄效果律。他原以為獎賞與懲罰是相反的，但研究顯示事實並不如此。獎賞會增強連結，但懲罰不必然會減弱連結。當替代的連結增強時，原來的連結就會減弱。懲罰抑制反應，但這些反應不會遺忘。懲罰不是改變行為的有效手段，因為它只告訴學生不該做什麼，而沒有教導學生正確的行為（Schunk, 2012, p. 76）。

第二節　古典制約理論

在 20 世紀之初，正當心理學在美國如火如荼成為一門科學的時候，許多國家也有一些重大的發展。其中一個最顯著的發展是 1904 年獲得諾貝爾獎的俄羅斯心理學家 Pavlov，用狗做實驗，建立他的學習理論，稱為古典制約理論（Schunk, 2012, p. 78）。

壹　基本理念

Pavlov 的古典制約實驗舉世知名。在他的實驗中，鈴聲伴隨食物同時出現，狗聽到鈴聲就會流唾液。鈴聲是中性的或不充分的刺激，食物則是非中性的或充分的刺激。狗如此緊密地把這兩種刺激連結起來，因而鈴聲取代食物，狗聽到鈴聲自然而然也會流唾液。

古典制約是一種學習的類型，個體學會把刺激連結。在古典制約中，中性刺激（如看見人）與有意義的刺激（如食物）產生連結並且獲得能力引起類似反應。Pavlov（1927）的古典制約理論有兩種類型的刺激與兩種類型的反應：非制約刺激（unconditioned stimulus, US）、非制約反應（unconditioned response, UR）、制約刺激（conditioned stimulus, CS），以及制

約反應（conditioned response, CR）（如表 3.1 所示）。

表 3.1　古典制約方式

制約反應前	制約反應中	制約反應後
US→UR	中性刺激＋ US→UR	CS→CR
例如：		
食物→狗分泌唾液	鈴聲＋食物→狗分泌唾液	鈴聲→狗分泌唾液

資料來源：改編自 Santrock（2001, p. 241）

　　非制約刺激（US）係指沒有先前的學習，自動會產生反應，例如：食物。非制約反應（UR）係指由非制約刺激自動引起的未經學習的反應，例如：狗看見食物，分泌唾液。制約刺激（CS）係指先前中性的刺激與非制約刺激連結，最後引起制約反應，例如：狗吃食物的時候伴隨鈴聲。制約反應（CR）係指是經過學習的反應，例如：狗聽見鈴聲就分泌唾液。

　　表 3.1 顯示在制約反應前，狗看見食物就會分泌唾液；在制約反應中，狗看見食物並聽見鈴聲會分泌唾液；在制約反應後，鈴聲取代食物，狗聽見鈴聲也會分泌唾液。

　　在教室裡，古典制約理論呈現正面與負面的兒童經驗。由於兒童受到古典制約，一些愉快的事件油然而生，諸如喜愛的歌曲、教室是安全有趣的場所，以及教師熱情洋溢等感覺。對兒童來說，歌曲本來是中性，直到兒童一起與其他同學伴隨正面的感情合唱這首歌曲。如果兒童把批評與教室連結，他們也會對教室發展出恐懼的情緒。這樣批評就成為恐懼的制約刺激（CS）。學生考試焦慮的情緒也反映在古典制約理論，例如：學生考試不及格遭受責罵，產生焦慮狀態，於是學生把考試與焦慮連結在一起，考試就成為焦慮的制約刺激（CS）。

　　兒童的身心健康也會涉及古典制約理論。兒童訴說的一些疾病如氣喘、頭痛、胃潰瘍、焦慮等，大部分可能是古典制約所影響。我們通常說這些疾病是壓力造成的，其實，這些疾病是某些刺激所造成，例如：父母或師長過分嚴厲、經常責備就成為這些疾病的制約刺激（CS）。日積月

累，積重難返，這些心理反應會成為健康的問題。教師經常責罵學生，會引起學生頭痛、肌肉緊張，這些情況若與教師相連結，課堂練習與家庭作業可能會觸動學生的緊張情緒，日後造成胃潰瘍或其他心理的反應（Santrock, 2001, p. 242）。

貳 類化作用、區別作用，以及消失現象

在研究狗對各種刺激的反應中，Pavlov 在給狗食物之前搖鈴。鈴聲與食物同時出現，鈴聲就成為制約刺激，引發狗分泌唾液。其後，他發現狗對於其他的聲音也會反應，例如：口哨。愈像鈴聲，狗的反應愈強。此種情形便是產生類化作用（generalization）。在古典制約中，類化作用涉及一種新刺激的傾向，類似原有制約刺激而產生類似的反應，例如：學生表現不佳的考試科目是生物學。當學生開始準備化學考試時，他也會很緊張，因為這兩科有密切關係，都是科學。因此學生的焦慮從一科的考試，延伸到另一科的考試，形成類化作用（Santrock, 2001, p. 242）。學生不僅對生物科考試感到焦慮，其他類似科目的考試，也會讓他感到焦慮。

當個體只對某些刺激，非其他刺激做反應時，區別作用（discrimination）就會產生。為了產生區別作用，Pavlov 只在鈴聲響之後才給狗食物，其他聲響之後不給狗食物。其後，狗只有對鈴聲反應，其他聲響則無反應。在此種情況下，區別作用就會產生，例如：上例中生物學表現不佳的學生參加許多不同科目的考試，在其他科目考試時他就不會像生物科考試那樣緊張，因為這些科目很不一樣。

然而，當缺乏非制約刺激，制約反應減弱時，消失現象（extinction）就會產生，例如：Pavlov 在做實驗時，他不斷反覆搖鈴，但不給狗食物。於是，狗就停止分泌唾液。同樣地，對於考試會緊張的學生而言，如果題目簡單些，學生考得好，焦慮就會逐漸消失（Pavlov, 1932）。

參　制約的情緒反應

　　Pavlov 把古典制約原理應用於變態行為並且研究神經疾病與其他病理學的狀態如何發展。他的觀點是純理論性並無實質性，但古典制約原理已被他人應用於情緒的制約反應（Schunk, 2012, p. 82）。

　　在一項有名的小亞伯實驗（Little Albert experiment），Watson 展示情緒制約的力量（Watson & Rayner, 1920）。亞伯是 11 個月大的嬰孩，不怕白老鼠。但在制約實驗裡，當亞伯伸手接觸白老鼠時，就在他的背後用鐵鎚敲打鋼條。「嬰兒猛然跳起來，並且往前跌倒，臉朝向床墊」此種順序立即重複。一週後當白老鼠出現的時候，亞伯開始伸手但又縮手，前一週的制約效果很顯著。其後幾天的測驗顯示亞伯對於白老鼠的出現會作出情緒性的反應，對於白兔、狗、毛衣也有類化作用，產生害怕的情緒。一個月後再以白老鼠施測，亞伯顯示中度的情緒反應。雖然這項研究廣泛被引用當作制約如何產生情緒反應的例證，制約的影響力並沒有那樣強（Harris, 1979）。

　　產生情緒制約的另一種較為可靠的方法是系統化減敏法（systematic desensitization），它常用於患有耗弱恐懼症（debilitating fear）的個體（Wolpe, 1958）。減敏法的實施包含三個階段，分別敘述如下（Schunk, 2012, p. 83）。

　　在第一階段，治療師與當事人共同發展焦慮階層，擬定當事人產生的焦慮由低階到高階的狀態。以為了考試而焦慮的學生為例，低度焦慮的情境可能安排在教室聽取考試宣布，並且共同蒐集學習資料；中度焦慮的情境可能是考試前一天晚上念書並在考試當天走進教室；高度焦慮的情境可能包含在教室領取一份沒有答案的試題。

　　在第二階段，當事人想像快樂的情景，學習鬆弛（例如：躺在海邊）並放鬆心情，說出「放鬆」。

　　在第三階段，當事人一邊放鬆一邊想像最低度的焦慮情景。這個動作

可以反覆幾次,然後當事人想像下一個情景。處理程序逐級而上直到當事人可以毫無焦慮想像產生最高度焦慮的情景。如果當事人正在想像某一情景而表示有焦慮,就退回不產生焦慮的情景。處理需要一些時間。

　　減敏法是反制約的歷程。當事人想像的放鬆情景(非制約刺激)產生放鬆(非制約反應)。產生焦慮的暗示(制約刺激)與放鬆情景成對出現。放鬆與焦慮不能共存。最初低度的焦慮暗示與放鬆成對出現,然後慢慢地往高度焦慮階層移動,所有產生焦慮的暗示最後都引發放鬆的情緒。

　　減敏法是有效的程序,可在治療師或諮商人員辦公室完成。當事人不須表演各階層的活動,唯一的要求是當事人必須能夠想像焦慮的情景。每個人形成心理想像的能力迥然不同,減敏法也要有合格的治療師或諮商人員才能執行。

第三節　操作制約理論

　　操作制約是美國心理學家 B. F. Skinner 提出的行為學派理論。從 1930 年代開始,他出版一系列實驗室研究的成果,確認了操作制約的成分。他的早期研究大部分見之於這本具有影響力的書:《有機體的行為》(*The Behavior of Organisms*)(Skinner, 1938)。

　　Skinner 在研讀了 Pavlov(1927)的《制約反射》(*Conditioned Reflexes*)與 Watson(1924)的《行為主義》(*Behaviorism*)等書後,對於心理學產生濃厚的興趣,其後的生涯對於學習心理學有很深遠的影響。

壹　概念架構

　　Pavlov 認為,學習的根本所在是神經系統,行為視為神經功能的顯示。Skinner 不否認伴隨行為的神經功能,但他相信行為的心理學本身自可了解,不管神經的或其他的內部事件(Skinner, 1938)。

　　Skinner 以老鼠及鴿子做實驗,建立他的理論,試圖應用他的理論於教

室的情境。他區別了兩種反應：引出（elicited）的反應，係伴隨著明確的刺激；與引發（emitted）的反應，係明顯地和確認的刺激無關。當反應被「引出」的時候，這種反應稱為感應性（respondent）；當反應被「引發」的時候，這種反應稱為操作性（operant）——也就是說，沒有可觀察的或可測量的刺激來解釋反應的出現（Skinner, 1953）。在操作制約中，刺激的角色是比較不明確的；引發的行為往往不能與具體的刺激相連結。

　　Skinner 認為：「學習是在複雜情境中的反應重新結合（reassort-ment）」；制約係指「強化作用造成的行為增強」（Skinner, 1953, p. 6）。制約有兩種類型：S 型（刺激型）與 R 型（反應型）。S 型是 Pavlov 的古典制約；它的特徵是非制約刺激（US）與制約刺激（CS）成對呈現，特別注意從有機體引出反應的刺激的重要性。引出刺激的反應稱為「感應型行為」（respondent behavior）。R 型是 Skinner 的操作制約，它的特徵是反應受其後果的控制，而不受先前刺激的控制。此類行為的類型強調反應的層面，稱為「操作型行為」（operant behavior）（Schunk, 2012, p. 90）。

貳　基本歷程

　　操作制約理論包含許多基本歷程：強化作用（reinforcement）、強化時程（schedules of reinforcement）、類化作用、區別作用、消失現象、主強化物（primary reinforcer）與次強化物（secondary reinforcer）、普墨克原理（Premack Principle），以及懲罰（punishment）等，分別敘述如下（Schunk, 2012, pp. 90-98）。

一、強化作用

　　依據 Skinner 的觀點，當操作的行為受到獎賞或稱讚時，行為就受到強化，此稱為強化作用。操作行為沒有獲得強化將會停止。Skinner 把強化物分為兩類：積極強化物（positive reinforcer）與消極強化物（negative reinforcer）。積極強化物係指強化的刺激出現。當學生接到考卷打 A 等的

成績或紙上寫著：「繼續保持良好成績」的時候，他就受到積極的強化。當教師向班上學生大喊：「保持肅靜！」學生就靜下來，學生的安靜強化了教師喊叫的行為。懲罰需要不愉快或有害的刺激或消除積極強化物，但並不總是消極強化物（Skinner, 1978）。雖然 Skinner 提出這兩種強化物，他反對懲罰，因為懲罰阻礙學習（Skinner, 1954, p. 86）。

二、強化時程

　　大部分的強化採用連續強化（continuous reinforcement），也就是說，學生做出反應，就給予強化。使用連續強化，學生學得快，但強化停止，消失現象也就出現。事實上，連續強化甚少使用。每當學生做出適當反應時，教師不可能對全班二、三十位學生個別讚美。Skinner（1953）提出強化的時程概念，採用部分強化時程表（partial reinforcement timetables），決定反應何時可予以強化。強化時程可分為四種：固定比例（fixed-ratio）、不固定比例（variable-ratio）、固定間隔（fixed-interval），以及不固定間隔（variable-interval），如圖 3.1 所示。固定比例是經過一些特定行為反應後給予強化，例如：教師只有在學生第四個正確反應後，才給予稱讚，而不是每一次反應，都給予強化。不固定比例是依據時間的平均數給予強化，例如：教師稱讚學生可能在第二次正確反應、8 次以上正確反應、其後 7 次正確反應、與其後 3 次正確反應。固定間隔是在固定時間後，適當的反應才給予強化，例如：教師每週小考之後，給予稱讚。不固定間隔是在不固定時間過後的反應給予強化，例如：在學生提問過後 3 分鐘，教師稱讚學生的提問，然後教師在 7 分鐘、15 分鐘之後，也給予稱讚。

　　研究發現，起初學生學習時對學生採用連續強化比部分強化效果來得快速。然而部分強化比連續強化更會產生堅持性，並對消失現象產生更大的抗拒性。採用固定比例強化比不固定比例強化，學生的學習較少堅持性，反應消失較為快速。

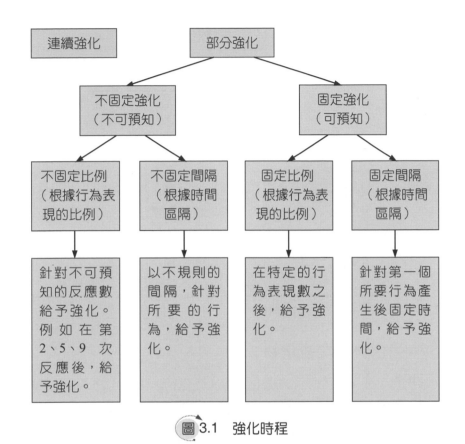

資料來源：改編自 O'Donnell、Reeve 與 Smith（2009, p. 201）

三、類化作用、區別作用，以及消失現象

　　古典制約理論談到類化作用、區別作用，以及消失現象；同樣地，操作制約理論也有類化作用、區別作用，以及消失現象。古典制約的類化作用是類似制約刺激的刺激傾向於產生類似制約反應的反應。操作制約的類化作用是對於類似的刺激給予相同的反應，尤其有趣的是從某一情境到另一情境，行為類化作用的程度，例如：如果教師在上課時對學生的稱讚讓學生更加努力用功，則此稱讚將會類化到其他科目，讓學生也更加努力寫作業（Santrock, 2001, p. 246）。

古典制約的區別作用係指針對某些特定的刺激反應而非對其他的刺激反應。操作制約的區別作用涉及在許多的刺激或環境事件中，個體做出區別，例如：教師講桌上的置物盤標示著「數學」，她以為是放今天數學作業的地方，而另一個置物盤標示著「英語」，是放今天英語作業的地方。這聽起來很簡單，但學生的世界充滿區別性的刺激（Santrock, 2001, p. 246）。

操作制約的消失現象發生於先前強化的反應不再受強化，而且反應減弱、消失。在課堂裡最普遍的消失現象是教師對學生的不良行為，故意視若無睹、無動於衷，例如：上課時學生捏另一位學生，教師就立刻找這位惡作劇的學生講話。長此以往，這位惡作劇的學生就會認為這是引起教師注意的好辦法。如果教師假裝沒看見，置之不顧，這位學生捏同學的舉動就會消失（Santrock, 2001, p. 246）。

四、主強化物與次強化物

強化物可分為兩大類：主強化物與次強化物。主強化物滿足人類的基本需求，例如：食物、水、安全、溫情，以及性的需求等；次強化物則指與主強化物結合而獲得的價值，例如：金錢對幼童沒有價值，直到長大之後曉得金錢可用來買東西（Ornstein & Hunkins, 2004, p. 103）。次強化物又分為四類：(1)社會型強化物（social reinforcer），例如：讚美、微笑、擁抱或關注等；(2)活動型強化物（activity reinforcer），例如：給予玩具、遊戲、有趣活動等；(3)符號型強化物（tangible reinforcer），例如：獎品、獎金、獎牌、獎狀、分數等；(4)代幣型強化物（token reinforcer），例如：打星星記號或點數等（Abbeduto, 2006, p. 186; Slavin, 2012, p. 120）。活動型強化物可用來刺激學生的行為，Premack（1965）稱為「普墨克原理」，也稱為「老祖母規則」（Grandma's Rule），例如：孫子不喜歡吃蔬菜但喜愛玩耍，祖母就對孫子說：「吃蔬菜，然後你就可以玩耍。」

有時候，人們很樂意去做事情而不計酬勞代價，此種由內在動機而激發個體行動的強化物，稱為內在強化物（intrinsic reinforcer），如：學生自

動自發喜歡繪畫、閱讀、唱歌、遊戲、登山、游泳等。相對於內在動機，由外在動機而激發個體行動的強化物，稱為外在強化物（extrinsic reinforcer），如：學生受到鼓勵、讚美或獎賞而更加努力用功（Slavin, 2012, p. 122）。

參　行為改變技術

　　Skinner的強化原理可用於教學與學習的歷程。強化作用促使人類的行為改變是可能的。透過強化作用，個人的行為可以塑造或改變，也可以把複雜的概念教給學生。透過不斷的強化依序所要的反應，新的行為就塑造而成。行為改變技術（behavior modification）或行為治療（behavior therapy）就是有系統的應用行為學習的原理，塑造合適的行為（Ullhann & Krasner, 1965）。

　　依照 Skinner 的觀點，行為改變技術始於四個步驟：(1)辨認所要改變的行為；(2)記錄這種行為發生的次數及在何種狀態下發生這種行為；(3)以積極強化物（獎賞）強化所要的行為，引起行為的改變；(4)選擇積極強化物的類型，例如活動型強化物：打電動遊戲或布置教室；社會型強化物：口頭讚賞或握手；符號型強化物：給數字（100 分）或符號（A+）分數；觸知型強化：給糖果或頒發獎狀證書；或代幣型強化物：給 5 顆星或累積的積點可換獎品等（Skinner, 1968）。

　　此種技術可用於個別化教學及班級經營，例如：小明不愛念書，上課愛講話，不寫作業卻喜歡塗鴉、繪畫。教師要改變他的不良行為，不妨教到什麼，就教他畫什麼。上語文課時，教師教到「動物園」，就讓小明畫動物或動物園。結果小明畫了一隻大象，教師隨即口頭讚賞他：「你畫得真好！」然後教師要他說一說為何要畫大象。他就很用心地說出他的想法。教師一直誇獎他說得真棒，於是小明更專注於語文課。此種技術無形中矯正他愛講話的習慣，變成有意義的說話課。教師善用行為改變原理不斷地施以強化，逐步引導學生改變不良的行為或習慣，最後終能塑造良好的行為。

肆 教學機與編序教學

　　Skinner（1948）認為，學習是受到自然後果積極（非消極）地強化；教學是以實證為本位的（非僅合理地設計）；教育的進步是以準備度（非以年齡）來評分的；而教育的目的強調內容和歷程（即思考）。

　　Skinner（1983, p. 64）在 1953 年 11 月 11 日參觀一所小學四年級的數學課後，心煩意亂地離開教室。他發現學校教育的方法與行為不相一致。教師違背教學的兩個基本原理：學生沒有立刻被告知他們的作業是對或錯，而且教師不管學生的準備度或能力，以同一步調施教。對於 Skinner 而言，初步的解決之道就在於技術的協助：以教學機（teaching machine）和編序教學（programmed instruction）的形式協助解決。

　　其後不久，他開始建構教學機和編序教學的範型。在幾個月內，他展示一部教拼字和算術的教學機並提出他的第一篇教育報告：〈學習的科學與教學的藝術〉（The science of learning and the art of teaching）（Skinner, 1954）。在四年之內，他和同事進行編序教學的研究並在他任教的科目採用編序教材，享受成功的喜悅。總之，Skinner 展開一項教育心理學與一般文化的運動（Morris, 2003, p. 238）。

　　教學機只是一種教學設計，安排強化的偶然性（contingency）。它是傳送編序教學的一項設計。為使學習加速，教學機是一種使教學快速、徹底且加速的工具，它本身不會教學。它的設計原理是：(1)題目與答案分開設計，介紹課程內容；(2)要求學生回憶並建構答案，不是只認清及選擇答案；(3)呈現答案，立即回饋（Morris, 2003, p. 240）。

　　編序教學的目的之一是個別化的學習，學生可以依照自己學習的速度進行學習教材。至於編序教學的方法，兼具結構性與功能性。從結構性言之，教材分成更小的步驟，並依順序呈現；從功能性言之，編序教學強化學生的反應，學生答對了，立即強化反應。然而強化之前，必先反應。編序是困難的，它牽涉到複雜而微妙的互動，編序人員、方案及學生以三個層次──文化的（教育）、人際的（教學）及個人的（學習）互動。在個

人的層次方面，學習需要：(1)先學會目前的教材，才能往前繼續學習；(2)唯有準備就緒時，才能呈現新教材；(3)透過技術，誘導正確答案；(4)透過立即回饋及增強，引起動機。在人際的層次方面，教學需要：(1)界定教學的內容；(2)按順序編排；(3)在刺激的控制下，帶動學生反應；(4)遷移並增加控制；(5)統整以前資料和新資料以維持行為強度；(6)教材編序以便獲得學生 95%的正確反應；(7)若學生的正確反應少於 95%，應負起責任。在文化的層次方面，教育需要：(1)編序人員帶領學生把握編序人員的要點；(2)學生帶領編序人員把握學習的要點。這樣可以確保知識得以保存在文化中，也可以有效地分析（Morris, 2003, p. 241）。

第四節　接近制約理論

　　另一位提出行為學派學習理論的是美國心理學家 Guthrie。他根據連結理論（associations）建立他的接近制約理論。

壹 行動與動作

　　Guthrie 的基本原理是刺激與反應之間的接近律（contiguity of stimulus and response）。主要的行為是行動（acts）與動作（movements）。Guthrie 區別兩者的差異，例如：彈鋼琴與打電腦都是「行動」，包含許多的「動作」。以打籃球為例，投籃的「行動」伴隨著各種不同的「動作」（如運球、傳球等）（Schunk, 2012, p. 84）。

　　接近律的學習原理意味著某一情境的行為，當情境再度發生的時候，會重複出現（Guthrie, 1959）。然而，接近律的學習是選擇性的。在任何時刻，人們可能會面臨許多刺激，不可能一一做連結。只有少部分的刺激會產生反應，形成連結。接近律的原理也應用於記憶。在學習的時候，言語的暗示會與刺激的事物產生連結（Guthrie, 1952）。遺忘涉及新的學習並且由於受到干擾，對於原來的刺激會產生選擇性的反應。

貳 連結力（associative strength）

Guthrie 認為學習是透過刺激與反應同時出現而產生。他抨擊 Thorndike 的練習律——透過頻率建立連結的概念。他相信一個以上的動作相互連結，情境的反覆出現增加動作時，會把動作組成行動，並且在不同的環境條件之下，採取行動。

Guthrie 與 Horton（1946）從貓的實驗，支持「全有或全無」（all or none）的學習原理。他們把貓放在類似 Thorndike 所用的迷宮箱裡。貓碰到中央的柱子，就可以把門打開逃出來。他們發現起初貓在箱子裡，連續隨機移動好幾次，最後終於把門閂打開逃出門外。貓爪可能撞到柱子，牠的最後反應成功地碰到門閂打開門。當把貓再放回箱子裡，牠會重複最後的反應。最後打開門的動作便與迷宮箱連結，因為它可以讓貓逃出。

Guthrie 的立論並不意味著學生一旦成功地解答二次方程式或寫了一篇研究報告，他們就精通了必要的技能。練習是重要的歷程，它連結各種動作，涉及解答方程式與撰寫報告。行動本身可能有很多類型的方程式與報告，他們會學習遷移，讓學生能夠在不同的情境解答方程式與撰寫報告（Schunk, 2012, p. 85）。

參 獎勵與懲罰

Guthrie 相信反應不需獎賞就能學習。主要的機制在於時間的接近（contiguity），或刺激與反應之間的時間接近。此種反應未必有滿足感，刺激與反應時間的接近可以導致學習。Guthrie 批評 Thorndike 的效果律，因為引起滿足與討厭者是行動的結果；因此，它們不能影響先前連結造成的影響，只能影響其後的連結（Guthrie, 1952）。獎賞可能有助於防範遺忘，因為它們使新的反應避免與刺激的暗示相連結。在 Guthrie 與 Horton 的實驗中，獎賞（貓從箱子逃出）使動物逃離學習的情境並且避免新的連

結。同樣地，懲罰只有在引起動物學習新事物時才會產生遺忘。

　　在教學方面，接近律是學校教育的中心課題。教師可使用閃示卡（flash cards）幫助學生學習算術。學生學會刺激，如 4×4 與反應答案 16 的相互連結。其他如英語單字與英語對應語，化學符號與化學元素的相互連結，可以幫助學生學習（Schunk, 2012, p. 85）。

肆　習慣養成與改變

　　習慣（habits）是習得的性情，反覆過去的反應（Wood & Neal, 2007）。由於習慣是行為的傾向，教師想要學生在校舉止端莊，應該把校規與行為連結在一起，例如：學校要培養學生「尊重別人」，就要把它連結到學校的任何場所，包括課堂、禮堂、電腦教室、餐廳、運動場等。這樣，學生尊重的行為才能變成習性。如果學生認為尊重只在課堂行之而已，「尊重別人」就不可能成為習慣。

　　Guthrie 認為，改變習慣可以採用三種方法：最低門檻法（尋找暗示）、疲勞轟炸法（採取行動），以及不相容的反應法（練習另一種反應）（Guthrie, 1952; Schunk, 2012, p. 86）。

　　「最低門檻法」是以不著痕跡的方式，引導要改變的行為，以免引起不良反應。它是在反應的門檻層次之下，逐漸以較強烈的方式引導刺激，如果刺激達到最強烈的層次，習慣就會改變。例如：有些小孩不喜歡吃菠菜，要改變這個習慣，父母親可能要用一小口的菠菜或混合其他喜歡吃的菜，引導小孩吃菠菜。過一段時日，小孩吃菠菜的分量可以逐漸增加。

　　「疲勞轟炸法」是把不良行為的暗示轉成避免行為的暗示。不良行為反覆操作，直到精疲力竭，刺激就變成不再表現不良行為的暗示。例如：要改變小孩亂丟玩具的行為，可命令他（她）盡量丟玩具，直到精疲力竭，讓他（她）覺得亂丟玩具索然無味。

　　「不相容的反應法」是讓不良行為的暗示與不相容的行為暗示同時出現；也就是說，兩種反應不能同時出現。良好行為的反應必須比不良行為

的反應更有吸引力,例如:看電視不可以吃零食,最好準備茶水或其他飲料,把零食拿走,這樣看電視就不可能吃東西。

　　Guthrie 指出懲罰不能改變不良行為,因為它不能影響刺激與反應之間的連結。當不良行為發生之後施以懲罰,可能暫時停止不良的習慣,但不能改變不良的習慣。改變習慣最好採用可接受的行為取代不良的行為,例如:要改變打架的壞習慣,不妨輔導孩子學習跆拳道、劍道或柔道。

第五節　教學的應用與省思

　　行為學派的學習理論強調刺激與反應(S-R)之間的連結,學習是透過連結而產生的。它的主要結構是獎賞的反應(rewarded response)。為了產生學習,反應必須給予獎賞。Watson 是一位極端的環境論者,相信一切的學習符合 Pavlov 的 S-R 模式,也就是古典制約或 S 型制約模式。Skinner 採取更周延的制約觀點,稱為操作制約或 R 型制約模式(Parkay, Anctil, & Hass, 2014, p. 225)。

壹　教學的應用

　　教師要增強刺激與反應之間的連結力,就要善用 Thorndike 的三大學習定律與獎懲原理、Pavlov 的制約情緒反應理論、Skinner 的強化作用原理與行為改變技術、Guthrie 的習慣養成與改變。

一、行為目標

　　行為學派的學習理論在教學上的一大貢獻是行為目標(behavioral objectives)的發展。行為目標是學生學習結果的明確陳述(Schunk, 2012, p. 103)。目標分為兩大類型:一般目標(general objectives)與具體目標(specific objectives)。一般目標較為模糊,幾乎牽涉到許多的科目,例如:課程綱要的目標、教學領域的目標等;具體目標必定是具體、明確、

客觀、可測量的目標，例如：單元目標、教學目標等。

　　Skinner堅信課程目標在教學開始之前應該具體化，而且要以學生的學習行為加以敘述。如果教師教創造力單元，就應該問學生：「*你們發揮創意的時候，都在做些什麼？*」如果教學目標不以行為目標敘述，教師無法得知教學目標是否達成（Olson & Hergenhahn, 2009, p. 115）。

　　行為目標可以幫助教師設計教案，訂定適當的教學目標，兼顧認知領域、技能領域、情意領域的目標，以免淪為智育掛帥的窠臼。在教學評量方面，教師可依據行為目標的理念，擬定適當的考題，以免題目過度艱深或太容易而失去鑑別度。此外教育行政機關與學校的各類科考試，根據目標分類法與試題的鑑別度，建立題庫，更可節省大量人力、物力，發揮最大的教育效益。

二、學習時間

　　行為學派的學習理論認為環境變項影響學生的學習。操作制約理論預示主要的環境變項是學習時間（Schunk, 2012, p. 105）。

　　Carroll（1963, 1965）制定一套學校學習的模式，主要強調學習花費的時間是教學的變項。時間係指課業的學習時間，或注意與設法學習所花費的時間。雖然時間是環境（可觀察的）變項，時間的定義是認知性的，因為它是操之於簡單的時鐘時間的行為指標。在此架構，Carroll提出學習需要的時間與實際花費的時間之間的影響因素（Schunk, 2012, p. 105）。

　　影響學習需要時間的一項因素是課業學習的性向。學習的性向要看先前有關課業的數量與人格特質（如學習能力與態度等）。第二個有關因素是了解教學的能力，這個變項與教學方法交互影響，例如：有些學生傾向接受與理解口語教學方式，但有些學生對於視覺呈現的教學方式，接納度較高。

　　教學品質要看教師如何組織課程與如何呈現給學生。品質包括學生該學習的課程教師教多少與他們如何學習。教師的教學品質愈低，學生學習需要的時間也愈多。

學習花費的時間是一項影響因素。學校課程五花八門，對於特殊類型學習的學生而言，分配的學習時間更顯得不足。教師向全班授課，有些學生可能學習有困難，無法抓住重點，需要額外的補救教學。

另一項影響學習的因素是學生學習需要的時間。即使給予學生充分的學習時間，他們可能沒花那麼多的時間學習。Carroll 把這些因素用以下的公式來表示，以估計學生的學習程度（Schunk, 2012, p. 106）：

$$學習程度 = \frac{學習花費的時間}{學習需要的時間}$$

通常學生盡量花費所需時間去學習（學習程度＝ 1.0），但是學生時常花費更多的時間去學習（學習程度＞ 1.0）或者花費更少的時間去學習（學習程度＜ 1.0）。

Carroll 的模式凸顯課業學習時間的重要性，與學習花費時間及學習需要時間的影響因素。這個模式融入有效的心理學原理，但僅只供作教學或動機的因素，它並沒有深入探討認知的學習。Carroll 也承認需要更多的研究以完成細部探討。

三、精熟學習

Carroll 的模式預示如果學生的學習性向改變，而接受相同的教學型態，他們的學業成就會迴然不同。但是如果教學型態隨著學生的個別差異而改變，則每位學生的潛能將可達到精熟的水準。性向與學業成就之間的正相關將會消失，因為所有的學生都表現同等的學業成就（Schunk, 2012, p. 107）。

這些理念構成精熟學習（mastery learning）的基礎（Anderson, 2003; Bloom, 1976）。精熟學習把 Carroll 的理念融入有系統的教學方案，包括精熟界定、精熟計畫、精熟教學，以及精熟評分等（Block & Burns, 1977）。精熟學習包含認知的成分，雖然它的方案在本質上像是行為論。

　　為了界定精熟，教師要擬妥一套行為目標與總結性測驗試題。教師根據課程目標把教材分成小單元。精熟計畫係指教師安排教學的程序與學生矯正的回饋程序（形成性評量）。此類評量採取小單元的精熟測驗，把精熟設定在某一水準（如 90%）。沒有達成單元目標的學生以小組學習方式，施以補救教學。精熟教學開始階段，教師要讓學生知道精熟學習的程序，並實施全班、小組、個別的教學活動。教師施以形成性測驗以確認哪些學生達到精熟水準。無法達到水準的學生留在小組，由已經精熟教材的學生擔任教學助理，幫他們複習有問題的教材。教師酌留補救教學及作業的時間。精熟評分包含課程結束的總結性測驗，分數達到或超出精熟水準的學生給予 A 等成績；其他依次給分。

　　研究發現精熟學習比傳統的教學方式更有效果（Block & Burns, 1977）。精熟學習也有助於改進大學生的學習成就、長期記憶的保存，以及對於課程與教學的態度（Peladeau, Forget, & Gagné, 2003）。

四、情緒制約

　　古典的制約原理可以應用於消除學生的恐懼感。剛就讀幼兒園與小學一年級的新生可能對於陌生的環境有恐懼感。在開學的時候，學校可以辦迎新活動或新生訓練，以消除學生的恐懼感。參觀時段讓學生有機會見見教師、同學、教室、座椅。教師可安排彼此認識的趣味遊戲，讓學生互相介紹，並設法叫出前、後、左、右同學的名字；學生可以繞校園一周，參觀學校主要的教育設施。這些都是非正式的減敏法（desensitization）程序。

　　對於有些學生，暗示與學校的連結可以當作引發焦慮的刺激。有趣的活動則引發愉快的感覺，不與焦慮掛勾。有趣的活動以及暗示與學校的連結兩者成對出現可以減低焦慮的情緒。

　　有些師資生可能對於教學實習會感到忐忑不安。如果採用漸進法，讓師資生在課堂的時間漸漸承擔教學的責任，這種焦慮狀態可以獲得舒緩。課堂的教學經驗與正式的學習同時成對出現可以減少恐懼感。

有些學生上舞臺或講臺會很緊張，造成上臺的恐懼感。教師可帶領學生在正式舞（講）臺上練習，允許臺下觀眾觀看，練習幾遍，有助於減低舞（講）臺的恐懼感。

五、改變習慣

Guthrie 的接近制約原理可以用來改變學生的不良行為。幼童的注意力不集中，容易分心，每節上課時間不能太長，因此大多數的活動每節課以不超過 30 分鐘為宜。然而，學期開始之後，兒童的注意力幅度逐漸減弱。此時，學校安排課表可應用 Guthrie 的接近制約原理，學期開始學校就限制每節課為 15 至 20 分鐘。過了幾週，逐漸延長時間到 30 分鐘。這個方法稱為門檻法，先降低門檻，然後再逐步延長時間。

學生上課不專心，在教室亂丟紙飛機。教師可改用疲勞轟炸法，給他較大的空間製造紙飛機，當他做到精疲力竭時，也就覺得索然無味，不再製造、亂丟紙飛機了。

另一個破除壞習慣的方式是採用不相容的反應法。學生上課愛講話，不讀書，教師可叫學生找一本喜歡讀的書，並叫他在課堂上朗讀。這樣朗讀就取代上課愛講話的毛病。

六、善用獎懲

行為學派的學習理論重視強化作用在學生行為輔導的角色。積極強化（positive reinforcement）係指刺激的出現強化了行為；消極強化（negative reinforcement）則指刺激的移除強化了行為。消極強化不是懲罰。但是，當父母親或師長移除積極強化物的時候，例如對兒童說：「你不可以去看電影」，或責備他們這樣做會發生什麼，依據 Skinner 的觀點，這兩種舉動都構成懲罰（Elliott, Kratochwill, Cook, & Travers, 2000, p. 214）。如果涉及兒童身體上的處罰，就變成體罰。

另一種懲罰的方式是行為反應後引起厭惡（aversiveness），例如：學生亂丟紙屑、製造髒亂，教師要求學生去撿紙屑，學生會覺得厭惡。學生

在教室玩耍，打破門窗玻璃，教師要求學生恢復原狀或賠償，學生也會覺得厭惡。因此讓學生覺得厭惡可以當作懲罰。過度矯正（overcorrection）便是屬於此類的懲罰，它涉及罰款與矯正的措施（Elliott et al., 2000, p. 215）。

　　學生有不良的行為理當受罰。學生有特殊優良行為或違反校規都應依據學生獎懲辦法處理。教師不可動輒體罰學生，體罰違反教育基本法，有時還會觸犯《刑法》、《民法》、《民事訴訟法》，以及其他的行政法規。

貳 教學的省思

研讀本章行為學派的學習理論之後，請思考並回答下列問題：

1. Thorndike 的三大學習定律為何？請列舉說明之。

2. 古典制約理論與操作制約理論有何異同？請比較說明之。

3. 何謂「行為改變技術」？實施步驟如何？請舉例說明之。

4. 何謂「普墨克原理」？請舉例說明之。

5. Guthrie 的接近制約理論與 Thorndike 的連結理論有何異同？請比較說明之。

6. 依據心理學的研究，當兩種情境有共同的元素並引起類似反應時，會產生何種現象？(1)嘗試錯誤；(2)強化作用；(3)過度學習；(4)學習遷移。

7. 依據Pavlov的實驗研究，鈴聲取代食物，狗聽到鈴聲也會流唾液。鈴聲產生什麼作用？(1)非制約刺激；(2)非制約反應；(3)制約反應；(4)制約刺激。

8. 婷婷的生物科考試不及格遭受父親的責備。當她開始準備化學科考試時，她也會很緊張。這是何種現象？(1)同化作用；(2)區別作用；(3)移情作用；(4)類化作用。

9. 「行為目標」的發展主要受到何種學習理論的影響？(1)認知學派；
   (2)人本學派；(3)分析學派；(4)行為學派。

10. Skinner的操作制約理論主要受到Thorndike何種理論的影響？(1)練
   習律；(2)預備律；(3)成功律；(4)效果律。

參考文獻

Abbeduto, L. (2006). *Educational psychology* (4th ed.). Dubuque, IA: McGraw-Hill.

Anderson, L. W. (2003). Benjamin S. Bloom: His life, his works, and his legacy. In B. J. Zimmerman, & D. H. Schunk (Eds.), *Educational psychology: A century of contributions* (pp. 367-389). Mahwah, NJ: Lawrence Erlbaum Associates.

Block, J. H., & Burns, R. B. (1977). Mastery learning. In L. S. Shulman (Ed.), *Review of research in education* (Vol. 4) (pp. 3-49). Itasca, IL: Peacock.

Bloom, B. S. (1976). *Human characteristics and school learning.* New York, NY: McGraw-Hill.

Carroll, J. B. (1963). A model of school learning. *Teachers College Record, 64,* 723-733.

Carroll, J. B. (1965). School learning over the long haul. In J. D. Krumboltz (Ed.), *Learning and the educational process* (pp. 249-269). Chicago, IL: Rand McNally.

Elliott, S. N., Kratochwill, T. R., Cook, J. L., & Travers, J. F. (2000). *Educational psychology: Effective teaching, effective learning* (3rd ed.). Boston, MA: McGraw Hill.

Guthrie, E. R. (1952). *The psychology of learning* (Rev. ed.). New York, NY: Harper & Brothers.

Guthrie, E. R. (1959). Association by contiguity. In S. Koch (Ed.), *Psychology: A study of a science* (Vol. 2) (pp. 158-195). New York, NY: McGraw-Hill.

Guthrie, E. R., & Horton, G. P. (1946). *Cats in a puzzle box.* New York, NY: Rinehart & Company.

Harris, B. (1979). Whatever happened to Little Albert? *American Psychologist, 34,* 151-160.

Heidbreder, E. (1933). *Seven psychologies.* New York, NY: Appleton-Century-Crofts.

Hilgard, E. R. (1996). Perspectives on educational psychology. *Educational Psychology Review, 8, 419-431.

Mayer, R. E. (2003). E. L. Thorndike's enduring contributions to educational psychology. In B. J. Zimmermann, & D. H. Schunk (Eds.), *Educational psychology: A century of contributions* (pp. 113-154). Mahwah, NJ: Lawrence Erlbaum Associates.

Morris, E. K. (2003). B. F. Skinner: A behavior analysis in educational psychology. In B. J. Zimmermann, & D. H. Schunk (Eds.), *Educational psychology: A century of contributions*. Mahwah, NJ: Lawrence Erlbaum Associates.

O'Donnell, A. M, Reeve, J., & Smith J. K. (2009). *Educational psychology: Reflection for action* (2nd ed.). Hoboken, NJ: John Wiley & Sons.

Olson, M. H., & Hergenhahn, B. R. (2009). *An introduction to theories of learning* (8th ed.). Upper Saddle River, NJ: Pearson.

Ornstein, A. C., & Hunkins, F. P. (2004). *Curriculum: Foundations, principles, and issues* (4th ed.). Boston, MA: Pearson.

Parkay, F. W., Anctil, E. J., & Hass, G. (2014). *Curriculum leadership: Readings for developing quality educational programs* (10th ed.). Boston, MA: Pearson.

Pavlov, I. (1927). *Conditioned reflexes* (Trans. by G. V. Anrep). London, UK: Oxford University Press.

Pavlov, I. (1932). The reply of a physiologist to psychologists. *Psychological Review, 39*, 91-127.

Peladeau, N., Forget, J., & Gagné, F. (2003). Effect of paced and unpaced practice on skill application and retention: How much is enough? *American Educational Research Journal, 40,* 769-801.

Premack, D. (1965). Reinforcement theory. In D. Levine (Ed.), *Nebraska symposium on motivation* (pp. 123-180). Lincoln, NE: University of Nebraska Press.

Rachlin, H. (1991). *Introduction to modern behaviorism* (3rd ed.). New York, NY: Freeman.

Santrock, J. W. (2001). *Educational psychology*. Boston, MA: McGraw-Hill.

Schunk, D. H. (2012). *Learning theories: An educational perspective* (6th ed.). Boston,

MA: Allyn & Bacon.

Skinner, B. F. (1938). *The behavior of organisms*. New York, NY: Appleton-Century-Crofts.

Skinner, B. F. (1948). *Walden two*. New York, NY: Macmillan.

Skinner, B. F. (1953). *Science and human behavior*. New York, NY: Macmillan.

Skinner, B. F. (1954). The science of learning and the art of teaching. *Harvard Educational Review, 24*, 86-97.

Skinner, B. F. (1968). *The technology of teaching*. New York, NY: Appleton-Century-Crofts.

Skinner, B. F. (1978). *Reflections on behaviorism and society*. Englewood Cliffs, NJ: Prentice-Hall.

Skinner, B. F. (1983). *A matter of consequence*. New York, NY: Knopf.

Slavin, R. E. (2012). *Educational psychology* (10th ed.). Boston, MA: Pearson.

Thorndike, E. L. (1913a). *Educational psychology: Vol. 1. The original nature of man*. New York, NY: Teachers College Press.

Thorndike, E. L. (1913b). *Educational psychology: Vol. 2. The psychology of learning*. New York, NY: Teachers College Press.

Thorndike, E. L. (1927). The law of effect. *American Journal of Psychology, 39*, 212-222.

Thorndike, E. L. (1932). *The fundamentals of learning*. New York, NY: Teachers College Press.

Thorndike, E. L., & Woodworth, R. S. (1901). The influence of improvement in one mental function upon the efficiency of other functions. *Psychological Review, 8*, 247-261, 384-395, 553-564.

Ullhann, L. P., & Krasner, L. (1965). *Case studies in behavior modification*. New York, NY: Holt, Rinehart & Winston.

Watson, J. B. (1924). *Behaviorism*. New York, NY: W. W. Norton.

Watson, J. B., & Rayner, R. (1920). Conditioned emotional reactions. *Journal of Experimental Psychology, 3*, 1-14.

Wolpe, J. (1958). *Psychotherapy by reciprocal inhibition*. Stanford, CA: Stanford University Press.

Wood, W., & Neal, D. T. (2007). A new look at habits and the habit-goal interface. *Psychological Review, 114*, 843-863.

Chapter 4

認知發展理論

　　隨著腦部的發展，兒童開始認識周遭的環境。但是，兒童到底是怎樣認識環境的？如何產生學習？心理學有關學習的理論有各種不同的派別，本章從認知學派的觀點探討兒童的認知發展。

　　認知發展理論以 Jean Piaget（1896-1980）的認知發展階段（stages of cognitive development）與 Lev Vygotsky（1896-1934）的社會文化理論（sociocultural theory）為代表，分別敘述如後。

第一節　認知發展階段理論

　　瑞士心理學家 Piaget 實在是一位天才。當他十幾歲的時候，他就出版許多軟體動物方面的科學論著，而且擔任日內瓦自然歷史博物館軟體動物蒐集部門的主管職務。後來他到巴黎比奈實驗室工作，研究兒童的智力測驗。兒童答錯的理由居然讓他深深著迷，而促使他潛心研究答案背後的思考歷程，終於成為 20 世紀偉大的認知心理學家（Woolfolk, 2013, p. 42）。

　　本節將以發展階段、影響認知發展的因素、思考的基本傾向，以及認知發展階段評述，分別論述 Piaget 的認知發展理論。

壹　認知發展階段

　　新生兒大腦的重量約一磅，是成人大腦重量的三分之一（Woolfolk, 2013, p. 33）。嬰孩出生後 3 至 18 個月，大腦的重量增加 30%，2 至 4 歲，再增加 10%，隨後 6 至 8 歲、10 至 12 歲、14 至 16 歲依次增加 10%（Carlson, 2012）。大腦重量的增加乃是大腦內部連結增強的象徵。

　　兒童隨著生理的成長，逐漸變得更有能力了解環境的事物。兒童是天生的好奇寶寶，不斷設法探究所處的環境。經由物體的操弄與探究新奇而不熟悉的事物，他們發現並調適對周遭世界的認識。當低層次的心理結構給予充實並轉型為高層次的結構時，認知發展於是產生。

　　Piaget（1955）的認知發展階段分為四個階段：感覺動作期（sensorimotor stage）、前操作期（前運思期）（preoperational stage）、具體操作期（具體運思期）（concrete operational stage），以及形式操作期（形式運思期）（formal operational stage）（如表 4.1 所示），說明如下。

表 4.1　Piaget 的認知發展階段

發展階段	行為表現
感覺動作期（0～2 歲）	符號思考開始出現 物體恆久概念開始發展
前運思期（2～7 歲）	語言、藝術、戲劇等心理表徵開始發展
具體運思期（7～11 歲）	邏輯思考更客觀
形式運思期（11 歲以後）	假設－演繹、推理與抽象思考開始發展

資料來源：Buckler 與 Castle（2014, p. 118）

一、感覺動作期（0～2 歲）

　　此階段以「感覺」和「動作」為特徵。2 歲以下嬰孩的需求是基本的、立即的。資訊來自感官而動作是初步的。嬰孩張開嘴，吃一湯匙的食物便是一個例子。先有刺激，然後才有行動。當嬰孩開始發展符號思考時，感

覺動作期即結束，例如：洋娃娃玩具變成「媽咪」；如果不在視線範圍之內，嬰孩知道物體仍然存在（Bogartz et al., 2000；引自 Buckler & Castle, 2014, p. 119）。

二、前運思期（2～7歲）

感覺動作期之後，兒童開始發展概念的理解。前運思期反映出早期符號形式與概念學習的出現。在此階段，思考是不合邏輯的，但語言、藝術、戲劇的概念開始發展。在此階段的兒童透過學前教育，暴露在各種語言學習的機會之中，開始學習語言的要素及符號。兒童也發展出分類的能力，例如：廚房的餐具分為烹調用及飲食用兩類。分類的能力有賴於記憶的能量，而記憶的能量有賴於兒童腦部海馬迴與顳葉的發展。

Piaget 也談到號誌（sign）與標誌（signifier）的區別。他使用路標來做比喻，例如：「紅綠燈」的交通號誌，告訴駕駛前面道路可否通行。但標誌的意義比號誌更多，例如：「慢行」是警告駕駛前面路況危險，請減速慢行。交通號誌對於兒童而言甚為普遍，兒童也了解其意義。但標誌在兒童的生活環境中具有特殊性。

三、具體運思期（7～11歲）

前運思期結束，兒童進入具體運思期。兒童的邏輯思考變得更客觀。Piaget（1955）使用「保留」（conservation）一詞來解釋兒童對於物體重量的理解，例如：把兩塊重量相同的球形泥土擺在兒童的面前，問兒童這兩塊泥土的重量是否相同（當然相同）。然後把其中一團泥土滾成香腸形狀，並問兒童這兩塊泥土的重量是否相同。已經獲得保留概念的兒童回答說兩塊泥土重量相同；尚未獲得保留概念的兒童則回答說兩塊泥土重量不相同，認為香腸形狀的泥土重量較重。這是因為泥土變形而使兒童誤以為重量較重（Buckler & Castle, 2014, p. 121）。

Piaget（1955）發現，兒童 6 歲前就有數字保留的概念，但至 11 歲，兒童才有容量保留的概念。邏輯思考的能力可以看出兒童是否處於具體運

思期的前期或晚期。然而在此階段，複雜的邏輯思考尚待發展。

四、形式運思期（11 歲以後）

　　兒童到了 11 歲以後進入形式運思期，可以使用演繹、推理，以及抽象思考。在具體運思期所欠缺的元素都在此階段充實，例如：教師問學生下列問題：「小華比小明高，小明又比小花高。請問誰最高？」10 歲兒童可能想了很久，努力尋求答案；但年紀大些的兒童認為題目很簡單，因為他們已經發展出抽象思考、解決問題的能力。

　　抽象思考乃是驗證假設的能力，也是科學思考的能力，通常 11 歲以後的兒童已具備此能力。社會與文化的影響對於兒童產生衝擊，例如：在教學設備完善的學校，採用小班分組教學的學生擁有更多科學思考的機會。

　　兒童進入青春期，他們經歷許多重大的認知發展。同時，他們也邁入狂風暴雨期，可能造成進步的阻礙。形式運思期也許是最艱困的發展階段，教師與家長更需要協助他們克服難關，度過青春期。

貳　影響認知發展的因素

　　兒童的認知發展是漸進的歷程。Piaget（1970）認為，兒童的思考歷程從出生到成熟雖然緩慢，但會急速改變，因為人類不斷地努力認識這個世界。兒童的認知發展受到四個因素的影響：生理的成熟度、活動、社會經驗，以及平衡。這四個因素會相互影響思考的改變（引自 Woolfolk, 2013, p. 43）。

　　最重要的因素之一是生理的成熟度，生理的改變大都受到基因的影響，父母親與師長鮮能影響兒童的生理發展，但可確信的是營養與照顧有助於他們健康的發展。

　　活動是另一個重要的因素。隨著生理的成熟，與環境的互動、學習的能力與日俱增。當幼兒的協調能力獲得合理發展的時候，他們會從蹺蹺板的體驗中發現平衡的原則。於是，人們在環境的互動中，不斷探索、測

試、觀察，組成資訊，就有可能改變思考的歷程。

在發展歷程中，兒童往往與周遭人們互動。兒童的認知發展受到社會傳習（social transmission）的影響，向別人學習。沒有社會傳習，人們就要重新發明所有的知識。社會傳習的數量也隨著不同的認知發展階段而有所不同。

參 思考的基本傾向

Piaget（1955）指出，所有物種繼承兩個基本傾向，或不變的功能（invariant functions）。第一個傾向是朝向組織——整併、安排、再整併、再安排行為與思想，成為一貫的系統。第二個傾向是朝向適應（adaptation），或適應環境。

一、認知的基本結構——基模

人們生下來就有把思想歷程組成心理結構的傾向，這些心理歷程就是了解與世界互動的系統。簡單的心理結構不斷地組合變得更精密、更有效。嬰兒最初會注視物體或抓物體，但不會同時注視物體並抓住物體。然而，當嬰兒把這兩個不同的行為結構組成協調的高層次結構之後，就會注視並抓住物體（Miller, 2011）。此種心理結構，Piaget 稱之為「基模」（schema）。Wadsworth（2004）視基模為「索引卡」（index cards），在腦中建立檔案，每一個索引告訴個體如何辨認與反應即將來臨的刺激或資訊。基模乃是有組織的行動或思想系統，讓人們去思考物體及世界事物。基模可以小而具體，也可以大些。當思考歷程更有組織並發展新的基模時，行為會變得更精密，更能適合於環境。

基模幫助人們把物體或事件分類並決定如何採取行動。初步的必要動作是認清情境並標示以便做適當的反應。當給你一張雜貨店物品的清單與每件物品的價格，問你全部共多少錢時，你會命令基模使你認清加法是適當的處理歷程，而另一個基模使你完成加法的處理，得到答案（Tuckman

& Monetti, 2014, p. 47）。

二、同化與調適

　　除了組織心理結構的傾向外，人們也繼承適應環境的傾向。適應環境涉及兩個歷程：同化（assimilation）與調適（accommodation）。「同化」是把新資訊融入現有的基模加以理解。換言之，當人面臨新環境的事物時，他們會用現有的基模或行動方案去處理。基本上，基模沒有改變，但擴大包含新的經驗與反應的結果。同化頗類似於行為學派的類化作用概念。

　　當人們使用現有的基模去了解世界的事物時，同化就會產生。同化涉及設法了解新事物以符應人們已經知道的事物。有時候，許多的兒童看見浣熊，他們稱之為 kitty，他們設法以現在辨認動物的經驗和新經驗相配對。

　　當人們必須改變現有的基模去回應新情境時，「調適」隨即產生。如果資料不能適合現有的基模時，則會發展更合適的結構。人們乃是讓思想去適應新資訊，而不是讓資訊去適應思想。當兒童把認清浣熊的基模加到他們辨認動物的基模時，兒童就會產生調適的現象。

　　同化與基模交互影響，每當新經驗同化於現有的經驗之中，基模就會擴大並有些微改變，因而同化涉及適應（Mascolo & Fischer, 2005）。有時同化與適應並未使用，當人們碰到不熟悉的事物時，可能會視若無睹，置之不理，例如：人們偶爾聽到有人用外語交談，他們可能認為事不關己，除非他們對於此種外語有某種了解。

　　依據 Piaget 的觀點，組織、同化及調適可視為一種複雜的平衡行為。思考真正的改變是透過平衡（equilibration）的歷程而產生。人們不斷測試思考歷程的妥當性以取得平衡的狀態，例如：我們把平衡應用於某一事物或情境，並且基模發生作用，那麼平衡就存在。但是如果基模沒有造成滿意的結果，就會產生反平衡（disequilibrium）的狀態，我們會覺得不舒服。

肆　認知發展階段評述

　　Piaget 的認知發展理論顛覆人類發展的研究，而且在許多方面仍然支配認知發展的領域。大部分的心理學家支持 Piaget 具有洞見的認知發展階段，然而有些心理學家質疑四個不同的思考發展階段（Mascolo & Fischer, 2005; Miller, 2011）。其中一個問題是兒童思考的發展階段缺乏一致性。晚近的一些研究修正了 Piaget 的觀點（Mercer, 2010; Slavin, 2012, p. 39），其中一項重要的原理是 Piaget 主張發展先於學習。他認為發展階段大都是固定的，像保留的概念是可以教的。但最近的研究案例顯示幼兒在未到達發展階段前，就可以簡單的形式成功學習保留的概念，例如：兒童在發展出保留重量概念（泥球壓扁，重量不會改變）之前的一、二年，就會保留數量的概念（積木重新排列，數量不會改變）。但是兒童為何不會在各種情境中使用保留的概念？Miller（2011）認為，Piaget 較少強調認知發展過程，卻更注意思考如何透過平衡的概念而改變。

　　Brainerd（2003）也批評 Piaget 的認知發展諸如保留的概念或抽象思考不能加速進行的論點。他質疑兒童必須發展到某一階段才能學習的觀點。他發現兒童在有效的教導之下，可以學會認知的操作表演，如保留。

　　Piaget 的認知發展階段另一個問題是思考歷程其實更具繼續性，但是 Piaget 提出的思考歷程長期看起來像是不連續的、質化的躍進。3 歲幼童持續地尋找遺失的玩具，在本質上有別於嬰孩沒丟玩具，或不會尋找滾在沙發底下的玩具。但是如果我們仔細觀察兒童每時每刻的行為改變，我們會發現這些改變的確是繼續性的、漸進性的。知識是經驗不斷的累積，年齡稍長的兒童已充分發展記憶，記得玩具滾到沙發底下，而嬰孩尚未發展記憶的能力，當然視若無睹，依然無動於衷。

　　另一方面，Piaget 低估兒童的認知能力，尤其是幼兒。他給兒童的問題太難，指示不明確。兒童了解的比表現出來的還多，例如：Gelman（2000）的研究顯示幼兒園的兒童了解有關數字的概念遠比 Piaget 所想的

還多。

Piaget 的認知發展階段與特徵不是絕對的，而是代表一套發展傾向（Tuckman & Monetti, 2014, p. 51）。研究顯示兒童能夠學得更多，端視教學的性質與課業的內容。當課業簡化時，小學階段的學生也能解決相當抽象的問題（Metz, 1995）。相較於 Piaget 的研究，研究也顯示今日的高中生可能無法展示形式運思期的思考技巧，但是如果提供這些能力的訓練，學生可以更快速達到高層次的推理能力（Kuhn, 2006）。

此外，Piaget 堅持認知發展在各個不同階段是質性的差異。但實際上，認知發展也有少部分是量的不同，而非全是質的差異。大腦不斷的成熟說明年長的兒童比幼童思考更為複雜的原因（O'Donnell, Reeve, & Smith, 2009, p. 92）。

Piaget 的理論受到另外一項批評是忽略兒童的文化與社會族群。跨文化研究普遍證實雖然 Piaget 對於兒童的思考階段順序正確，然而各階段的年齡組距差異頗大。歐洲社會的兒童進入另一階段比非歐洲社會兒童早二至三年。即使具體運思（如分類）在不同的文化社會，發展也各不相同（Woolfolk, 2013, p. 54）。

縱然有這些批評，但 Piaget 的理論仍受到密切的關注，因為它提供明確又完整的觀點，去了解兒童如何思考。它也有助於認清兒童認知發展有待解答的問題（Tuckman & Monetti, 2014, p. 72）。

第二節　社會文化理論

另一位同樣具有影響力的認知發展學派——社會文化理論的代表人物是俄羅斯心理學家 Lev Vygotsky。可惜他英年早逝，年僅 38 歲即因肺結核而去世。在他短暫的生涯中，他寫過一百多本書與論文（Woolfolk, 2013, p. 55）。他強調社會與文化在促進兒童的認知成長的重要性。他的社會文化理論或稱為文化歷史發展理論，成為認知發展理論的重要著作，著作中強調：認知發展係經由社會文化互動而產生的。他的著作直到 1970 年代與

1980 年代從俄文翻譯成英文才馳名於世（Tuckman & Monetti, 2014, p. 73）。本節就社會文化互動、學習與發展的角色，以及鷹架理論評述，分別敘述如後。

壹　社會文化互動

　　Vygotsky 相信人類的活動在文化的情境發生，而且離開這些情境，就無從了解這些活動。他的主要理念之一就是人類的心靈構造與歷程可以追溯到與他人的互動。社會互動不只影響認知發展，它們真正創造了認知結構與思考歷程（Palincsar, 1998）。事實上，「Vygotsky 將發展概念化為社會分享的活動轉型成內在化的歷程」（John-Steiner & Mahn, 1996, p. 192）。他的理論凸顯三個主題，可以解釋社會歷程如何形成學習與思考：個體思考的社會來源、文化工具在學習與發展上扮演的角色（特別是語言的工具），以及「近側發展區」（zone of proximal development, ZPD）（Driscoll, 2005; Wertsch & Tulviste, 1992），如圖 4.1 所示。

　　Vygotsky（1978, p. 57）認為，兒童的文化發展功能出現兩種情況：先在社會層級，然後在個人層級；先在人們之間（人際），然後在兒童自己（內心）。所有高層次的功能源自於真實的人際間關係。換言之，高層次的心理歷程先由兒童與他人共同建構而成，然後共構的歷程再由兒童內在化成為認知發展的一部分（Gredler, 2009）。

　　Vygotsky（1978）相信文化工具包括：技術工具（technical tools），如今日的手機、電腦、網路；心理工具（psychological tools），如符號系統、數字系統、盲點字、手語、語言等，在認知發展上扮演重要的角色，例如：語言與數字系統協助學習與認知發展，改變思考歷程。此種符號系統透過正式與非正式互動與教學，由成人傳給兒童，或由兒童傳給兒童。

　　Vygotsky（1978, p. 86）認為，在發展階段的每一個定點，兒童都有一些處於解決邊緣的問題。兒童僅需要某些協助，例如：記住細節或步驟、提醒、鼓勵嘗試、提供線索等。當然有些難題超出兒童的能力範圍。近側

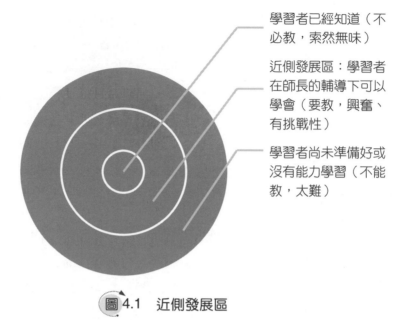

學習者已經知道（不必教，索然無味）

近側發展區：學習者在師長的輔導下可以學會（要教，興奮、有挑戰性）

學習者尚未準備好或沒有能力學習（不能教，太難）

圖4.1 近側發展區

資料來源：改編自 Woolfolk（2011, p. 64）

發展區乃是：兒童目前發展的層次「獨立的問題解決」與兒童可能發展的層次「透過成人的指導或與同儕合作」之間的區域。近側發展區是動態的、會變動的區塊。當學生與教師互動，產生了解時，它就會隨之改變。這是教學可以成功的區域。成人及教師常常使用語言提示協助兒童解決問題或完成工作，此種協助支持的型態稱之為「鷹架」理論（scaffolding theory）。隨著兒童接受師長的教導，此種協助可能漸漸減少。

貳 學習與發展的角色

Piaget 把發展界定為「知識的主動建構」，學習界定為「連結的被動形成」（Siegler, 2000）。他熱衷於知識的建構並相信認知發展是學習的必備條件。學習乃附屬於發展，而非發展附屬於學習。當兒童發展到某一階段，學習才會發生。換言之，發展在先，學習在後。

　　Vygotsky（1978, p. 90）則持相反的立場，他相信學習是主動的歷程，毋須等待準備。事實上，合適、有組織的學習造成心智的發展。他把學習視為發展中的工具，學習促使發展朝向更高的層級，而社會互動是學習的主要關鍵。他的理念顯示家長及師長在認知發展方面扮演重要的角色。

參　鷹架理論評述

　　基本上，Vygotsky 的發展論是教育理論，他的教育理論也是一種文化傳遞理論。教育的涵義不僅發展個人的潛能，也促進歷史的表達及人類文化的成長。Vygotsky 的重大貢獻是他不僅發展了認知理論，也發展了教育理論及社會文化發展理論（Ornstein & Hunkins, 2004, p. 112）。

　　Vygotsky 發展論的複雜性主要是他的著作不容易了解，蓋因大部分是從不同時期的著作翻譯而來。鷹架理論的術語最先由 Wood、Bruner 與 Ross 所提出，描述專家以更高明的手法協助新手操作某一工作或技能。Wood、Bruner 與 Ross（1976）曾描述類似的學習歷程：「兒童或新手受到協助與支持，因而能夠解決問題、完成任務，或達成目標。」（p. 90）這種說法聽起來很像 Vygotsky 的鷹架理論。然而，Wood 等人認為：「鷹架理論主要包含成人控制工作的要素。這些要素起初遠超出學習者的能力之外，因此允許學習者專注並僅完成他力所能及的這些要素。」（p. 90）這可能是優秀教師想去嘗試的事，但與 Vygotsky 的近側發展區概念少有關係（Grifftin & Cole, 1999; Stone, 1993）。

　　鷹架理論的隱喻嚴重降低更有能力與更無能力的人可以從互動中學會某些東西的事實。姑且不論湧上心頭的意象是用來支撐建物的鷹架或是某人用來懸掛東西的鷹架，這種意象是提供鷹架的人明確地控制情境並且在歷程中不期待去改變情境。當然，隱喻是有力的工具，但有其限制。在情境中的限制就是 Vygotsky 的理論與強調教師提供兒童適當協助的理論相提並論（Tudge & Scrimsher, 2003, p. 219）。

　　Vygotsky 的著作主要針對社會的起源及個體發展的文化基礎加以論

述，他與 Piaget 的理論同屬認知發展理論，但兩者對於認知發展的歷程採取不同的看法。Piaget 認為兒童的認知發展必須進入某一階段才能完成特殊的認知活動；Vygotsky 則持相反的觀點。他相信兒童在某一發展階段之前，由於與社會互動的結果常常能夠表現某種認知的動作，例如：在達到某一特殊發展階段之前，兒童即開始學會語言。Piaget 認為階段的發展是在語言發展之前；Vygotsky 則認為，學習是在階段發展之前（Ornstein & Hunkins, 2004, p. 112）。

Vygotsky 過度強調社會互動在認知發展的角色。事實上，沒有家長、師長或同儕的協助，有些兒童自己也能夠認知發展。

第三節　認知發展理論的啟示

Piaget 的著作沒有提到教育方面的建議；而 Vygotsky 英年早逝，沒有足夠的時間提出一套完整的應用。我們能從兩位大師學到哪些重要的啟示？本節分別從兩位大師的理論，找出一些重要的啟示，以供讀者參考。

壹　從 Piaget 的理論，我們能學到什麼？

Piaget（1969, p. 70）對於兒童思考的興趣，更甚於對引導教師的興趣。然而，他談到有關教育哲學的一般理念。他認為教育的主要目的應該協助兒童「學會如何學習」（learn how to learn），教育應該「養成而非供給」（form not furnish）學生的心靈。我們學到許多有關兒童如何藉著傾聽與注意解決問題的方式來進行思考。如果我們了解兒童的思考，我們將更能夠把教學方法與兒童現有的知識與能力密切結合；換言之，我們更能夠因材施教。即使 Piaget 沒有根據他的理念設計教育方案，他對於當前教育實務的影響力仍然很大（Woolfolk, 2013, p. 61）。

每個學生在認知發展層級與學業成就差異極大，身為教師如何判定學生學習的困擾是否由於缺乏必要的思考能力？教師應該仔細觀察學生解決

問題的行為,他們使用何種邏輯?是否僅注意一種情境而已?教師要問問學生如何解決問題,聽聽他們使用的策略。重複錯誤背後的思考模式是什麼?有關思考模式,學生是最好的資訊來源(Confrey, 1990)。

Piaget 的理論在教學方面的重要啟示是 Hunt(1961)所謂的「配對問題」。不平衡狀態必須保持「恰好」以鼓勵成長。設定情境引導料想不到的結果有助於創造不平衡狀態的適當水準。當學生面臨一些他們認為會發生與真正發生之間的衝突,他們會重新思考這個情境,發展新的知識。

Piaget 視學習者為好奇的探究者,不斷嘗試去認識周遭的環境(O' Donnell et al., 2009, p. 81)。他的基本理念是個體建構自己的知識,學習是建構的歷程。我們發現每一階段的認知發展,學生會主動參與學習的歷程,因此學前教育不該侷限於身體的操作,也應該包括心理的操弄。

學生需要與教師及同儕互動以便測試他們的思考能力、接受挑戰,以及察看別人如何解決問題。具體的經驗提供思考的材料。與他人溝通讓學生得以使用、測試,以及有時改變他們的思考策略。

從 Piaget 的理論,教師應該深知學生經由不同的發展階段,探求知識。教師要有敏感性,應該依據學生不同的認知發展階段,設計課程,安排教學;提供合適的情境與活動,引起學生的好奇心,引導學生發現學習,充分發展學生高層次的思考。

貳 從 Vygotsky 的理論,我們能學到什麼?

像 Piaget 一樣,Vygotsky 相信教育的主要目的是發展高層次的心理功能,不只是灌輸學生一些記憶性的知識。因此,Vygotsky 可能反對「一吋深、一哩寬」,或看起來瑣碎的教育課程。

發展高層次的心理功能至少有三種方式:模仿的學習、教導的學習,以及合作的學習。Vygotsky 最關心第二類型,透過直接教學或建構經驗,鼓勵別人學習。但是他的理論也支持透過模仿或合作方式的學習。因此,Vygotsky 的理念與採用直接教學、使用模仿教學,或創造合作學習環境的

教師有關（Wink & Putney, 2002）。

Vygotsky 認為，在「發現」（discovering）保存或分類認知的世界裡，兒童是不孤單的。此種發現受到家人、師長、同儕，甚至軟體工具的協助。大部分的協助至少在西方世界透過語言的溝通，有些不同文化地區透過觀察，不用談話，引導兒童學習，此種協助稱之為「鷹架理論」。Vygotsky 的理論隱含更動態的師生互動，允許教師在學生無法單獨做的部分課業上，協助學生學習。

Vygotsky 的理論顯示教師需要做得更多，不只是安排環境，這樣學生才能發現認知的世界。不能也不應該期待兒童重新發明或重新發現已有的知識，應該給予他們輔導與協助學習。

Vygotsky 把學習者視為年輕的學徒，向經驗豐富的師傅學習知能（O'Donnell et al., 2009, p. 81）。他的理論認為，透過社會的互動與合作的對話，學生獲得知識技能。認知發展是漸進的歷程，教師應該明瞭認知成長是在社會互動的情境中產生，因此，教師應該多提供社會的互動，協助學生發展思考認知的能力，積極參與社會文化活動。

總而言之，Piaget 與 Vygotsky 也許都同意學生需要在「魔術境界」（Magic Middle）（Berger, 2012）或配對得宜（Hunt, 1961）的情境中施教。在這樣的環境裡，學生才不會感到厭倦或挫折。有時候，最好的教師也是最好的學生，他（她）能夠想出如何解決問題，因為這個學生也許正在操作學習者的近側發展區（Woolfolk, 2013, p. 63）。

第四節　教學的應用與省思

雖然 Piaget 的理論不再是首屈一指的認知發展理論，它仍然是很重要的理論，對於教學與學習有舉足輕重的地位。

像 Piaget 的理論一樣，Vygotsky 的理論屬於建構理論；然而，Vygotsky 的理論更重視社會環境，把它當作發展與學習的推手（Tudge & Scrimsher, 2003）。

壹　教學的應用

本節就兩位大師的理論在教學上的應用，分別敘述如下。

一、Piaget 理論的應用

Piaget是建構理論的先驅。他認為兒童的認知是受到外界環境的影響。這種概念不是天生的，它是透過正常經驗而獲得的。從環境得來的經驗不是自然而然接收的，而是依照兒童現有的心理結構進行的。兒童把環境變得有意義並且基於當時的能力建構現實的狀況（Schunk, 2012, p. 239）。

雖然研究證據顯示認知發展可以加速進行，但是 Piaget 承認認知發展不是用教的（Zimmerman & Whitehurst, 1979）。他的理論在教學方面具有四項涵義：了解認知發展、學生主動學習、創造不相稱狀態（incongruity），以及提供社會互動，分別敘述如下（Schunk, 2012, pp. 239-240）。

（一）了解認知發展

教師了解學生的認知發展階段，教學相長，相得益彰，就不至於揠苗助長，期待班上學生站在同一個發展層次。教師應該設法確認學生的心智發展狀況，因材施教、因勢利導。

（二）學生主動學習

Piaget 貶抑被動的學習，兒童的學習要化被動為主動。他認為兒童需要充實的環境，教師允許他們主動探求知識及參與活動。此種安排有助於知識的建構。

（三）創造不相稱狀態

依據認知發展的觀點，只有當環境接收的資訊與學生的認知結構不相稱時，才會產生學習。教材不該先予以同化，但也不能太困難而無法調適。教師允許學生解決問題而得到錯誤的答案，創造不相稱的狀況。Piaget

的理論裡找不到一句話說兒童總是必須成功的。教師給錯答案也能促進不平衡狀態。

（四）提供社會互動

雖然 Piaget 的理論認為智能發展沒有社會互動也能進展，社會環境卻是認知發展的主要來源。提供社會互動的活動是有幫助的。聽取別人不同的觀點可以幫助兒童不至於太過自我中心。

此外，Piaget 的認知發展階段理論給教育人員三項指導方針：對於學生的個別差異要有敏感性、激勵學生的好奇心，引起學習的動機，以及促進發現式學習（O'Donnell et al., 2009, p. 90）。

二、Vygotsky 理念的應用

Vygotsky 的理念應用於許多教育的場合。自我調整（self-regulation）的觀點強烈地受到 Vygotsky 理念的影響。自我調整需要後設認知（meta-cognition）的歷程，諸如規劃、檢查、評估等。

協助學生透過社會環境，可以用許多方式獲得媒介物（如信號、符號）。普通的應用涉及教學的協助，也就是鷹架的概念。教師在近側發展區的範圍，提供必要的協助，學生就可以很快學會教材。教學的鷹架概念有五個主要的功能：提供協助、當作工具、擴展學習範圍、別無他法而能完成任務、必要時選擇性使用（Schunk, 2012, p. 246）。

在學習的情境裡，教師起初也許做大部分的工作，然後師生共同承擔責任。當學習者變得更有能力，教師漸漸減少協助，讓學習者能獨自進行學習。它的關鍵是要確保「鷹架」使學習者留在近側發展區。

另一個反映 Vygotsky 理念的應用是互惠式教學（reciprocal teaching）。雖然互惠式教學不是他提出的概念（Schunk, 2012, p. 247），但它涉及教師與學生小組成員之間的互動式對話，更能道出動態的、多面向互動的感覺。互惠式教學開始的時候，教師做出示範活動，然後教師與學生輪流擔任教師的工作。如果學生在上閱讀理解力的時候練習發問，教師的

教學順序可能包含教師示範發問的策略，以判斷了解的程度。從 Vygotsky 的觀點，學生培養技能時，教師可用互惠式教學，師生社會互動並提供協助（Schunk, 2012, p. 246）。

同儕的互助合作（peer collaboration）是 Vygotsky 理念的應用，它反映集體活動的概念。當同學們一起學習課業的時候，他們共同分享經驗，發揮社會互動的功能。研究顯示當每一位學生都分配任務而全體學生獲得能力時，合作學習是最有效的方法（Slavin, 1995）。

與 Vygotsky 理念相關的應用是透過師徒制的社會輔導。在師徒制的教學裡，新手與師傅（行家）合作無間，參與有關活動。師徒制非常符合近側發展區的理念，有助於改變學習者的認知發展。在工作職場裡，學徒在近側發展區域，因為他們的工作常超出能力範圍。與行家一同工作，新手得以培養工作的新技能並統整目前的知能。師徒制代表一種對話的建構理論型態，大部分有賴於社會的互動（Schunk, 2012, p. 247）。

師徒制使用於許多的教育領域。師資生與實習輔導教師共事，常常與有經驗的教師或師傅進行教學實習、研究；諮商人員的訓練接受視導人員的輔導；在職訓練計畫使用學徒制模式正像學生與他人互動學習技能一樣（Mullen, 2005）。

Vygotsky 的教育理論最顯著的貢獻是他提出文化—歷史的環境概念。它與各式的學習有關，畢竟學習不可能孤立於社會，尤其文化—歷史的環境。

Tuckman 與 Monetti（2014）對於 Piaget 與 Vygotsky 的理論應用做了比較，如表 4.2 所示。

貳　教學的省思

研讀本章認知學派的學習理論之後，請思考並回答下列問題：

1. 依據 Piaget 的認知發展階段理論，兒童到達 11 歲以後，進入形式運思期。假設你要修正他的發展理論，成人到了形式運思期後，你

表 4.2　Piaget 與 Vygotsky 的理論應用比較

Piaget 的理論應用	Vygotsky 的理論應用
提供遊戲的機會與透過符號（如書寫、畫圖）溝通。	運用引導式參與、學徒制、典範，以及語言暗示。
運用實際的經驗與具體的物品（如工具）學習概念。	給學生增進自己做事的責任。
鼓勵學生跟著興趣與實驗走（即隨時隨地學習）。	利用同儕當作角色典範並促進合作，共同探討理念。
激勵學生對其經驗作變通的解釋並與同儕分享經驗的回饋。	在近側發展區內提供教學的協助，然後逐漸減少此類協助。

資料來源：Tuckman 與 Monetti（2014, p. 77）

要增加何種發展期？為什麼？

2. Piaget 的認知發展理論與 Vygotsky 的社會文化理論有何差異？你贊成哪一種觀點？原因何在？請提出你的看法。

3. 從 Piaget 的認知發展理論與 Vygotsky 的社會文化理論，你發現學習與發展有何不同？你認為學習影響發展，或發展影響學習，或學習與發展互為因果？請提出你的看法。

4. 何謂「近側發展區」？教師如何觀察學生的近側發展區，以協助學生學習？

5. 依據 Piaget 的認知發展理論，適應環境涉及同化與調適，兩者有何區別？請舉例說明。

6. 洪老師問學生這個問題：「珍珍的英文程度比明明好，明明又比婷婷好。請問誰的英文程度最好？」大家異口同聲說：「珍珍的英文程度最好。」依據 Piaget 的認知發展理論，這一班學生的認知發展到達哪一個階段？(1)前運思期；(2)具體運思期；(3)感覺動作期；(4)形式運思期。

7. 小明發現今年的氣候比往年熱，而且近年來氣溫逐年上升，推測十年後的氣溫將會更加炎熱。依據 Piaget 的認知發展理論，小明的認

知發展到達哪一個階段？(1)感覺動作期；(2)具體運思期；(3)前運思期；(4)形式運思期。

8. 古代「孟母三遷」的觀念較符合哪一派的學習理論？(1)Vygotsky的社會文化理論；(2)Skinner 的操作制約理論；(3)Piaget 的認知發展理論；(4)Watson 的環境主義觀。

9. 孟子主張教學不可揠苗助長，此種觀念較符合哪一派的學習理論？(1)Vygotsky 的社會文化理論；(2)Pavlov 的古典制約理論；(3)Skinner 的操作制約理論；(4)Piaget 的認知發展理論。

10. 下列何者不是 Vygotsky 的社會文化理論？(1)社會互動是學習的主要關鍵；(2)文化工具包括技術工具與心理工具；(3)兒童建構自己的知識，學習是建構的過程；(4)將組織、同化、調適視為一種複雜的平衡行為。

參考文獻

Berger, K. S. (2012). *The developing person through childhood and adolescence* (7th ed.). New York, NY: Worth.

Brainerd, C. J. (2003). Jean Piaget: Learning research, and American education. In B. J. Zimmerman, & D. H. Schunk (Eds.), *Educational psychology: A century of contributions* (pp. 251-287). Mahwah, NJ: Lawrence Erlbaum Associates.

Buckler, S., & Castle, P. (2014). *Psychology for teachers.* London, UK: Sage.

Carlson, N. R. (2012). *The physiology of behavior* (11th ed.). New York, NY: Pearson.

Confrey, J. (1990). A review of the research on students' conception in mathematics, science, and programming. *Review of Research in Education, 16*, 3-56.

Driscoll, M. P. (2005). *Psychology for learning and instruction* (3rd ed.). Boston, MA: Allyn & Bacon.

Gelman, R. (2000). The epigenesist of mathematical thinking. *Journal of Applied Developmental Psychology, 21*, 27-37.

Gredler, M. E. (2009). Hiding in plain sight: The stages of mastery/self-regulation in Vygotsky's cultural-historical theory. *Educational Psychologist, 44*, 1-19.

Grifftin, P., & Cole, M. (1999). Current activities and future: The Zo-ped. In P. Lloyd, & C. Fernyhough (Eds.), *Lev Vygotsky: Critical assessments.* London, UK: Routledge.

Hunt, E. (1961). Let's hear it for crystallized intelligence. *Learning and Individual Differences, 12*, 123-129.

John-Steiner, V., & Mahn, H. (1996). Sociocultural approaches to learning and development: A Vygoskian framework. *Educational Psychologist, 31*, 191-206.

Kuhn, D. (2006). Do cognitive changes accompany developments in the adolescent brain? *Perspectives on Psychological Science, 1,* 59-67.

Mascolo, M. F., & Fischer, K. W. (2005). Constructivist theories. In B. Hopkins (Ed.),

The Cambridge encyclopedia of child development. New York, NY: Cambridge University Press.

Mercer, J. (2010). *Child development.* Thousands Oaks, CA: Sage.

Metz, K. E. (1995). Reassessment of developmental restraints on children's science instruction. *Review of Educational Research, 65*, 93-127.

Miller, P. H. (2011). *Theories of developmental psychology* (5th ed.). New York, NY: Worth.

Mullen, C. A. (2005). *Mentorship primer.* New York, NY: Peter Lang.

O'Donnell, A. M., Reeve, J., & Smith, J. K. (2009). *Educational psychology: Reflection for action* (2nd ed.). Hoboken, NJ: John Wiley & Sons.

Ornstein, A. C., & Hunkins, F. P. (2004). *Curriculum: Foundations, principles, and issues* (4th ed.). Boston, MA: Pearson.

Palincsar, A. S. (1998). Social constructivist perspectives on teaching and learning. In J. T. Spence, J. M. Darley, & D. J. Foss (Eds.), *Annual review of psychology* (pp. 345-375). Palo Alto, CA: Annual Reviews.

Piaget, J. (1955). Perceptual and cognitive (or operational) structures in the development of the concept of space in the child. *Acta Psychologica, 11*, 41-46.

Piaget, J. (1969). *Science of education and the psychology of the child.* New York, NY: Viking.

Piaget, J. (1970). Piaget's theory. In P. Mussen (Ed.), *Handbook of child development* (3rd ed.) (Vol. 1) (pp. 703-732). New York, NY: John Wiley & Sons.

Schunk, D. H. (2012). *Learning theories: An educational perspective* (6th ed.). Boston, MA: Allyn & Bacon.

Siegler, R. S. (2000). The rebirth of children's learning. *Child Development, 71*, 26-35.

Slavin, R. E. (1995). *Cooperative learning* (2nd ed.). Boston, MA: Allyn & Bacon.

Slavin, R. E. (2012). *Educational psychology* (10th ed.). Boston, MA: Pearson.

Stone, C. A. (1993). What is missing in the metaphor of scaffolding? In E. A. Forman, N. Minick, & C. A. Stone (Eds.), *Contexts for learning.* New York, NY: Oxford University Press.

Tuckman, B. W., & Monetti, D. (2014). *Educational psychology*. Belmont, CA: Wadsworth.

Tudge, J., & Scrimsher, S. (2003). L. S. Vygotsky: A cultural-historical, interpersonal, and individual approach to development. In B. J. Zimmerman, & D. H. Schunk (Eds.), *Educational psychology: A century of contributions* (pp. 207-228). London, UK: Lawrence Erlbaum Associates.

Vygotsky, L. V. (1978). *Mind in society: The development of higher mental process*. Cambridge, MA: Harvard University Press.

Wadsworth, B. J. (2004). *Piaget's theory of cognitive and affective development* (5th ed.). Boston, MA: Allyn & Bacon.

Wertsch, J. V., & Tulviste, P. (1992). L. S. Vygotsky and contemporary developmental psychology. *Developmental Psychology, 28*, 548-557.

Wink, J., & Putney, L. (2002). *A vision of Vygotsky*. Boston, MA: Allyn & Bacon.

Wood, D. J., Bruner, J. S., & Ross, G. (1976). The role of tutoring in problem solving. *Journal of Child Psychology and Psychiatry, 17*, 89-100.

Woolfolk, A. (2011). *Educational psychology* (11th ed.). Boston, MA: Pearson.

Woolfolk, A. (2013). *Educational psychology* (12th ed.). Upper Saddle River, NJ: Pearson.

Zimmerman, B. J., & Whitehurst, G. J. (1979). Structure and function: A comparison of two views of the development of language and cognition. In G. J. Whitehurst, & B. J. Zimmerman (Eds.), *The functions of language and cognition* (pp. 1-22). New York, NY: Academic Press.

Chapter 5

社會認知理論

　　行為學派的學習理論在 20 世紀前半盛極一時。在 1950 年代後期與 1960 年代初期，行為學派理論遭受挑戰。主要的挑戰之一來自 Albert Bandura（1925-）的觀察學習（observational learning）的研究。他的研究發現人們只要觀察別人的動作就可以學習新的事物。觀察者學習時，不必操練動作。學習時，強化作用也未必需要發生。這些研究發現挑戰制約理論（Schunk, 2012, p. 118）。

　　Bandura 在 1925 年出生於加拿大的亞伯達省（Alberta），獲得美國愛荷華大學（University of Iowa）臨床心理學的博士學位。他的研究深受 Miller 與 Dollard（1941）的《社會學習與仿效》（*Social Learning and Imitation*）一書之影響。他在 1950 年代抵達史丹佛大學（Stanford University）之後，開始研究計畫，探討社會行為的影響。他相信當時盛行的制約理論對於社會行為與偏差行為的獲得提供不完整的解釋（Schunk, 2012, p. 118）。於是他提出社會認知理論，強調大部分人類的學習發生在社會的環境裡。藉著觀察別人，人們獲得知識、技能、規則、策略、信念，以及態度等。Bandura 提出一套綜合的觀察學習理論，包含各種技能、策略，以及行為的獲得與表現。社會認知理論早已應用於認知的學習、運動、社交、自我調適技巧、暴力的話題、道德發展、教育、健康，以及社會價值

觀等（Zimmerman & Schunk, 2003）。

Bandura 是一位多產的作家，他首先於 1963 年與 Richard Walters 合著《社會學習與人格發展》（*Social Learning and Personality Development*）一書。在 1977 年出版《自我效能：控制的練習》（*Self-efficacy: Exercise of Control*）一書，闡述他的理論，指出人們透過思想與行動的自我調整，尋求人生重大事件的控制。它的基本歷程包括設定目標，判斷行動的預期結果，評估進展情形，自我調整思想、情緒，以及行動等（Schunk, 2012, p. 119）。

Bandura 的學習理論稱為模仿或觀察學習（modeling or observational learning）。學習歷程主要是社會的，學習是透過社會化而產生。社會化產生於各式各樣的社會情境，包括家庭、學校、同儕團體、工作職場，並且貫穿整個人生。

第一節　概念架構

Bandura（1986, 1997, 1998, 2000）是社會認知論的主要代表人物之一。他認為學生學習的時候，他們會認知陳述並轉換自己的經驗。他提出三位一體互惠式因果關係模式（triadic reciprocality model of causality），如圖 5.1 所示。

這個模式包括三個主要因素：人（認知）、行為，以及環境。這些因

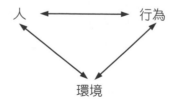

圖 5.1　Bandura 的三位一體互惠式因果關係模式

資料來源：Bandura（1986）；Schunk（2012, p. 120）

素會交互作用影響學習。環境因素影響行為，環境影響認知，行為影響環境，行為影響認知，人的因素影響行為，認知影響環境。Bandura 使用「人」（person）這個術語，但我們把它改為「認知」（cognitive），因為它描述許多人的因素是屬於認知的。沒有認知取向的人的因素主要是人格特質與性格（Santrock, 2001, p. 254）。

　　Bandura 的三位一體互惠式因果關係模式可以看出學習受到三個主要因素的交互影響，敘述如下（Schunk, 2012, p. 120）。

壹　個人因素與行為的交互影響

　　研究顯示自我效能（self-efficacy）信念影響成就行為（人－行為），如課業的選擇、堅持、努力的付出、技能的獲得等。同樣地，追求卓越的行為也會提升個人的自我信念（行為－人）。

貳　個人因素與環境的交互影響

　　學習障礙的學生顯示出自我效能與環境因素之間的交互影響，許多此類的學生自我效能甚低。在學生的社會環境中，個體可能對於學習障礙的屬性有所反應（人－環境）。教師給學生回饋（feedback）也可能影響學生的自我效能。當教師告訴學生說：「我知道你辦得到」，學生可能會覺得更有信心，成功地完成工作（環境－人）。

參　環境因素與行為的交互影響

　　學生的行為與環境互相影響，例如：教師教學時要求學生注視黑（白）板。當學生注視黑（白）板時，教室環境就影響學生的行為（環境－行為）。又如教師問學生問題時，學生答錯了，教師可能重新提示重點（行為－環境）。

第二節　觀察學習

　　觀察學習也稱為仿效（imitation）或模仿（modeling），當個人觀察並模仿他人的行為時，學習就產生。藉由觀察去學習行為類型的能力會消除乏味的嘗試與錯誤學習（trial-and-error learning）。在許多情況，觀察學習比操作制約花費較少的時間。

　　Bandura 做了 Bobo 玩偶的實驗。在該實驗中，Bandura 選用兒童作為實驗對象，試圖使兒童分別受到成人典範的攻擊行為與非攻擊行為的影響。然後將這些兒童放在沒有成人典範的新環境中，觀察他們是否模仿了成人典範的攻擊行為與非攻擊行為。研究顯示：當模仿的攻擊行為不被強化時，觀察學習於是發生，正如同行為受到強化時一樣廣泛。研究發現兒童模仿他人的行為而受到獎賞時，模仿行為的差異性就消除。他把「表演」（performance）與「學習」（learning）做了區別。只因兒童不「表演」反應並不表示他們沒有「學習」。他相信兒童觀察他人的行為但無觀察的反應（即表演）時，仍然以認知的方式獲得已經模仿的反應（即學習）（Bandura, 1965）。

　　Bandura 早期的實驗就專注於觀察學習的歷程。他指出觀察學習包括四個歷程：專心一致、保存、運動能力複製、強化或誘因條件（Bandura, 1986）。

1. 專心一致

　　學生模仿他人動作之前，必須全神貫注他人的一言一行；不專心的學生可能就沒聽到教師說什麼。注意力受到許多特徵的影響，例如：熱情、強而有力、不古板的人，比冷漠、軟弱、古板的人較易引起別人的注意。學生注意身分地位高的人更甚於身分地位低的人，通常教師是身分高的典型。

2. 保存

　　為了複製典範（models）的動作，學生必須把資訊編碼並保存於記憶當中。簡單的口頭描述或生動的意象都有助於學生的保存，例如：數學教師當作典範向學生說明如何解答數學題目：「我要秀給你看怎麼做。你必須先做第一步，再做第二步，然後再做第三步。」如果教師改用影片，播放如何解題的步驟，比口頭描述更會讓學生牢記在心。教師給予條理清晰的演示，學生的記憶保存力就會獲得改進。

3. 運動能力複製

　　兒童可能專注於典範並且把他所見的編碼在記憶裡，但由於其運動能力的限制，無法複製典範的行為。13 歲的學生可能觀看籃球比賽或音樂演奏的技巧，但無法複製示範者運動的動作。教學、教練、練習可以幫助他們改進運動的表現。

4. 強化或誘因條件

　　學生專注於典範的一言一行，把資訊保存在記憶裡，並且具有運動技巧去表現模仿的動作，但沒有引起動機去表演模仿的行為。因此，要給予學生強化或誘因，他們才會模仿典範的行為。

　　觀察典範的行為不能保證學習將會發生，或學到的行為日後將會重現。影響學習與習得行為表現的因素，包括：發展狀態、典範的聲望與能力、替代的後果、結果的期望、目標設定、價值觀，以及自我效能等，如表 5.1 所示，說明如下（Schunk, 2012, p. 133-156）。

壹 學習者的發展狀態

　　學習大都有賴於發展的因素，這些因素包括學生向典範學習的能力（Bandura, 1986）。研究顯示 6 至 12 個月大的嬰兒可以表現典範所展示的

表 5.1 影響觀察學習與表現的因素

特徵	對模仿的影響
發展狀態	專注力較久以及處理資訊、運用策略、比較表現、採用內在動機等能量增加。
典範的聲望與能力	觀察者更注意於有才能且有地位的典範。模仿的行為後果傳達有關功能性價值的資訊。觀察者很想學習他們需要表現的動作。
替代的後果	模仿的後果傳達有關行為的妥當性與可能的動作結果等資訊。屬性或才能相似表示妥當性並使動機高昂。
結果的期望	觀察者更可能表現模仿的行為；這些行為他們相信是妥當的，並且會造成有報償的結果。
目標設定	觀察者更可能注意於能幫助他們達成目標的典範所展示的行為。
價值觀	觀察者更可能注意於他們認為是重要且能找到自我滿足的典範所展示的行為。
自我效能	當觀察者相信他們有能力學習或有能力表現模仿的行為時，他們會注意典範。類似的典範觀察影響自我效能（如果他們能辦得到，我也能辦得到）。

資料來源：Schunk（2012, p. 134）

行為（Nielsen, 2006）。然而，幼兒難於長時間去注意模仿的事件，無法辨別有關聯與無關聯的暗示。資訊處理功能如演練、組織以及精進，由於身心發展獲得改進。有關製造的過程，如果兒童欠缺必要的心智與生理發展，觀察得來的訊息便無法展現。

貳 典範的聲望與能力

　　人們注意典範的行為大部分由於他們相信將來會面臨相同的情境，而且想要學習必要的動作以獲得成功。實習生注意指導教師係因他們將來必須展示相同的技能與行為；學員注意教練的動作，因為教練是這方面的行家。典範的才能是從模仿的動作結果推論出來。

　　一項重要的屬性是聲望。地位崇高的典範提升他們的職位因為他們的才能出眾、表現優異。父母與師長是兒童模仿的對象，成人給兒童模仿的範圍可以類化到許多的領域。

參　替代的後果

　　典範的替代後果會影響觀察者對於模仿行為的學習與表現。觀察者觀看報償的動作更有可能注意典範並演練且把動作編碼留存。替代的報償引起觀察者表現相同動作的動機，因此，替代後果當作告知訊息與引起動機。

　　典範的相似性是很重要的。觀察者與典範相似性愈高，觀察者模仿典範的可能性也愈高。同年齡層或同性別的典範更可能引起觀察者的注意。同性別的典範在表演方面比學習更有效果。

肆　結果的期望

　　結果的期望是個人對於預期結果的信念（Schunk & Zimmerman, 2006）。結果的期望涵蓋於學習說明的前幾個變項。Tolman（1932）提出場地期待（field expectancies）的概念，它涉及刺激（S1）與刺激（S2）之間的關係，或者刺激、反應，以及刺激之間的關係（S1-R-S2）。前者如閃電（S1）之後有雷聲（S2）。後者如某人想爬上屋頂（S2），見到梯子（S1）會想到：「如果我把梯子放在屋牆邊（R），我就可以爬上屋頂。」

　　結果的期望可指外在的結果，例如：「如果我盡力準備考試，我將會得到好成績」；也可指內在的結果，例如：「如果我盡力準備考試，我會感覺良好」（Schunk, 2012, p. 143）。

伍　目標設定

大部分人類的行為沒有立即的外在誘因可以延續一段期間。此種堅持性有賴於目標的設定與進展情形的自我評估。目標反映出個人的目的與表現的數量、品質、比率。目標設定涉及建立標準或目標當作個人行動的目的。目標可由自己設定也可由他人（如父母、師長、長官）設定。

起初，人們必須要承諾去達成目標；沒有承諾，目標無法達成。他們工作的時候，會拿目標與目前的工作做比較。正面的自我評估提升自我效能與維持動機。目前的工作與目標之間的差距會引起不滿足感（dissatisfaction），進而鞭策自己，更加努力以赴。當人們相信模仿的行為有助於目標達成的時候，他們更會注意典範的行為。然而目標本身不會自動增進學習與表現，而是具體性、近似性、困難性等屬性增進自我覺察、動機、學習（Locke & Latham, 2002）。

目標是 Tolman（1932）「有目的行為理論」（purposive behaviorism）的主要特色。像當時大部分的心理學家一樣，Tolman 接受行為主義的訓練。他的實驗類似於 Thorndike 與 Skinner 的研究，因為他們處理刺激的反應是在有變化的環境條件之下。但是他不同意制約反應的理論，把行為視為一連串的刺激與反應之間的連結。依據 Tolman 的理論，「有目的」觀點係指他的信念—行為是目標導向，環境中的刺激是目標達成的手段。

陸　價值觀

價值觀係指覺察到學習的重要性或有用性。社會認知理論的一個前提是個體的動作反映他們的價值偏好。當學習者認為學習或表現是很重要時，才會引起動機去學習與表現。價值觀可依外在與內在的標準予以評估，此所以學生認定成績高有其價值。得到 A 等成績並獲得殊榮、名字刊登在報紙，以及大學入學許可可以帶來外在的肯定（如父母或師長的讚

許）。但是得到 A 等成績也可產生內在的自我滿足，而引以自豪並帶來成就感。

柒 自我效能

自我效能與結果期望不具相同的意義。前者指個人產生行動能力的覺察（perceptions），而後者涉及行動的預期結果的信念（beliefs）。縱然兩者的概念有別，卻是難分難解，密切相關。自我效能對於動機與學業成就有重大的影響。學業成績優異的學生對於自己的學習能力滿懷信心，也期望自己的努力有良好的結果。

第三節 模仿的歷程

在社會認知理論裡，模仿（modeling）是一個重要的元素。它係指觀察一個或一個以上的範型而獲得行為的、認知的、情意的改變（Rosenthal & Bandura, 1978; Schunk, 2012, p. 123）。從歷史的觀點言之，模仿等同於仿效（limitation），但模仿比仿效有更多的內涵。自古以來，人們把仿效視為傳達行為的手段。中國東漢許慎的《說文解字》即認為「教，上所施，下所效也」，仿效是教學的行為，學習是透過仿效得來的。

在 20 世紀之初，科學的觀點認為人們具有與生俱來的本能可以模仿別人的動作。James（1890）相信模仿大部分是社會化的產物，但他並沒有解釋模仿如何發生。

行為論者反對本能的概念，認為它是內在的驅力（internal drive），可能是心像（mental image），干擾刺激（別人的動作）與反應（複製別人的動作）。Watson（1924）相信人類的行為裡所謂「本能」，大部分是訓練造成的，因此本能是學來的。

Piaget（1962）提供一個模仿的不同看法，他相信人類的發展涉及基模的獲得，或認知的結構，使人的思考與動作有其可能。思考與動作不是基

模的同義詞，而是基模的外表顯現。個體的基模決定對事件如何採取反應。基模反映出以往的經驗，並在任何特定的時刻構成個人的知識。基模可能經由成熟與經驗發展開來。模仿侷限於符合現有基模的活動，兒童可能模仿已經了解的動作，不會模仿與認知結構不相搭配的動作。因此，發展先於模仿（Schunk, 2012, p. 124）。

Piaget 的觀點嚴重地限制基模創造與改變認知結構的模仿潛能。嬰兒可以模仿以前沒做過的動作，嬰兒有強烈的傾向去模仿不尋常的動作。此種模仿不總是立即性的，而在嬰兒模仿動作之前也常常必須重複這些動作。模仿不是發展層次的簡單反射，而是促進發展的一個重要角色（Rosenthal & Zimmerman, 1978; Schunk, 2012, p. 124）。

制約理論者以連結的觀點解析模仿。依據 Humphrey（1921）的研究，模仿是一種循環的反應類型，每一種反應當作下一個反應的刺激，例如：嬰兒因為痛（刺激）而開始哭（反應），聽到自己的哭聲（聽覺刺激），又變成其後哭聲（反應）的刺激。透過制約，小的反射單元形成更複雜的反應鏈。

第四節　自我效能概念

Bandura（1977）提出自我效能的概念或稱效能期望（efficacy expectations），係指個人對於特定職場的學習能力或表現層次的信念。它是處理工作能力的信念，不等同於知道做什麼。自我效能與結果的期望不具相同的意義。自我效能指個人產生行動能力的察覺，而結果的期望是預期這些行動的結果。然而，兩者具有相關性，例如：學業表現不錯的學生在學習能力方面很有信心，也期望他們的努力會有正面的結果。在評量自我效能的時候，個體要評估自己的技能與轉化這些技能成為具體行動的能力。

自我效能有別於自我概念（self-concept），自我效能是特定能力的覺察，而自我概念是個人一般的自我覺察包括不同領域的自我效能（Schunk & Zimmerman, 2006）。自我效能部分有賴於學習的能力。一般言之，能力

高的學生對於學習比能力低的學生覺得更有效能。然而，自我效能不是能力的另一個名詞（Schunk, 2012, p. 146）。

自我效能在學習成就的場合具有多方面的效果（Bandura, 1993; Schunk, 2012, p. 147）。自我效能可以影響活動的選擇，舞蹈表現不錯的學生會選擇舞蹈的社團活動。學習自我效能低的學生不敢貿然選擇科學研究社團。自我效能也會影響努力的程度，自己覺得對於學習有效能的學生會更加戮力以赴，尤其面臨困境的時候。

自我效能和教師與學生息息相關。教學的自我效能涉及教師協助學生學習的能力信念。它影響教師的行為、努力，以及對學生的堅持性（Schunk, 2012, p. 153）。自我效能低的教師可能會逃避計畫超出能力的教學活動，對於學習障礙的學生沒有耐性、不努力找教學資料、不肯幫助學生補救教學。自我效能較高的教師更易於發展挑戰性的活動、協助學生成功、對於學習有困難的學生更有耐性，這些效果增進學生的學習成就。自我效能較高的教師也顯示更強烈的服務教育熱忱（Schunk, 2012, p. 153）。此外，自我效能較高的教師可能營造課堂的環境氣氛、支持學生的想法，以及切合學生的需求。教師的自我效能更是學生學習成就的重要指標（Woolfolk & Hoy, 1990）。

許多研究探討有關學生學習的教導效能（instructional efficacy）面向（Woolfolk & Hoy, 1990）。教導效能可分為教學效能（teaching efficacy）與個人效能（personal efficacy）。教學效能是指有關一般教學後果的結果期望，而個人效能則指表現特殊行為的自我效能以產生應有的結果（Ashton & Webb, 1986）。

有些研究探討集體的教師效能（collective teacher efficacy），即學校教師覺察到教師整體的努力會正面地影響學生的學習（Goddard, Hoy, & Woolfolk, 2000）。雖然集體的教師自我效能研究不多，此種概念受到更多的重視，因為它反映出21世紀的技能課程與標準，似乎是有效教育改革的關鍵（Bandura, 1993; Schunk, 2012, p. 153）。

集體的教師效能有賴於學校行政人員的堅強領導與支持，創造無障礙

的校園環境，鼓勵並協助教師改進教學。教師分工合作，達成共同的目標，容易覺得有集體的效能感。集體的教師效能也有賴於學校行政組織的耦合（organizational coupling）（Henson, 2002）。集體的教師效能無法預測鬆散的行政組織的結果；個別的自我效能可能是一個較好的預測指標。

　　集體的教師效能信念對於教師的工作滿足有正面的相關，也有助於提升教師的留存率，對於師資缺乏的學校，顯得格外重要（Schunk, 2012, p. 154）。

第五節　教學的應用與省思

　　Bandura的觀察學習與模仿可應用在許多教學的情境，諸如教學實習、防治藥物濫用、擴大學習領域，以及提升學生的自我效能方面都有顯著的效果。

壹　教學的應用

　　學生專注於學習的典範，部分是因為他們相信將來必定會面臨同樣的情境。有效利用典範的聲望與學識經驗，可以激發學生的學習動機。師資生參觀典範教學可以學習教學的方法與技術。又如學生抽菸、吸毒是學校的一個大問題，校方有關人員舉辦防治藥物濫用研討會時，就可以找一些曾經成功地克服藥物濫用的校外人士擔任主講人。這些人士當作學生的典範，現身說法，比輔導諮商人員勸導學生戒毒更具影響力（Schunk, 2012, p. 135）。

　　在 Bandura 的學習模式裡，人的因素（認知）扮演重要的角色。近年來，Bandura 最強調的人的因素是自我效能，也就是個人能夠掌控情境並產生正面結果的信念。他認為自我效能對於行為具有強大的影響力，例如：自我效能低的學生可能無法考試，因為他不相信考試對他有何益處（Bandura, 1997）。

　　自我效能在學習的角色相當具體實在。教師在決定採取何種教學法的時候，必須衡量對學生的自我效能與學習產生的影響。它可能是產生學習的教學方法，但不見得增進自我效能，例如：提供學生充分的協助固然有助於學生的學習，但對於學生的學習自我效能可能無濟於事（Schunk, 2012, p. 157）。

　　觀察同儕表演某項工作可以增進學生學習的自我效能。教師可挑選幾位學生到黑（白）板演算數學題目。當演算成功時，同儕典範就會提升觀察者的自我效能。如果班上學生的能力差異很大，教師可挑選不同能力層次的同儕擔任典範。

　　職前教師的自我效能可在師資培育階段透過教學實習培養，實習指導教師帶領實習教師觀察並演練教學技能。對於在職教師，教師的專業發展方案也可幫助他們研習新的方法與技術以適應新的挑戰情境。

　　社會認知論對於兒童教育有很大的貢獻。觀察與模仿成為學習的主要途徑，明顯地擴大學習的領域，包括社會的與認知的因素。相當多的學習是透過觀看與傾聽典範的行為而產生，然後模仿他們的行為。

　　儘管如此，社會認知理論仍然遭受許多的批評。一些認知論者批評社會認知論太過強調外顯行為與外在因素，因而忽略認知歷程的細節，諸如思考、記憶，以及問題解決等。發展論者批評社會認知論不具發展性，沒有明確描述各年齡層的認知階段與學習程序。人文論者則批評社會認知論不重視自尊與關懷（Santrock, 2001, p. 267）。

貳　教學的省思

研讀本章社會認知的學習理論之後，請思考並回答下列問題：

1. 何謂「自我效能」？它對於學習有何影響？
2. 自我效能與自我概念有何不同？請舉例說明之。
3. 觀察學習有哪些歷程？請列舉說明之。
4. Bandura 的社會認知理論對於青少年的人格發展有何影響？請列舉

說明之。

5. Bandura 的自我效能有哪些影響因素？請列舉說明之。

6. 中國東漢許慎在《說文解字》指出：「教，上所施，下所效也」，此種學習觀點較接近何種學習理論？(1)Bloom 的學習觀；(2)Bruner 的學習觀；(3)Bobbitt 的學習觀；(4)Bandura 的學習觀。

7. 曾老師帶師資培育學生去校外教學參觀，觀察教師的教學演示。此種學習觀點較接近何種學習理論？(1)Bloom 的學習觀；(2)Bruner 的學習觀；(3)Bobbitt 的學習觀；(4)Bandura 的學習觀。

8. 張老師對於教學職場有很高的學習能力與表現層次的信念。這屬於 Bandura 的何種概念？(1)自我應驗；(2)自我概念；(3)自我增能；(4)自我效能。

9. 下列何者不是Bandura的社會認知概念？(1)學習受到個人、行為，以及環境的交互影響；(2)學習透過觀察與模仿而產生；(3)自我效能也重視期望；(4)學習注重自尊與關懷。

10. 下列何者是Bandura的社會認知概念？(1)學習是訊息處理策略的應用；(2)學習是刺激與反應之間的連結；(3)學習是因個體的需求而產生；(4)學習是透過社會化而產生。

Ashton, P. T., & Webb, R. B. (1986). *Making a difference: Teachers' sense of efficacy and student achievement.* New York, NY: Longman.

Bandura, A. (1965). Influence of models' reinforcement contingencies on the acquisition of imitative responses. *Journal of Personality and Social Psychology, 1,* 589-596.

Bandura, A. (1977). Self-efficacy: Toward a unifying theory of behavioral change. *Psychological Review, 84,* 191-215.

Bandura, A. (1986). *Social foundation of thought and action.* Englewood Cliffs, NJ: Prentice-Hall.

Bandura, A. (1993). Perceived self-efficacy in cognitive development and functioning. *Educational Psychologist, 28,* 117-148.

Bandura, A. (1997). *Self-efficacy: The exercise of control.* New York, NY: W. H. Freeman.

Bandura, A. (1998). Self-efficacy. In H. S. Friedman (Ed.), *Encyclopedia of mental health* (Vol.3). San Diego, CA: Academic Press.

Bandura, A. (2000). Social cognitive theory. In A. Kazdin (Ed.), *Encyclopedia of psychology.* Washington, DC and New York, NY: American Psychological Association and Oxford University Press.

Goddard, R. D., Hoy, W. K., & Woolfolk, A. (2000). Collective teacher efficacy: Its meaning, measure, and impact on student achievement. *American Educational Research Journal, 37,* 479-507.

Henson, R. K. (2002). From adolescent against to adulthood: Substantive implications and measurement dilemmas in the development of teacher efficacy research. *Educational Psychologist, 37,* 137-150.

Humphrey, G. (1921). Imitation and conditioned reflex. *Pedagogical Seminary, 28,*

1-21.

James, W. (1890). *The principles of psychology* (Vols. I and II). New York, NY: Henry Holt.

Locke, E. A., & Latham, G. P. (2002). Building a practically useful theory of goal setting and task motivation: A 35-year odyssey. *American Psychologist, 57,* 705-717.

Miller, N. E., & Dollard, J. (1941). *Social learning and imitation.* New Heaven, CT: Yale University Press.

Nielsen, M. (2006). Copying actions and copying outcomes: Social learning through the second year. *Developmental Psychology, 42,* 555-565.

Piaget, J. (1962). *Play, dream, and imitation.* New York, NY: W. W. Norton.

Rosenthal, T. L., & Bandura, A. (1978). Psychological modeling: Theory and practice. In S. L. Garfield, & A. E. Bergin (Eds.), *Handbook of psychotherapy and behavior change: An empirical analysis* (2nd ed.) (pp. 621-658). New York, NY: John Wiley & Sons.

Rosenthal, T. L., & Zimmerman, B. J. (1978). *Social learning and condition.* New York, NY: Academic Press.

Santrock, J. W. (2001). *Educational psychology.* Boston, MA: McGraw-Hill.

Schunk, D. H. (2012). *Learning theories: An educational perspective* (6th ed.). Boston, MA: Allyn & Bacon.

Schunk, D. H., & Zimmerman, B. J. (2006). Competence and control beliefs: Distinguishing the means and ends. In P. A. Alexander, & P. H. Winne (Eds.), *Handbook of educational psychology* (2nd ed.) (pp. 349-367). Mahwah, NJ: Lawrence Erlbaum Associates.

Tolman, E. C. (1932). *Purposive behavior in animals and men.* New York, NY: Appleton-Century-Crofts. (Reprinted 1949, 1951, University of California Press, CA).

Watson, J. B. (1924). *Behaviorism.* New York, NY: W. W. Norton.

Woolfolk, A. E., & Hoy, W. K. (1990). Prospective teachers' sense of efficacy and beliefs about control. *Journal of Educational Psychology, 82,* 81-91.

Zimmerman, B. J., & Schunk, D. H. (2003). *Educational psychology: A century of contributions*. Mahwah, NJ: Lawrence Erlbaum Associates.

Chapter **6**

資訊處理理論

　　資訊處理理論著重在人們如何注意環境事件，將資訊編碼並與記憶中的知識產生關聯，儲存知識於記憶中，需要時將它復原（Shuell, 1986）。這些理論的基本道理是：人類是資訊的處理者；人類的心靈是資訊處理系統；認知是一連串的心理歷程；學習是心理表徵的獲得（Mayer, 1996, p. 154）。

　　資訊處理不是單一理論的名稱；它是一般的名稱，應用於理論的觀點以處理認知事件的執行與順序。雖然有各種理論，卻沒有任何一種支配的理論，有些研究者也不支持任何當代的理論（Matlin, 2009）。顯然資訊處理缺乏明確的實體，部分是由於各種領域包括溝通、科技，以及神經科學日新月異的影響。

　　大部分早期資訊處理的研究都在實驗室進行，並且討論現象的問題，諸如眼球移動、認識與回想時間、注意刺激、覺察與記憶的干擾等。其後的研究偏向學習、記憶、問題解決、視聽覺的覺察、認知發展，以及人工智慧（artificial intelligence, AI）等。無論如何，這些研究甚少針對學校教學、課程結構、教學設計等，與教育少有關聯（Schunk, 2012, p. 164）。

第一節　資訊處理系統

資訊處理理論挑戰行為論的論點。資訊處理理論不反對連結理論，較不關注於外在的條件，而更專注於內在（心理）的歷程。學習者是主動的尋求者與資訊的處理者。資訊處理理論對於認知歷程如何操作的觀點不同，但有一些共同的假設，其中之一是資訊處理按照階段產生。資訊的形式如何按照階段以心理的歷程呈現出來，階段的品質就各有不同（Schunk, 2012, p. 165）。

另一個假設是資訊處理類似於電腦的資訊處理。人類的神經系統可比擬一部電腦：它接收資訊、儲存於記憶之中，以及需要時把資訊復原。有些研究者認為電腦的類比只是隱喻而已。另有些研究者運用電腦模擬人類的活動，例如：人工智慧專注於電腦程式，模擬人類的活動如思考、使用語言、問題解決。研究者也認為資訊處理涉及一切認知活動：覺察、演練、思考、問題解決、記憶、遺忘、想像等（Matlin, 2009; Mayer, 1996; Schunk, 2012; Shuell, 1986）。

資訊處理的認知途徑（cognitive information-processing approach）著重兒童如何透過注意、記憶、思考，以及其他的認知歷程來處理資訊。資訊處理途徑主張兒童操弄資訊、監控資訊，以及提出對策處理資訊，它的核心是記憶與思考。兒童漸漸增加資訊處理的能量，以獲得複雜的知識與技能（Stevenson, Hofer, & Randel, 1999）。

有些資訊處理的途徑有強烈建構學習的觀點，視教師為課業的認知嚮導並且視兒童為建構其意義的學習者（Mayer, 1999）。Piaget 的認知發展理論即揭示認知建構的途徑。兒童只會記誦資訊的被動學習並不是建構主義的觀點。

在 1950 年代與 1960 年代之前，行為論與其連結學習理論在心理學方面盛極一時。然而許多心理學家開始承認沒有論及心理歷程，他們無法解釋兒童的學習（Gardner, 1985）。於是，認知心理學成為尋求解釋學習的

心理歷程的標記。雖然一些因素刺激認知心理學的發展，電腦資訊的蓬勃發展助長認知心理的發展則是不可否認的事實。John von Neumann 於 1940 年代後期研發了第一部電腦顯示一些心理歷程藉由電腦操弄，告訴我們一些有關人類認知的方式。認知心理學家常常把人腦比擬為電腦，有助於解釋認知與人腦之間的關係。把人腦視為電腦的硬體，而認知視為電腦的軟體，雖然這種比喻不是完美無缺，然而此種比喻有助於我們的思考，兒童的心靈（mind）是活潑的資訊處理系統（Santrock, 2001, p. 274）。

Siegler（1998）指出資訊處理途徑有三個特徵：思考（thinking）、變化的機制（change mechanism），以及自我改變（self-modification），分述如下。

1. 思考

依 Siegler 的看法，思考就是資訊處理。他認為當兒童察覺、編碼、陳述、儲存資訊時，他們就進行思考。他相信思考是高度彈性的，個體得以適應任何環境的變遷、工作要件，以及目標。然而，人類的思考能力有其限制，個體一次只能專注於唯一有限的資訊。

2. 變化的機制

Siegler（1998）認為，資訊處理的重點應該是變化機制的角色。他相信以下四個機制一起運作可以創造兒童認知技巧的改變：編碼、自動化、策略建構，以及遷移。「編碼」是把資訊放進記憶中，「自動化」係指不花多大力氣就能處理資訊的能力，「策略建構」涉及發現處理資訊的新程序，「遷移」則指兒童把以往的經驗應用於新的學習情境或在新的情境解決問題。

3. 自我改變

當代資訊處理的途徑，像 Piaget 的認知發展一樣，兒童扮演重要的角色。他們使用學到的知識與策略去適應對新學習情境的反應。兒童以此種方式從以往的知識與策略，建立更新式、更老練的反應。處理資訊的自我

改變之重要性可從後設認知看出一斑。後設認知意即有關認知的認知（cognition about cognition），有關認識的認識（knowing about knowing）（Flavell, 1999; Flavell & Miller, 1998）。

第二節　記憶模式

　　記憶（memory）是學習的要件之一，如果人類不能記憶就無法學習。記憶是把資訊保存在腦中一段時間。教育心理學家研究資訊如何存放或編碼於記憶中，編碼後如何保留或儲存，與日後使用時如何提取出來。沒有記憶，我們無法把過去發生的事與正在發生的事產生連結。今日教育心理學家強調的是兒童如何建構自己的記憶（Schneider & Bjorklund, 1998）。

　　記憶的主體涉及三個歷程：編碼（encoding）、儲存（storage），以及復原（retrieval）。編碼是把資訊放進記憶中，儲存則是資訊存放記憶一段時間，復原係指使用時從存放的資訊裡提取，如圖 6.1 所示。

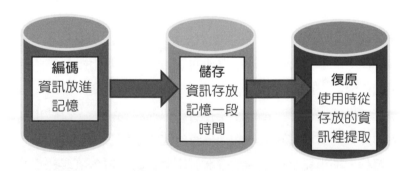

圖6.1　資訊處理過程

資料來源：改編自 Santrock（2001, p. 276）

壹　編碼

　　編碼需要專注與學習，例如：學生傾聽教師講話、觀看電影、聽音

樂、或與同學說話，他們要把聽到的、看到的放進記憶中。學生在編碼時的一項重要技巧是選擇所要的資訊，例如：教師在講解課文時，學生會很專注於教師講的內容，而不理會同學說的話。又如聽力測驗時，學生會注意測驗播放的聲音，不會注意教室外的聲音。

　　資訊放進記憶後，它需要重複演練（rehearsal），以增加留在記憶裡的時間長度。重複演練不需增加資訊，只是讓它留在記憶久一點。然而，重複演練往往變成機械式記憶，效果不好。因此，學生必須以有意義的方式建構記憶，就會記住，例如：學生背英文單字「候選人」（candidate），記不起來，可以把它分成「can-did-ate」聯想成一位好的候選人要會（can）做事（did）而且身心健康，能吃飯（ate）的人。這樣就很容易把單字牢記在記憶中。

貳　儲存

　　資訊編碼後需要存放在記憶裡。儲存有三種，因時間而異：感官記憶（sensory memory）、短期記憶（STM），以及長期記憶（LTM）（Atkinson & Shiffrin, 1968），如圖 6.2 所示。感官記憶通常持續 1 秒到數秒；短

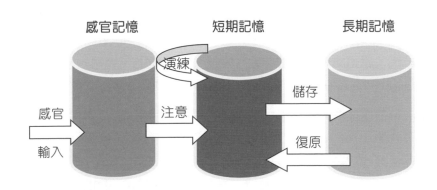

圖 6.2　記憶理論（Atkinson-Shiffrin 模式）

資料來源：改編自 Santrock（2001, p. 281）

期記憶持續約 30 秒；長期記憶持續長久甚至終身不忘（Santrock, 2001, p. 280）。

參　復原

儲存在記憶裡的資訊有些可以恢復出現，有些會被遺忘。當我們從腦的「資料庫」恢復資訊時，我們搜尋記憶倉庫尋找有關的資訊。復原可能是自動性的，例如：我們問學生現在是哪一個月分，學生可能脫口而出，回答問題。但是如果你問學生前任校長的姓名，學生可能想了很久才說出校長的姓名。

系列位置的前後也會影響記憶的效果，稱為「系列位置效果」（serial position effect），例如：教師在清單上列出許多蔬菜的名稱，要學生說出這些名稱。學生容易記得前面幾項與後面幾項的蔬菜名稱，中間的蔬菜名稱較不易記得。

肆　感官輸入

感官輸入（sensory inputs）係指透過視覺、聽覺、觸覺、嗅覺、味覺等感官接收的資訊。資訊處理理論認為每一種感官有它的登錄功能，可把接收的資訊短暫留住。資訊停留在感官裡不到 1 秒鐘。有些感官輸入轉入短期記憶，繼續處理，其他的輸入會消失而被新進入的輸入取代。感官登錄（sensory registers）是一部平行式處理機，因為許多感官資訊同時分別進來。最為廣泛探討的兩種感官記憶是視覺與聽覺（Neisser, 1967）。

在視覺記憶的實驗裡，研究者拿幾行的字母給受試者看約千分之 50 秒，然後要他們說出記得多少個字母。通常他們僅能說出 4 到 5 個字母。Sperling（1960）做過類似的實驗，發現受試者可以回憶 9 個字母，與先前的研究相比，得知感官記憶可以留住更多的資訊。他也發現看完字母與回憶字母之間的時間愈久，回憶的效果愈差。這個研究發現支持遺忘乃是記

憶痕跡消退（trace decay）的看法。

伍　短期記憶

　　一旦感官刺激受到注意與覺察，感官輸入即轉化為短期記憶。短期記憶是立即知覺的記憶，它有兩個關鍵的功能：維持與復原（Unsworth & Engle, 2007）。進來的資訊短期內維持在活動的狀態中並經演練或與長期記憶復原的資訊發生關聯。當學生閱讀一篇文章的時候，短期記憶能留住念過的最後幾個字或句子。學生可能設法背誦（演練）文章的重點好幾次。

　　短期記憶在學習方面扮演關鍵的角色。與學業成績正常的學生相比較，數學與閱讀障礙學生的短期記憶就略遜一籌（Schunk, 2012, p. 184）。這項研究發現給教師們一個啟示，教師短時間內呈現教材不要過多或太快，否則學生無法將學過的內容儲存於短期記憶中。

陸　長期記憶

　　長期記憶的知識表徵有賴於頻率與時近（contiguity）原則。事實、事件或理念遭遇次數愈多，記憶的表徵就愈強。而且，兩種經驗發生的時間愈接近，更容易與記憶產生連結。所以，當記住某一經驗時，另一經驗即啟動。因此，長期記憶的資訊是以連結的結構呈現出來。但這些連結是認知性的，不像制約理論是行為性的（刺激與反應）。

　　資訊處理模式常常使用電腦做類比，但兩者最大差別就在於連結的結構。人類的記憶是內容可編址的（content addressable），也就是說，可將相同主題的資訊儲存在一起，所以知道所欲找尋的東西就能喚起回憶（Baddeley, 1998）。相較之下，電腦是定位可編址的（location addressable），電腦必須給予指令，告訴它資訊存放的地方。另一個差別是電腦儲存的資訊是很精確的。人類的記憶不甚精確，有時會模糊不清，但往往更多采多姿，資訊更加豐富，真是五花八門（Schunk, 2012, p. 184）。

　　人類的心靈可比成一座圖書館。圖書館的資訊是內容可編址的，因為相同內容的書籍都存放在類似的編碼。心靈裡的資訊如同圖書館裡的資訊也是相互參照的（cross-referenced），被切割成不同內容區域的知識是可以透過相互參照找到（Calfee, 1981）。

　　儲存在長期記憶裡的知識是千變萬化的。每個人對於愉快的與不愉快的經驗都有生動的記憶，這些記憶在細節上可能是正確的。其他存放在記憶裡的知識類型是世俗的、無人格的，如單字意義、算術演算、有名的檔案摘錄等（Schunk, 2012, p. 185）。

第三節　遺忘

　　所有的記憶理論必須研究遺忘（forgetting）的現象。遺忘係指資訊從記憶中喪失或腦海沒有能力從「資料庫」取得資訊。學生記了許多單字，為何遺忘？有些人出門帶了雨傘，為何回家時忘記帶回來？依據心理學家的研究，遺忘可能有許多不同的原因。遺忘最普遍的理由是編碼失敗、復原失敗，以及干擾（Driscoll, 2000, p. 104）。大部分的原因是缺乏有效的復原暗示（retrieval cues）而導致復原失敗（Nairne, 2000）。這種依賴暗示而遺忘的概念可以解釋為何學生考試時無法復原所需要的考試資訊，即使考試前他們背得滾瓜爛熟，例如：學生考試過度緊張，頭腦無法復原所需要的資訊，記不起答案的內容。但考完交卷後，頭腦思緒恢復平靜，卻又想起答案。這是因為情緒緊張，造成心智的僵固（mental rigidity），就像電線突然短路停電一樣。

壹　干擾理論

　　遺忘有時係因受到干擾的影響。依據遺忘的干擾理論，學習過的連結從來不會完全遺忘。遺忘係由競爭中的連結所引起，它降低了正確連結的回憶機率；也就是說，其他的資料便與原先的刺激相連結（Postman,

1961）。這個問題的關鍵就在於從記憶復原中的資訊而非記憶本身（Crouse, 1971）。

　　干擾有兩種現象：一種方式稱為「倒攝抑制」（retroactive inhibition）或「倒攝干擾」（retroactive interference）。當新訊息與原來訊息有點類似時，原有訊息會與新訊息產生混淆，以至於先前學習的訊息遺失了，此稱為倒攝抑制（張文哲譯，2013, p. 236）。例如：某生準備生物科考試，接著又準備歷史科考試，然後參加生物科考試時，歷史科的資訊就會干擾生物科的資訊。因此，有效的學習策略應該是先準備歷史科，再準備生物科，然後參加生物科考試。此種策略符合近因效應（recency effect）。

　　另一種現象稱為「順攝抑制」（proactive inhibition）或「順攝干擾」（proactive interference）。當一組訊息的學習干擾後來其他訊息的學習，就會產生順攝抑制（張文哲譯，2013, p. 239），例如：學會靠右行駛的駕駛，到了靠左行駛的國家開車，就會產生干擾現象。

　　從資訊處理的觀點來看，干擾是記憶網路受到阻礙，不能暢行無阻。研究顯示記憶網路是否受到干擾約有三個因素（Schunk, 2012, p. 211）：(1)原先編碼的強度（the strength of original encoding）。透過不斷演練或改良，原先強烈編碼的資訊更可能記得住，編碼強度薄弱的資訊容易遺忘；(2)可變通的網路通路（alternative network paths）。許多路徑都可取得的資訊比只有一個管道取得的資訊更可能記住；(3)曲解的總量或資訊的歸併（amount of distortion or merging of information）。有時候，曲解與歸併可能引起干擾並使回憶更加困難。

貳　退化理論

　　遺忘的另一個原因是記憶退化（memory decay）。依據退化理論，新的資訊進入腦中產生神經化學的「記憶痕跡」（memory trace），最後導致瓦解崩潰。退化理論顯示歲月的消逝是遺忘的原因之一。記憶依不同的速度退化，例如：大多數的老人無法記得年輕時代在學校背過的文章，就

像電腦儲存太多的資訊，舊的、不常用的資訊就會刪除一樣。但是有些記憶生動感人而延續甚久，有些記憶則隨風而逝。

退化普遍被視為是遺忘的原因。大家在中學都學過英文，但畢業後數年，很多字彙單字記不起來。你可能這樣解釋：「多年不用，所以忘記了。」然而，遺忘不總是壞事。如果我們都記得任何學過的事物，我們的記憶量就超載，新的學習反而更加困難。遺忘可把沒用的資訊消除，就像我們把不要的東西拋棄一樣。

第四節　資訊處理的原則

資訊處理理論的三個處理原則：前導組體（advance organizer）、學習條件（conditions of learning），以及認知負荷（cognitive load），分述如下（Schunk, 2012, pp. 217-224）。

壹　前導組體

前導組體乃是在上課開始，教師廣泛地陳述上課的概要，連結新教材與先前學過的教材（Mayer,1984）。前導組體引導學習者注意即將學習的重要概念，凸顯理念之間的關係，並且讓新教材與學生已知的產生連結。課文裡的概念圖（concept map）也可能運用前導組體的處理原則。

前導組體的概念基礎來自 Ausubel（1968）的理論，他發展有意義的接收學習理論（theory of meaningful reception learning）。他認為當新教材與長期記憶中的關聯概念產生有系統的關係時，學習是有意義的；也就是說，新教材擴充、改變或改良記憶中的資訊。有意義的學習端賴個人的變項，如年齡、經驗背景、社經地位、教育水準。先前的經驗決定學生能否讓學習有意義。

依據 Ausubel（1968）的觀點，「意義並不存在於文句之中與學習者之外」，他認為文章的字裡行間具有「潛在性的意義」。意義是當學習者

運用內在的、認知的操作，主動解讀自己的經驗時才會發生。為了說明這些認知的操作與經驗如何交互影響而產生學習，於是他提出有意義的接收學習理論（Ausubel, 1962）。

接收學習有別於發現學習（discovery leaning），前者指將學習的全部內容呈現給學習者，學習者把它們內化以備日後使用；而對於後者，學習者需要重新安排資訊，與現有的認知結構整合，再重組或轉型，以創造所要的結果或發現資訊遺失的過程與結果之間的關係。這個階段完成之後，發現的內容才能像接收學習一樣內在化（Ausubel, 1961, p. 17）。

Ausubel（1965, p. 8）把人類的神經系統視為一套「資料處理與儲存的機制」，但他並不認同於當時 Newell、Simon 與 Shaw（1958）所發展的電腦認知模式。當初 Ausubel 也認為他的理念完全不同於基模理論，但當基模的概念廣為流傳之時，基模理論卻頗類似於他的主張（Driscoll, 2000, p. 116）。

Ausubel 倡導演繹法教學：教師先教一般的理念，再教具體的重點。教師要協助學生把理念分成更細小的內容，並把細小的內容與記憶中的類似內容產生連結。演繹法教學對於年紀較大的學生而言效果更好（Luiten, Ames, & Ackerson, 1980）。

證據顯示前導組體促進學習與遷移（Ausubel, 1978; Mauton & Mayer, 2007）。概念圖是有效的前導組體，可以透過科技，注入課程。Mayer（1979）曾對沒有程式設計經驗的大學生給予程式資料，進行研究。他把參與者分成兩組，一組給予概念圖當作前導組體，另一組接受相同的資料但沒有前導組體。研究結果發現：有前導組體的成員表現優於沒有前導組體的成員。

貳　學習條件

以認知原理為基礎、最有名的教學理論之一就是 Gagné（1985）提出的學習條件。它的兩個主軸是學習結果分類（the type of learning outcome）

的具體化與判斷學習的事件（the events of learning）。

Gagné 出生於美國麻薩諸塞州，1937 年畢業於耶魯大學（Yale University）心理學系，並於 1939 年及 1940 年相繼取得伯朗大學（Brown University）碩士及博士學位。他的學習理論與研究先後受到 Clark Hull、Walter Hunter、Pavlov、Guthrie、Tolman、Skinner 的影響（Gagné, 1989, p. 1）。

第二次世界大戰期間，Gagné 投入軍旅生涯，先後在美國陸軍從事航空心理學研究並在兩家空軍實驗室服務達十年之久，影響他日後的研究至為深遠。即使他在 1985 年自佛羅里達州立大學（Florida State University）退休，還參加訓練研究計畫，應用學習與教學設計原理以影響飛機及武器戰備保養的動力技巧的保存（Ertmer, Driscoll, & Wager, 2003, p. 304）。

Gagné 的學習理論主要包括：學習結果的分類、學習階層的概念，以及教學事件與學習條件的概念，分述如下。

一、學習結果的分類

Gagné 不是第一位強調教學目標的教育心理學家。他在〈教學目標與教學設計〉（Gagné, 1965a）一文中強調教學目標的重要性。目標的細目化可使設計者分辨不同的目標以推論先前行為如何改變。

由此目標的細目化與分類，設計者可以決定內在與外在的學習條件，以促進學習。Gagné 以不同的方式把學習結果的類型分為五類：(1)態度；(2)動覺技能；(3)語文資訊；(4)認知策略；(5)知識技能。這五種類型的學習由另外五個次級類型組成：(1)區別能力；(2)具體的概念；(3)界定的概念；(4)規則學習；(5)問題解決（Gagné, 1965b）。定義及例子如表 6.1 所示。

Gagné 的學習結果分類是環繞在學習條件的本質上。每一種類型的行為對於學習的條件都有不同的涵義，Gagné 推測每一類型獲得結果所需的心理活動型態在品質方面與其他類型的心理活動不同。因此，界定學習目標至為重要，因為它可使設計者依教材難易度順序施教，先教低層次的技能再教高層次的技巧。而且，在目標分類後，有關如何教導每一類型，設

表 6.1　Gagné 的學習領域

學習類型	定義	例子
態度	・影響個人的行動抉擇 ・個人的感覺或信念	・選擇回收報紙 ・欲想盡其所能
動覺技能	・使學習者能夠表現動作 ・生理的能力	・騎腳踏車 ・（汽車）加油
語文資訊	・使學習者能夠溝通名稱、事實、原則、概念化等 ・陳述性的知識	・說出科羅拉多州首都名字 ・寫出一個理論的定義
知識技能	・使學習者能夠區別、辨認，以及把概念分類、應用並衍生規則 ・程序性的知識	・分辨狗與貓 ・衍生預測雨量的規則 ・遵循製作義大利麵的步驟
認知策略	・使學習者能夠組織並監控認知歷程 ・自我調適歷程	・創造讀書的策略 ・承認理解力的欠缺

資料來源：Ertmer 等人（2003, p. 316）

計者也可作出重要的決定。

二、學習階層的概念

　　自 1958 年至 1962 年在普林斯頓大學（Princeton University）服務期間，Gagné 致力於學習階層概念的研究並且揭示先備智能（prerequisite intellectual skills）的重要性。在此期間，他與馬里蘭大學（University of Maryland）數學計畫合作，參與數學課程的研究發展工作。這個工作對於 Gagné 有關教導學生基本技能的強烈信念有其貢獻。數年後，美國的教育報告出刊，抨擊美國學生的數學技能，而建構主義教學的觀念靜悄悄地走進數學教室。Gagné 憤慨地斥責：「這些是基本的先備技能！沒有教導學生這些先備技能。」（Ertmer et al., 2003, p. 305）

　　1968 年，Gagné 提出「累積學習理論」（theory of cumulative

learning）。這個理論的前提是新的學習主要有賴於綜合以前習得及記得的實體，並有賴於學習遷移的潛能（Gagné, 1968）。依據 Gagné（1968）的說法：「每一個新的學習都有具體的、最起碼的先備條件。除非學習者能夠回憶這個先備能力，否則他無法學習新的工作。」（p. 29）這個理論植基於 Gagné 垂直的學習遷移研究，而且與智能階層的觀念並行不悖（如圖 6.3 所示）。這個學習階層顯示某種類型的技能是其他類型技能的先備條件（Ertmer et al., 2003, pp. 311-313）。

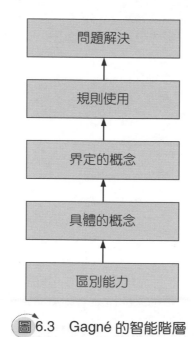

圖 6.3 Gagné 的智能階層

資料來源：Ertmer 等人（2003, p. 312）

　　智能階層的第一個類型技能是知覺的區別能力，讓學習者辨別環境的刺激。區別能力包括視覺、聽覺、觸覺，甚至味覺及嗅覺能力。部分區別能力的技能有賴於身體的能力，諸如辨別色彩的能力。色盲的人不可能有辨別色彩學習概念的先備能力，不可能應用有關這些概念的規則，去解決

需要色彩區別能力的問題。然而，身體的能力是必要，但不是區別能力技巧的充分條件。個體可以透過練習與回饋的歷程學會更好的區別能力。Gagné 把這一類型的能力稱為「區別的能力」（ability to discriminate）。

　　第二層級的技能是概念學習。Gagné 把它分為兩類：具體的概念與界定的概念。具體的概念係指透過物理屬性把物體歸類的能力。因此，如果兒童看到一隻從未見過的狗，看到的時候會叫牠為狗；兒童即顯示具體觀念的行為。這個兒童曾經學會規則，縱然不甚明確，由於物理的屬性把某些場合的動物歸類為狗。你可能會問：「這個兒童必須具有何種先備區別能力？」這個兒童必須能夠看出這隻動物是體型類似狗的動物，但有別於其他類似貓、馬、鳥等動物。如果這個兒童不能做這些辨別，他（她）可能沒學會狗的概念。Gagné 把這一類型的能力稱為「辨認的能力」（ability to identify）。

　　第三層級的技能是界定的概念。界定的概念也許有或沒有物理的事物，例如：座位的概念。比椅子、沙發、板凳更廣泛的概念都是座位的例子，如果物體適合這個定義：「設計出來可供人坐在上面」，它就可歸為「座位」類。我們看到座位，因為它具有物理屬性，但它不是正當分類必要的特定物理屬性。而是這物件是否適合分類的規準：「設計出來的東西適合某人坐下嗎？」並非所有界定的概念都有明顯的物理事物，我們可能辨認某人的政治立場為「保守派」，這是一種概念，我們可以寫出一條把人分為自由派與保守派的分類規則，但他們也許不能僅以物理的屬性予以分類。相反地，個體可用動詞的敘述、意見，或他們表達的行為並適合相關的類別描述，予以分類。這種人為的分類法仍有物理的特徵並需要區別的技巧，但這種連結不像具體的概念那樣清晰。這個界定的概念學來的能力是「分類」（classify）。

　　第四個層級的技能是規則使用。規則是概念與概念、概念與規則、規則與規則之間正式的關係，例如：熟悉的拼字規則，「i 在 e 之前除了在 c 之後，聽起來像 a 的發音，有如 n*ei*ghbor 及 w*ei*gh 等字」。我們把這些概念（「之前」、「除了」，以及「聽起來」）放到陳述句，引導拼字的行

為。Gagné 把這些原則界定為一種規則的形式。所以，像「密度厚的空氣往密度更稀薄的空氣流動」是一項規則──一種概念之間的關係。當教導規則如動詞命題，個體學會一項規則就是他們可用某種方式應用這個規則。因此，學來的能力是「展示」（demonstrate）。

最高層級的智能階層是較高層次的技能與問題解決的技能。Gagné 交互使用這兩個術語。問題就是學習者沒有預備好的規則可用於解決的一種情境。如果他們有規則可循，那就是規則的使用。Gagné 把問題的解決描述為衍生性的學習歷程。所衍生的東西就是新的規則或程序以解決問題。所學到的東西是如何建立規則並綜合舊規則。先備技能是別的規則與概念，例如：「學生將衍生一種預測股票市場是否興衰」的技巧，學來的能力是「衍生」（generate）。

三、教學事件與學習條件的概念

在 1960 年代，Gagné 的興趣在於數學與科學新課程的研究發展，首度出版《學習的條件》（*The Conditions of Learning*）一書（Gagné, 1965b）。從 1970 年代，Gagné 著重教學的研究，發展他的學習能力（learning capabilities）的理念及學習能力的內在、外在條件。他特別有志於智能學習結果及概念學習的研究，他也強調學習結果作為教學設計、教學評量、形成性評量基礎的重要性。Gagné 與 Briggs（1979）合著《教學設計原理》（*Principles of Instructional Design*）一書，把學習的研究應用於教學設計，提供有系統的教學歷程（Gagné & Briggs, 1979）。

在 1970 年代及 1980 年代，Gagné 的研究漸漸反映出認知資訊處理理論（cognitive information processing theory）。1985 年《學習的條件》一書第四版對於資訊處理理論有具體的描述，並且把九大教學事件連結到內在的認知歷程。Gagné 把「基模」的觀念融入思考與著作之中（Gagné, 1985）。《學習的條件》第四版則專章提出教學的統整理論（integrative theory of instruction），而他的《教學設計原理》第四版也提供了完整的課程設計模式。

Gagné 相信雖然一般的學習原理，諸如連續性（continuity）、重複（repetition），以及強化作用（reinforcement），皆由當時的學習理論家所強調，在大部分的學習類型中占有重要的角色，但是除了這些適合學習的概念、原則、規則以外，仍有特定的條件。他把教學條件稱為普遍化的教學事件及特定的學習條件。依據 Gagné（1989）的說法，每一特殊學習類型的外在條件構成教學的基礎。內在條件保存於學生先前學習已養成的學習能力中。

Gagné 指出一旦我們知道一個人將要學習一種概念，我們就會知道某些條件必須存在於學習者及外在的環境裡，才會產生學習。這些必要的學習條件並沒有因人或學科而改變。換言之，學習數學概念的心理條件與學習文法概念所需的心理條件是並行不悖的。

在教學目標界定並分類後，要討論的問題是「涉及教學目標的行為，要把最佳的學習條件具體化的條件是什麼」（Gagné, 1989, p. 266）。Gagné 就每一類的目標以行為的階層思考答案，他認為學習每一類行為最重要的條件是為學習者預先設定較低層次的行為目標。這意味著教學應循序漸進，學習者先前獲得的能力對於教學效果尤其重要。

Gagné 認為，獲得較高階層的學習有賴於次級階層的學習。然而，他也指出預先設定行為的條件是必要的，但不是充分的條件。針對先備知識的必要性，他提出「教學」的需求。這就是 1962 年「教學事件」（events of instruction）的起源（Gagné, 1962）。

所謂「教學事件」係指包含在「教」與「學」情境中的教學特徵，如教學目標的敘述、必要的先備知識、提供教學的回饋等。Gagné 認為這些教學事件應被視為是提供內部學習的外部協助。這些事件可作為一項主要的工具，把學習的條件融入教學的情境中並且當作教學設計的架構。這些事件是基於教學程序的實證觀察及人類學習與記憶的資訊處理模式而建立的。學習階層的步驟包括：(1)專心一致；(2)告知學習目標；(3)引起先前學習的回憶；(4)提示刺激；(5)提供輔導；(6)引導表現；(7)給予資訊回饋；(8)評量表現；(9)增進學習保存率和遷移（Ertmer et al., 2003, p. 318）。

這九個步驟依循典型的直接教學的順序，而有效教學也包含這九個步驟。然而，任何事件中的教學特質可能期待有所不同，端視習得能力的類別如同學習的結果一樣，例如：學習動覺技能將需要不同的事件設計，有別於需要學習語文資訊的技能或學習知識的技能。

四、Gagné 的學習理論評述

　　Gagné 的教學理論影響鉅觀與微觀層次的教學設計。他的學習階層與學習領域的理念代表他的教學設計取向，可以認為是鉅觀的層次。教學事件討論微觀層次的原則，也就是每課教學的層次。

　　他提出教學條件具體化引導教學的歷程，對於當時的教學理論影響甚大。他認為學習者學會較高層次技能的能力有賴於較低技能的獲得，而不是依賴知識發展的階段。Gagné 強調學生能夠學習更高深或更複雜的技能乃由於先備知識的結果，他的先備知識概念超越了行為學派的觀點（Case & Bereiter, 1984）。

　　雖然 Gagné 從未提及他的教學方法，他相信學習者需要獲得實用的、可以學以致用的技能，顯示真誠地關懷學習者適應某些實際的需求。此種看法可視為以學習者為中心的主張。

　　Gagné 認為，人們透過學習獲得所有的態度、價值觀、知識、技能，學習使人類具備表現各種動作的能力。他把這些表現分為五種學習結果及各種不同的學習條件。他的學習理論似乎偏向環境論而非遺傳論，著重後天的學習條件。

　　Gagné 的學習階層理念強調學習的內部條件，而他的教學事件論點強調必要的外部條件。他的教學理論與條件本位的主張至少激起兩種教學設計理論的產生，例如直接教學法與非直接教學法的設計。此外，他的影響超出教學設計的理論，延伸到教育設計的領域，包括課程設計。

參　認知負荷

　　資訊處理系統一下子要處理許多資訊，如果太多的刺激同時進來，觀察者可能錯失許多資訊，因為注意力的容量有限。受限於短期記憶的容量，在任何時間點，只有少量的資訊可以留存在短期記憶，再經過轉化、演練。認知負荷的理論主張在教學設計時就要考量資訊處理的限度。認知負荷或資訊處理系統的需求有兩種類型：內在的認知負荷（intrinsic cognitive load）與外在的認知負荷（extrinsic cognitive load）。前者有賴於學到的資訊不改變的屬性，只有當學習者獲得有效的認知基模去處理資訊時，才會消失；後者是由資料呈現的方式所引起。講解清晰的教師可以幫助學生降低外在的認知負荷量至最低的限度；不擅於講解的教師增加學生外在的負荷量。

　　為了降低認知的負荷量，教師可使用由簡單到複雜的教學策略。複雜的學習材料可細分為更小的部分，並且合併成為較龐大的順序。此種程序降低認知的負荷量，因此學生可以集中注意於身邊的學習材料。

第五節　教學的應用與省思

　　教師究竟要如何應用資訊處理理論？如何改進教學？如何幫助學生記住學習的資訊？下列一些作法可供參考。

壹　教學的應用

一、引起學生的注意力與專注力

　　記憶涉及三個重要元素：編碼、儲存與復原，這三個元素也就是記憶必須經過的過程。注意力（attention）、專注力（concentration）與記憶力

（memory）有密切關係。沒有注意力與專注力，「記憶痕跡」不太可能儲存，也就無法記憶（Buckler & Castle, 2014, p. 124）。

注意力是記憶力的重要元素。當個體接收新資訊經過編碼，進入短期記憶的時候，注意力格外重要。短期記憶通常不超過 30 秒，而且容積有限。長期記憶的儲存有賴於新資訊與舊知識的連結（Ormrod, 2012, p. 41）。因此，教師要讓學生記住重要的資訊，可以反覆敘述重要的部分，或把它寫在黑（白）板上，或提供一些實例，與學生的舊經驗相連結。

二、善用近因效應與初始效應

在許多的資訊中，前面幾個與後面幾個比較容易記住，例如：英文教師唸出 10 個單字，學生比較容易記住前面幾個與後面幾個，而中間的幾個不容易記住。最初出現的資訊容易記住，這是初始效應（primacy effect）；而最後面出現的資訊也容易記住，則是近因效應。

三、採用長期記憶的資訊處理模式

長期記憶的資訊處理模式可分兩種（張文哲譯，2013，頁227-228）：

1. 處理層次理論（level-of-processing theory）

人們處理訊息時，處理愈徹底的資訊愈容易記得，不太注意的資訊就不太記得（Craik, 2000），例如：每天經過校園內的一棵樹，你不注意它，就不太有印象；但如果你很在意那棵樹，在樹底下乘涼，或者在樹底下照相，你就留下深刻的印象。因此，資訊處理的深淺程度與記憶的保存具有密切關係。

2. 記憶雙碼理論（dual code theory of memory）

Paivio 的記憶雙碼理論與處理層次理論有關。保存在長期記憶內的訊息有兩種形式：視覺（visual）與語文（verbal），分別對應於情節記憶和語意記憶。同時以視覺和語文兩種形式儲存的訊息，比只用一種方式儲存的訊息容易記憶，例如：當你看一個人的臉孔時，如果也知道他的姓名，

就容易記住他的臉孔。

四、運用 PQ4R 法

PQ4R 法係指預覽（preview）、質疑（question）、閱讀（read）、反思（reflect）、記誦（recite），以及複習（review）（張文哲譯，2013，頁 258）。《禮記・中庸》提出求學的方法：博學、審問、慎思、明辨、篤行。兩者頗有異曲同工之妙。

五、善用記憶術

你曾經使用記憶術（mnemonic technique）記住一些名稱嗎？請看下列例子：

1. 美國的五大湖有哪些？五大湖是休倫湖（*H*uron）、安大略湖（*O*ntario）、密西根湖（*M*ichigan）、伊利湖（*E*rie），以及蘇必略湖（*S*uperior）。我們如何把它們的名稱記下來？我們可以把它們的第一個字母組成「家」（*HOMES*），就很容易把它們記下來。這就是記憶術（Klein, 2015, p. 381）。

2. 為人處事的原則是「以誠待人（*H*onesty）、彼此了解（*U*nderstanding）、互相尊重（*M*utual Respect）、善解人意（*A*wareness）、互相磋商（*N*egotiation）、同理心（*I*dentification）、彼此信任（*T*rust），以及對方取向（"*Y*ou" Orientation）」。我們也可以用它們的第一個英文字母串成一個字：「人文素養」（*HUMANITY*），以幫助記憶。H——以誠待人、U——彼此了解、M——互相尊重、A——善解人意、N——互相磋商、I——同理心、T——彼此信任、Y——對方取向。

3. 下列一群字母「FBIUSACIAMTVATM」，你如何把它們記下來？教師可要求學生把它們切開，分別組成下列五組字母，聯想成「聯邦調查局」、「美利堅合眾國」、「中央情報局」、「音樂電視」、「自動提款機」，這樣就很容易記下來：FBI—USA—CIA—MTV—ATM（Woolfolk,

2011, p. 295）。

六、運用前導組體的方法

　　教師可針對即將學習的材料簡單做初步的陳述，以便為新資訊提供一個架構，並使新資訊能與學生已有的資訊產生關聯（張文哲譯，2013，頁261），例如：談到環境汙染，教師可先把它分成三大類來說明：空氣汙染、水汙染，以及噪音汙染，再問學生日常生活環境中是否吸到油煙、喝到不乾淨的水，以及聽到吵雜聲？這些都是環境汙染。教師提出了前導組體，學生就很容易聽懂什麼是環境汙染。

七、利用諧音，記住特定的名稱或數字

　　諧音可用來記住特定的名稱或數字。有些人的名字可用諧音把它們記下來，例如：「劉玉玲」聯想成「610」、「吳姍姍」聯想成「533」；又如李生的學號是「8879576」，聯想成「爸爸吃酒我吃肉」。教師可在課堂訓練學生類似的記憶技巧。

貳　教學的省思

　　研讀本章資訊處理的學習理論之後，請思考並回答下列問題：

1. 記憶的主體涉及哪些歷程？請列舉說明之。
2. 有些人抱怨記憶力不好，容易遺忘。原因何在？請說明之。
3. 增進記憶的策略有哪些？請列舉五種策略或方式並說明之。
4. 何謂初始效應與近因效應？請舉例說明之。
5. 何謂前導組體？請以某一學科舉例說明之。
6. 李老師在一場宴會中遇見多年不見的朋友，突然記不起他的名字。最可能的原因是什麼？(1)訊息壓抑；(2)訊息未登錄至長期記憶；(3)訊息未儲存；(4)訊息記憶痕跡消退。

7. 王生準備生物科考試，接著又準備歷史科考試，然後參加生物科考試時，歷史科的資訊就會干擾生物科的資訊。這是何種現象？(1)順攝抑制；(2)近因效應；(3)初始效應；(4)倒攝抑制。

8. 下列有關資訊處理理論的陳述，何者為真？(1)資訊處理理論反對連結理論；(2)短期記憶通常持續 1 秒到數秒；(3)儲存在短期記憶的資訊經過演練後進入長期記憶；(4)遺忘是缺乏有效的復原暗示而導致復原失敗。

9. 依據 Gagné 的觀點，智能階層的最後步驟是什麼？(1)提供輔導；(2)給予資訊回饋；(3)評量表現；(4)增進學習保存率和遷移。

10. 依據 Gagné 的觀點，智能階層的最高層次是什麼？(1)規則使用；(2)界定的概念；(3)區別能力；(4)問題解決。

參考文獻

中文部分

張文哲（譯）（2013）。**教育心理學**（原作者：R. Slavin）。臺北市：學富。

英文部分

Atkinson, R. C., & Shiffrin, R. M. (1968). Human memory: A proposed system and its control processes. In K. W. Spence & J. T. Spence (Eds.), *The psychology of learning and motivation* (Vol. 2) (pp. 89-195). San Diego, CA: Academic Press.

Ausubel, D. P. (1961). In defense of verbal learning. *Educational Theory, 11*, 15-25.

Ausubel, D. P. (1962). *A subsumption theory of meaningful verbal learning.* New York, NY: Grune & Stratton.

Ausubel, D. P. (1965). A cognitive structure view of word and concept meaning. In A. C. Anderson, & D. P. Ausubel (Eds.), *Readings in the psychology of cognition* (pp. 89-195). New York, NY: Holt, Rinehart & Winston.

Ausubel, D. P. (1968). *Educational psychology: A cognitive view.* New York, NY: Holt, Rinehart & Winston.

Ausubel, D. P. (1978). In defense of advance organizers: A reply to the critics. *Review of Educational Research, 48*, 251-257.

Baddeley, A. D. (1998). *Human memory: Theory and practice* (Rev. ed.). Boston, MA: Allyn & Bacon.

Buckler, S., & Castle, P. (2014). *Psychology for teachers.* London, UK: Sage.

Calfee, R. (1981). Cognitive psychology and educational practice. In D. C.Berliner (Ed.), *Review of research in education* (Vol. 9) (pp. 3-73). Washington, DC: American Educational Research Association.

Case, R., & Bereiter, C. (1984). From behaviorism to cognitive behaviorism to cognitive development: Steps in the evolution of instructional design. *Instructional Sci-*

ence, 13, 141-158.

Crouse, J. H. (1971). Retroactive interference in reading prose materials. *Journal of Educational Psychology, 52*, 39-44.

Craik, F. I. M. (2000). Human memory. *Annual Review of Psychology, 30*, 63-102.

Driscoll, M. P. (2000). *Psychology of learning for instruction* (2nd ed.). Boston, MA: Allyn & Bacon.

Ertmer, P. A., Driscoll, M. P., & Wager, W. W. (2003). The legacy of Robert Mills Gagné. In B. J. Zimmerman, & D. H. Schunk (Eds.), *Educational psychology: A century of contributions* (pp. 303-330). London, UK: Lawrence Erlbaum Associates.

Flavell, J. H. (1999). Cognitive development: Children's knowledge about the mind. *Annual Review of Psychology, 50*, 21-45.

Flavell, J. H., & Miller, P. H. (1998). Social cognition. In W. Damon (Ed.), *Handbook of child development* (Vol.2) (pp. 303-330). New York, NY: John Wiley & Sons.

Gagné, R. M. (1962). The acquisition of knowledge. *Psychological Review, 69*, 355-365.

Gagné, R. M. (1965a). The analysis of instructional objectives for the design of instruction. In R. Glaser (Ed.), *Teaching machine and programmed learning II: Data and directions.* (pp. 303-330). Washington, DC: National Education Association.

Gagné, R. M. (1965b). *The conditions of learning.* New York, NY: Holt, Rinehart & Winston.

Gagné, R. M. (1968). Contributions of learning to human development. *Psychologist Review, 75*, 177-191.

Gagné, R. M. (1985). *The conditions of learning* (4th ed.). New York, NY: Holt, Rinehart & Winston.

Gagné, R. M. (1989). *Studies of learning: Fifty years of research.* Tallahassee, FL: Learning Systems Institute, Florida State University.

Gagné, R. M., & Briggs, L. J. (1979). *Principles of instructional design* (2nd ed.). New York, NY: Holt, Rinehart, & Winston.

Gardner, H. (1985). *The mind's new science*. New York, NY: Basic Books.

Klein, S. B. (2015). *Learning: Principles and applications* (7th ed.). London, UK: Sage.

Luiten, J., Ames, W., & Ackerson, G. (1980). A meta-analysis of the effects of advance organizers on learning and retention. *American Educational Research Journal, 17*, 211-218.

Matlin, M. W. (2009). *Cognition* (7th ed.). Hoboken, NJ: John Wiley & Sons.

Mauton, P. D., & Mayer, R. E. (2007). Cognitive aids for guiding graph comprehension. *Journal of Educational Psychology, 99*, 640-652.

Mayer, R. E. (1979). Can advance organizers influence meaningful learning? *Review of Educational Research, 49*, 371-383.

Mayer, R. E. (1984). Aids to text comprehension. *Educational Psychologist, 19*, 30-42.

Mayer, R. E. (1996). Learners as information processors: Legacies and limitations of educational psychology's second metaphor. *Educational Psychologist, 31*, 151-161.

Mayer, R. E. (1999). *The promise of educational psychology*. Upper Saddle River, NJ: Prentice-Hall.

Nairne, J. S. (2000). Forgetting. In A. Kazdin (Ed.), *Encyclopedia of psychology*. Washington, DC and New York, NY: American Psychological Association and Oxford University Press.

Neisser, U. (1967). *Cognitive psychology*. Englewood Cliffs, NJ: Prentice-Hall.

Newell, A., Simon, H. A., & Shaw, J. C. (1958). Elements of a theory of human problem solving. *Psychological Review, 65*, 151-166.

Ormrod, J. E. (2012). *Essentials of educational psychology* (3rd ed.). Columbus, OH: Pearson.

Postman, L. (1961). The present status interference theory. In C. N. Cofer (Ed.), *Verbal learning and verbal behavior* (pp. 152-179). New York, NY: McGraw-Hill.

Santrock, J. W. (2001). *Educational psychology*. Boston, MA: McGraw-Hill.

Schneider, W., & Bjorklund, D. F. (1998). Memory. In W. Damon (Gen. Ed.), *Hand-

book of child psychology: Vol. 2, Cognition, perception, and language. New York, NY: John Wiley & Sons.

Schunk, D. H. (2012). *Learning theories: An educational perspective* (6th ed.). Boston, MA: Allyn & Bacon.

Shuell, T. J. (1986). Cognitive conceptions of learning. *Review of Educational Research, 56*, 411-436.

Siegler, R. S. (1998). *Children's thinking* (3rd ed.). Upper Saddle River, NJ: Lawrence Erlbaum Associates.

Sperling, G. (1960). The information available in brief visual presentation. *Psychological Monographs, 74* (Whole No. 498).

Stevenson, H. W., Hofer, B. K., & Randel, B. (1999). *Middle childhood: Education and schooling.* Unpublished manuscript, Department of Psychology, University of Michigan, Ann Arbor, MI.

Unsworth, N., & Engle, R. W. (2007). The nature of individual difference in working memory capacity: Active maintenance in primary memory and controlled search from secondary memory. *Psychological Review, 114*, 104-132.

Woolfolk, A. (2011). *Educational psychology* (11th ed.). Boston, MA: Pearson.

教學理論與方法

Chapter 7

認知學習歷程

　　前面各章探討學習如何產生，神經科學理論強調神經系統影響學習與行為。行為學派認為學習是透過刺激與反應之間的連結而產生。認知學派則認為學習是透過認知過程，處理各種資訊的活動。社會認知理論主張學習是透過觀察與模仿而產生的。資訊處理理論著重感官的覺察與接收、資訊的編碼、儲存，以及復原。然而學習產生之後，它們的學習歷程究竟如何有待進一步探究。本章就技能學習、概念學習、後設認知，以及問題解決的歷程敘述如後。

第一節　技能學習

　　依據特殊性的程度，技能（skills）各有其差異性。普通的技能（general skills）應用於廣泛的領域；特殊的技能（specific skills）則是用在某些特定的領域。問題解決與批判思考屬於普通技能，因為它們在認知、運動，以及社交技巧等領域都有用；解答平方根的問題涉及特殊的技能，因為它僅限於特定領域如數學的應用。每一類型的技能學習各有其獨一無二的特色。

　　技能是怎樣學來的？Ohlsson（1993）提出一套透過練習獲得技能的模

式，這個模式包括普通的與特殊的工作歷程。學習者學習的時候，他們就會比較目前的狀態與先前的知識，掌控進展的情形。這是普通的策略，但是學習產生時，它漸漸適應特殊的工作情況。錯誤常常由不當應用普通的程序所引起（Ohlsson, 1996），但是先前特殊領域的知識幫助學習者偵測出錯誤之處，並且確認引起錯誤的情況。因此，透過練習與學習，普通的方法變成更專門化（Schunk, 2012, p. 281）。

問題解決在許多領域的學習技能是有用的，但工作情況常常需要專精的特殊技能。在很多情況之下，都需要普通與特殊這兩種類型的技能。研究顯示善於問題解決的人碰到不熟悉的問題時，常常使用普通的策略，並且會問一些有利於問題解決的一般後設分析的問題，例如：我正在做什麼？我現在身在何處（Perkins & Salomon, 1989）？縱然有正面的結果，普通原則往往不能遷移到其他領域。遷移需要把普通策略與教學的因素，如在特殊情境的練習相結合。

總而言之，專才大都是特殊的領域，它需要豐富的知識基礎包括事實、概念，以及該領域的原則，並配合可以應用於不同領域的學習策略。普通策略對於適應不同領域的非典型問題是有用的，不論個人在該領域的能力如何（Perkins & Salomon, 1989）。這些研究發現並不意味著學生在基本的內容學科知識方面要有很好的基礎（Ohlsson, 1993）。

第二節　概念學習

學生在許多不同的場合學習概念（concepts）。概念是一套具有共同特徵或重要屬性的物體、符號或事件。概念可能涉及具體的物體（如桌子、椅子、貓等），或抽象的理念（如愛、民主、整體等）。事實上，有許多類型的概念。概念學習係指形成表徵以辨認屬性，把它們類化成新的事例（examples），並辨別事例與非事例（nonexamples）（Schunk, 2012, p. 293）。

壹　概念的特性

　　概念學習的特色輪廓千變萬化，產生不同的概念。聯合的概念（conjunctive concept）是由兩個或兩個以上的特色呈現出來（如兩個圓圈），其他的特色（如邊界數）不相干。非聯合的概念（disconjunctive concept）是由兩個或以上的概念之一呈現出來，例如：任何顏色的兩個圓圈或一個紅色的圓圈。關係的概念（relational concept）侷限於必須呈現的特色之間的關係，例如：圖形中物體的數目必須超過邊界的數目（Schunk, 2012, p. 293）。

　　Bruner、Goodnow 與 Austin（1956）發現，學習者可根據概念訂出規則的假設。規則可用「如果—那麼」（if-then）的形式表示，例如：貓分類的規則可能是：「如果它是家畜、有四條腿、毛皮、鬍鬚、尾巴、身材很小，以及發出喵嗚的聲音，那麼它就是貓。」雖然有例外發生，這個規則大部分都能準確地把貓予以分類。當這個規則應用於各類的貓，就會產生類化作用。

　　人們有迅速形成概念的傾向。給予任何固定的概念，他們會保留這個規則，只要它正確地辨認概念的事例與非事例，而且如果辦不到，他們也會改變規則。當給予正面的事例時，學習者較能獲得概念；給予負面的事例，學習就變得緩慢些。當設法確認概念的規則時，人們偏好接收正面的事例而非負面的事例（Bruner et al., 1956）。

　　Bruner 等人提出特色分析理論（features analysis theory），認為概念涉及界定重要特色的規則，或概念的內在屬性。透過概念的經驗，人們擬定可以滿足條件的規則並且保留規則，只要它能有效發揮功能（Gagné, 1985）。

　　第二個觀點是原型理論（prototype theory）。原型是概念經過類化的意象，它可能只包括一些概念的定義屬性。當面臨事例時，人們從長期記憶中回憶最可能的原型並且與事例做比較，看看是否互相配對。原型可能

包括一些沒有定義的屬性。在認知心理學方面，原型常常被視為基模，或有組織的知識形式（Rosch, 1973）。

把特色分析理論與原型理論合併是可能的。我們可以用原型理論分類概念的事例，當事例模糊時，也可以使用重要的特色分析，改變重要的特色，融合新的特色（Andre, 1986）。兒童對概念的理解隨著身心發展與經驗而改變。

貳　概念的獲得

研究顯示學習與改變概念有多種方式。發展原型的一個方式是呈現典型的概念事例，反應出原來的屬性（Klausmeier, 1992）。第二個方式是把兩個或以上事例的特性抽象化。以鳥為例，牠的特性可能是羽毛、兩條腿、喙、能飛，雖然不是每一個特性都能應用到各類的鳥。當我們接觸到概念的新事例時，原型可以改良與擴大，例如：生活在叢林的鸚鵡與生活在海洋的海鷗（Schunk, 2012, p. 294）。

Gagné 的學習理論把概念視為學習的重要形式。學習者起先要有基本的能力去分辨刺激的特色（即分辨有關聯與無關聯的特色）。依 Gagné 的觀點，概念學習涉及多重階層的順序（Gagné, 1985）。首先，刺激的特色是當概念的事例伴隨非事例呈現出來時，學習者確認區別的能力。第二個階段，學習者辨認事例與非事例。第三個階段，即將成為概念的變化刺激特色，並伴隨非事例出現，概念的獲得藉由一些事例的指認予以證實。透過這個歷程，正確反應予以強化。

Klausmeier（1992）發展一套概念獲得的模式，由四個階段組成：具體的、認同的、分類的、正式的階段。每一階段的能力對於下一階段能力的獲得都是不可或缺的。概念獲得的歷程代表發展、非正式經驗，以及正式教育等方面的交互影響。

在具體階段方面，學習者可以辨認一件與從前見過的相同事物。這個階段需要學習者注意這個事物，分辨它有別於周邊的事物，從長期記憶裡

將它復原出來，以比較新的意象並判定它是相同的事物。因此，學習者可能學會辨認等邊三角形，並且區別正三角形或等腰三角形。

認同階段的特徵在於從不同的角度觀察事物時，能辨認事物如同從前見過的事物。這個階段涉及的歷程如同具體階段與類化作用的歷程。因此，學習者能夠從不同的角度辨認等邊三角形。

分類階段需要學習者至少辨認相等的兩項事物，涉及另一個類化作用。以等邊三角形為例，涉及辨認較小與較大的等邊三角形為同等。這個歷程繼續直到學習者能辨認事例與非事例；然而在此階段，學習者可能不了解分類的基礎（如邊長與角度相等）。在此階段並不需要舉出概念的名稱，但如同前一階段，它有助於概念的獲得。

最後，正式階段需要學習者辨認概念的事例與非事例，舉出概念的名稱及其界定的屬性，說出概念的定義，並把區別概念的屬性具體化。熟練這個階段需要學習者執行分類階段的認知歷程與一套高層次涉及假設、評估，以及推論的思考歷程。

參 概念教學

Tennyson（1980）也提出一套基於實證研究的概念教學模式。這個模式包括下列步驟（Tennyson & Park, 1980）：

1. 判定概念的結構，包含高層、中層、低層的概念，並辨認重要的與變項的屬性（如：不影響概念的特色）。

2. 以重要的屬性界定概念，並準備一些與重要的、變項的屬性有關的事例。

3. 根據屬性，安排成套事例，並確信任何一套事例裡有類似的變項屬性，包含來自每一個中層概念的事例。

4. 以事例的擴散性與困難性依序呈現成套的事例，並按照學習者目前已具備的知識排序各套的事例。

　　大部分的概念可用高層與低層的概念階層為代表。對於任何一個概念，類似的概念大都在同一層級，這些就是中層的概念。以「家畜貓」的概念為例，有「貓的家族」作為高層的概念，各種不同品種的貓（如短毛貓、暹羅貓）作為低層的概念，其他貓族成員（如獅子、豹）作為中層的概念，其中概念有重要的屬性（如爪、牙）與變項屬性（如毛的長度、眼睛的顏色），而成套包含概念的事例與非事例（如狗、松鼠）（Schunk, 2012, p. 296）。

　　雖然概念應該在給予事例與非事例之前，用重要的屬性予以界定，但呈現定義不能保證學生就學會定義。事例在變項屬性方面迥然不同，而非事例應該有別於少數屬性的事例。此種作法可以防止學生過度類化（把非事例歸類為事例），與低度類化（把事例歸類為非事例）。

　　指出事例之間的關係是促進類化的有效方式。運用概念圖（concept map），或呈現理念的圖表是方法之一。概念圖可以把理念與知識相互連結，增進在記憶中的保存率（Nesbit & Adescope, 2006）。

　　教師教概念的時候，舉出相關屬性的事例是有幫助的，例如：教「正三角形」的概念，面積是不相干的屬性，教師可能以不同的方向舉出各種不同面積的正三角形。運用有用的事例是有效的認知教學策略（Atkinson, Derry, Renkl, & Wortham, 2000）。

　　學生不僅需要學會三角形的類化，也必須學會區別其他的三角形。為了提升概念的區別力，教師應該舉出反面的例子，明確顯示有別於正面的例子。當學生發展技能時，教師可教他們做更好的區別訓練，作法如表 7.1 所示。

　　這個模式需要精心設計，仔細分析概念的結構。結構的目標應該細目化，然而很多其他的概念，尤其抽象的概念，要與高層次或低層次的概念相連結，或與中層次的概念連結，都是問題重重（Schunk, 2012）。

表7.1 概念類化與區別的步驟

步驟	事例
舉出概念名稱	椅子
界定概念定義	供一個人坐、有靠背的座位
舉出相關屬性	座位、靠背
舉出不相關屬性	椅腳、面積、顏色、材料
舉出事例	安樂椅、高腳椅
舉出非事例	長凳、桌子、板凳

資料來源：Schunk（2012, p. 297）

第三節 後設認知

　　後設認知是高層次的認知，它是「思考有關思考」（think about thinking）的能力（Elliott, Kratochwill, Cook, & Travers, 2000, p. 306）。它包含兩套有關的技能：第一，我們必須了解工作所需的技能、策略，以及資源；第二，我們必須知道如何與何時使用這些技能與策略以確保工作成功地完成。這些監控活動包括了解、預測結果、評估努力的效能、規劃活動、做決定、修改別的活動等檢查的層級，以克服困難（Baker & Brown, 1984）。後設認知是培養批判思考的關鍵（Kuhn, 1999）。

壹 後設認知的發展

　　後設認知的發展緩慢。幼童無法充分了解工作涉及何種認知歷程，例如：他們通常不擅於認清他們已經在想的事情並回想所想到的事情。他們可能不了解漫無頭緒的文章比有組織的文章，或不熟悉的文章比熟悉的文章更難於理解。

　　幼兒認知上有能力掌控他們的簡單工作活動（Kuhn, 1999）。學習者更可能管控不太難的工作。

後設認知能力約在 5 至 7 歲開始發展直到小學階段。學前教育的幼兒有能力學習一些策略性行為，但是由於學習的結果，兒童發展他們學會掌控的知識。兒童對於行動如何影響環境逐漸形成概念化，例如：他們學習「何者有用」來提升學業成就。這對於學習策略尤其真實，也許因為許多學業的成功有賴於資訊背誦（Schunk, 2012, p. 285）。

貳　影響後設認知的變項

　　許多的變項影響後設認知，包括：學習者的變項、工作的變項，以及策略的變項（Duell, 1986; Flavell & Wellman, 1977）。

一、學習者的變項

　　學習者的發展層次影響他們的後設認知。年紀稍長的兒童比年幼的兒童更能了解他們的記憶能力與限制。研究者提供兒童學習的資料直到他們能回憶所學的資料，結果顯示 7 到 10 歲的兒童比 4 至 6 歲的兒童更能準確地回憶。年長的兒童也更能體會他們的記憶能力隨著情境而有所差異。同年齡的兒童顯示在記憶能力方面有所不同（Flavell, Friedrichs, & Hoyt, 1970）。

　　學習者記憶能力的掌控也有變化。年長的兒童更能準確地判斷他們是否回憶出所有的項目與資訊。Wellman（1977）給學生看物體圖片並要求他們說出物體的名稱。如果兒童不能說出名稱，就問他們能否辨認名稱。與幼兒園的幼童相較，三年級學生更能準確地預測他們能辨認的物體名稱。

二、工作的變項

　　知道不同學習形式的困難，以及從記憶中復原各種類型的資訊是後設認知知覺的內涵。雖然幼兒園幼兒與小學一年級學生認為熟悉的與容易記得名稱的物體比較容易記憶，年長的兒童更擅長於預測有分類的物體比概

念不相干的物體更容易記憶（Duell, 1986）。年長的兒童更加認為有組織的故事比無組織的資訊更容易記憶。學習目標方面，六年級學生比二年級學生更知道學生應該使用不同的閱讀策略（Myers & Paris, 1978）。

三、策略的變項

後設認知有賴於學習者使用的策略。3 至 4 歲的兒童會使用記憶的策略去記住資訊，但是他們使用策略的能力促進了發展。年長的兒童有能力敘述更多有助於記憶的方式。不論年齡如何，兒童更可能想到外部的事物遠多於內部事物。學生記憶策略的使用（如演練與精進）也促進了發展（Duell, 1986）。

雖然許多學生有能力使用後設認知的策略，他們可能不知道何種策略有助於學習與長期記憶的復原，而且他們可能未使用有助益的策略（Flavell, 1985）。

只有產生策略不能保證會使用它，此種利用的缺陷（utilization deficiency）更常出現在幼童身上，這似乎源自於兒童對於策略發生效用的理解。年長的學習者了解到使用策略的意圖會引導策略的使用，並產生結果。幼童通常僅部分了解意向、行動，以及結果之間的連結。

當學生從事後設認知活動的時候，學習者、工作、以及策略的變項通常會交互影響。學習者認為材料的類型與長度是要學習（工作），要使用潛在性的策略（策略），以及他們使用各種策略的技巧（學習者）。如果學習者認為寫筆記與畫重點是良好的策略，可以確認大意，而且如果他們相信自己擅長畫重點而不擅長寫筆記，他們可能決定畫重點（Schunk, 2012, p. 289）。

參　後設認知與行為

了解何種技能與策略固然有助於學習與記住所學的資訊，但並非足以增進學業成就。即使學生知道何者有助於學習也並不會一直從事後設認知

活動。有些情況，後設認知可能不需要，因為教材容易學習。學習者也可能不願意努力使用後設認知的活動（Flavell & Wellman, 1977）。

後設認知的活動改進學業成就，但學生常常不使用它，這個事實使教育人員陷入困境。教師要教給學生一系列的活動，從應用普通的技能，到具體的技能，也需要鼓勵學生們在各種不同的情境使用它們（Belmont, 1989）。雖然學習的內容（what）很重要，何時學習（when）、何處學習（where）、如何學習（how），以及為何學習（why）也一樣重要。只有學習的內容而無後者會使學生摸不著頭緒，自我效能低落，學習表現每況愈下。

肆 後設認知與閱讀

後設認知影響閱讀，因為它涉及了解與掌握閱讀的目的與策略。初學閱讀的人不了解印刷體的書面資料，英語是由左到右，由上而下。初學者與不善於閱讀者通常無法掌握他們的理解能力或者調整他們的策略。年長與懂得閱讀的人比年幼與不懂得閱讀的人更善於掌握理解能力（Alexander, Carr, & Schwanenflugel, 1995）。

當學習者設定目標、評估目標進程，以及做必要的修正，即進入後設認知的狀態（McNeil, 1987）。善於閱讀的人並不完全碰到這些工作，他們判定自己的目標：找出主要理念、閱讀細節、瀏覽、抓住要領等。然後，他們使用自己相信可以完成目標的策略。當閱讀技巧充分發展的時候，這些歷程便自動發生。

兒童透過父母親與教師的互動發展後設認知的能力（Langer & Applebee, 1986）。成人透過解決步驟，引導自己解決問題，並且協助自己計畫如何達成目標。有效的教學程序包括：告知學生學習目標、讓他們知道與工作切題的資訊、安排有利於問題解決的情境，以及提醒他們目標的進展情況。

第四節 問題解決

學生學習的時候，常常發生的認知歷程最重要的型態之一是問題解決（problem solving）。長久以來，問題解決一直是研究的主題。有些理論家視問題解決為學習的主要歷程，尤其在科學與數學的領域（Anderson, 1993）。雖然問題解決與學習不是同義詞，前者往往涉及後者，特別是當學習者採取某種程度的自我調整學習。

「當在某種情境，你設法達成某些目標，而且必須尋找達成目標的手段時」，問題就會存在（Chi & Glaser, 1985, p. 229）。問題可能是題目的答案、演算解答、尋找物體的位置、教學生等。問題解決係指人們達成目標的努力，而無法自動解決的狀態。不論內容與複雜性如何，所有的問題都有一些共通性。問題有一個初始狀態，也就是問題解決者的目前狀態或知識水準。問題有一個目標，也是問題解決者設法達成的目標。大部分的問題需要解決者把目標分為數個次級目標，然後循序漸進達成目標。最後，問題需要執行初始狀態與次級目標的認知或行為的活動，改變這些狀態的本質（Anderson, 1990; Chi & Glaser, 1985）。

依據這個定義，不是所有的學習活動都包含問題解決。當學生的技能純熟，可以自動執行採取行動，達成目標時，問題解決就無用武之地。問題解決也可能不會發生在低層次（瑣碎之事）的學習，因為學生知道怎麼做。

壹 歷史的回顧

從歷史的觀點，許多心理學家提出各種解決問題的方式。他們的觀點可作為探討問題解決的背景，分述如下。

一、嘗試與錯誤

Thorndike（1913）以貓作為實驗的對象，把牠放在籠子裡，觀察牠如何逃出籠子，取得食物。他發現動物有能力在籠子裡表現某些行為。貓經過反覆的嘗試與少許的錯誤後，終於打開門閂，逃出籠外。於是他認為問題解決是一種嘗試與錯誤（trial and error）的行為。

我們偶爾運用嘗試與錯誤原理去解決問題。但是嘗試與錯誤並非可靠、有效的方式，而且浪費時間；有時候，還會造成負面的影響。

二、頓悟

問題解決常常被視為是一種頓悟或洞見（insight）——突然領悟到一種解決的好辦法。學者（Wallas, 1921; Schunk, 2012, p. 300）研究善於解決問題的人，提出四個步驟如下：

1. 準備期（preparation）

學習有關問題與蒐集有關解決資訊的時間。

2. 醞釀期（incubation）

思考有關問題的一段時間，也包括把問題置之腦後的時間。

3. 萌芽期（illumination）

頓悟的一段時間，當潛在性的解決方案突然湧上心頭的時候。

4. 驗證期（verification）

測試擬議的解決方案的時間，確定是否正確。

Wallas 的四個步驟是敘述性的，不容易實證獲得驗證。格式塔（Gestalt）心理學家也主張大部分人類的學習是頓悟性並且涉及察覺的改變。學習者起初思考一些解決問題必要的成分，他們用各種方式把它們統整起來，直到問題獲得解決。

　　許多的問題解決者提到有頓悟的一瞬間。Watson 與 Crick 發現 DNA 的結構時有一瞬間的頓悟（Lemonick, 2003）。

　　Kohler（1926）在第一次世界大戰期間，用猩猩在田納里夫島（Tenerife）做過有名的問題解決研究。在一次的實驗中，Kohler 把一根香蕉放在籠外，籠子裡的猩猩拿不到的地方。他發現猩猩可以用一根長竹竿或把兩根竿子接在一起，取得香蕉。於是，Kohler 認為問題解決是頓悟性：動物勘察四周環境，突然「看見」達成目標的方法，並且測試解決的法子。猩猩起初的問題解決方式失敗，例如：用竹竿丟香蕉，最後看見竹竿可以延伸手臂的長度，取得香蕉（Schunk, 2012, p. 301）。

三、啟發式

　　另一種解決問題的途徑是使用啟發式方法，這是解決問題的普通方法。Polya（1945/1957）列舉問題解決的心理操作歷程如下：

1. 了解問題。
2. 設計方案。
3. 完成計畫。
4. 回顧檢討。

四、IDEAL 法

　　Bransford 與 Stein（1984）提出類似啟發式的方法名為 IDEAL，列舉如下：

1. 辨認問題所在（*I*dentify the problem）。
2. 界定並陳述問題（*D*efine and represent the problem）。
3. 探討可能的策略（*E*xplore possible strategies）。
4. 採取策略（*A*ct on the strategies）。
5. 回顧並評估活動的結果（*L*ook back and evaluate the effects of your activities）。

五、DUPE 模式

Elliott 等人（2000, p. 311）採用 DUPE 模式解決問題。DUPE 係指界定與判斷（*Determine*）問題、了解（*Understand*）問題的性質、計畫（*Plan*）解決方案，以及評估（*Evaluate*）方案。

六、創意的問題解決模式

Treffinger 與 Isaksen（2005）提供另一個問題解決的普通架構，這個模式包括三個主要成分：了解挑戰、產生點子（想法），以及準備行動。(1)了解挑戰始於一般目標或解決問題的方向。在獲得重要的資料（如事實、意見、關切的問題）之後，具體目標或質疑問題於焉形成。(2)採取擴散式思考（divergent thinking）產生點子，製作可供選擇的方案以達成目標。(3)準備行動包括檢視最佳的點子，以及搜尋協助資源和克服抗拒的方式。後設認知的成分如規劃、監控、改變行為等，在整個歷程中也出現。

七、問題解決的資訊處理模式

Newell 與 Simon（1972）提出問題解決的資訊處理模式，包括：問題解決的空間（包含開始狀態、目標狀態），以及可能解決途徑。問題解決者形成問題的心理表徵並表現操作，以減少開始狀態與目標狀態之間的落差。表徵的操作歷程──尋求解決的辦法稱為搜尋（search）。

問題解決的第一個步驟是形成心理的表徵（mental representation）。類似 Polya 的第一個步驟（了解問題），表徵需要把已知的資訊變成記憶模式。內在的表徵由命題與短期記憶中的意象組成。問題也可以外在表示（如紙張、電腦螢幕）。短期記憶中的資訊啟動長期記憶中的相關知識，問題解決者最後選擇一項問題解決的策略。當人們解決問題時，他們改變自己的最初表徵並且啟動新的知識，尤其如果他們的問題沒有獲得解決。因此，問題解決包含評估目標的進展情形。

八、思維術

Dewey（1910）的教育理念強調思考的重要性。他在《思維術》（*How We Think*，中文版由商周出版）一書中指出解決問題的教學活動可以培養學生的智能與社會的成長，反省思考（reflective thinking）更有助於解決日常生活的問題，他的問題解決概念植基於科學的方法，科學思考的步驟如下：

1. 了解困難問題之所在。
2. 辨認問題。
3. 彙集、分類資料並擬定假設。
4. 接受或拒絕暫時的假設。
5. 獲致結論與評估結論。

Dewey 的問題解決概念與他的教育理念不謀而合，他認為學校的主要功能是改進學生的推理歷程。各級學校應採納問題解決法於各學科中。問題應選自學生感到興趣的部分，因為學生沒有動機，將無法感受到問題的存在。

貳 問題解決策略

如同技能一樣，問題解決策略也可以分成普通策略（general strategy）與特殊策略（specific strategy）。前者可以應用於一般領域的問題，內容不拘；後者僅可使用於特殊的領域（Schunk, 2012, p. 304），例如：將複雜的問題細分為更細的次級問題（次級目標分析）是普通策略，可應用於諸如撰寫學期報告、選課、決定住在何處等問題。相反地，測試人們把實驗室標本予以分類，就是具體的工作。

當人們處理問題而尚未找到辦法時，普通策略是有用的。這種普通策略是產生與測試的策略（generate-test strategy）、手段與目的分析（meansends analysis）、類比推理（analogical reasoning），以及腦力激盪（brain-storming）。當處理非常熟悉的內容時，普通策略比不上特殊領域的策略，較不管用。

一、產生與測試的策略

當要測試方案是否達成目標，而方案數目有限，採用這個策略較為有用。如果解決方案的數目很多，依其可能性排序，進行測試，而且至少有一個辦法可以解決問題，則此種策略最能發揮功效。

茲舉一例說明。假設你走進屋內，輕按電燈開關，但是電燈不亮。可能的原因包括：燈泡燒掉、停電、開關損壞、電線插頭有瑕疵、電路毀損、保險絲融化、電線短路等。你可能會產生並測試一個解決的辦法（更換燈泡）；如果這樣還不能解決問題，你可能產生並測試另一個可能的辦法。雖然內容不必很熟悉，但需要一些基本知識以有效使用方法。先前的知識建立可能解決問題方案的階層；現有的知識影響方案的選擇。因此，如果你發現住家附近停了電力公司的工程車，你該判斷是否電力有問題（Schunk, 2012, p. 304）。

二、手段與目的分析

為了使用手段與目的分析，我們把目前的情境與目標做比較，並且確認兩者之間的差異。設定次級目標以減少差異，同時我們可以嘗試完成次級目標，直到終極目標達成。

Newell 與 Simon（1972）研究手段與目的分析，提出一般問題解決者（General Problem Solver, GPS）──電腦模擬計畫。這套模擬計畫把問題分為次級目標，每一個目標代表一種有別於目前狀態的差異。模擬計畫先從最重要的差異開始並執行以消除差異。通常執行必須先消除另一個差異，它是處理更重要差異的先決條件。

手段與目的分析可從目標到初始狀態（由後往前推進），或由初始狀態到目標（由前往後推進）。以目標到初始狀態為例，假設 3 週內要交學

期報告。交報告前的最後一個步驟是校對（1 天），再往前的一個步驟是打字與印好報告（1 天）。再往前的幾個步驟是最後修正（1 天）、修正報告（3 天）、印出稿件（1 天）。繼續往前推，只有 5 天的時間寫稿子，1 天列出大綱，3 天到圖書館找資料，1 天決定報告的主題。總共要花 17 天完成學期報告（Schunk, 2012, p. 306）。

三、類比推理

　　另一個一般問題解決的策略是使用類比推理，它涉及問題情境與熟悉情境之間的類比。人們透過熟悉的領域探究問題，然後解決辦法與問題情境產生關聯。類比推理利用長期記憶中熟悉領域的網絡並把它放進短期記憶中的問題情境。類比推理的成功需要熟悉的情境在結構上類似問題情境，雖然這些情境可能在表面上的特徵不同。此種途徑的次級目標讓原先熟悉領域的步驟與問題的領域產生關聯。

　　使用類比推理解決問題，解決者對於熟悉的與問題的領域要有良好的知識。學生使用類比解決問題往往有困難，即使解決策略極為明顯。由於知識不足，學生看不出問題與類比之間的關係。學習者可能了解戰場打仗（軍事問題）類似於疾病打仗（醫事問題），但他們可能無法領悟其他的類比（如企業機構爭權奪利）。

　　發展的證據顯示縱然解決問題有其難度，兒童可以使用類比推理（Siegler, 1989）。教師可教學生類比，改善其後問題的解決。使用個案研究（case studies）可以幫助兒童發展類比思考（Kolodner, 1997）。使用類比的有效技術包括讓教師與學生口說解決問題的原則，強調原先的與轉化的問題，促使學生回想原先問題的原因結構的要素，並且呈現這兩個問題。這樣，原因結構可從最顯著到最不顯著排序（Crisafi & Brown, 1986）。其他的建議包括使用類似原先的與轉化的問題，呈現一些類似問題，並使用圖片描畫因果關係。

　　這不意味所有的兒童可以變成使用類比的專家。這項工作有其困難，而且兒童常常做出不妥當的類比。與年長的學生相較，年幼的學生需要更

多的暗示，更容易受到不相干的因素而分心，處理問題更無效率（Crisafi & Brown, 1986）。

四、腦力激盪

　　腦力激盪是最為人所熟悉的問題解決策略，它是基於 Osborn（1963）創用的延宕判斷原理（principle of deferred judgment）：不可以遽下評論或評鑑想法的優劣，直到產生創意的理念。根據這項原理，理念產生當時不可以評論，但理念產生之後再評鑑優劣，更有豐碩的成果。它不是排除評論而是延緩批評。

　　參與者可能產生一些理念互相激盪，因此，搞怪與不尋常的點子值得鼓勵（Mayer, 1992）。腦力激盪通常應用於小組討論，但也可以單獨個別使用，唯團體的互動更能產生解決方案（Schunk, 2012, p. 308）。

　　腦力激盪屬於一般的問題解決策略，對於擬定可能的問題解決方案特別有用（Osborn, 1963）。腦力激盪術的步驟如下：

1. 界定問題。
2. 不評論，盡量產生解決方案。
3. 決定判斷可行方案的準則。
4. 使用這些準則選擇最佳方案。

　　腦力激盪是促進思考流暢的最佳方式，可用於各年級。教師給學生一個真實的或想像的問題或難題，要他們盡量想出各種方式或解決的辦法，例如：生物科教師提出問題，要求各小組學生討論：「12 種不同的水果，如何把它們分成兩類？」經過腦力激盪，各組學生提出許多方式，諸如以顏色（紅色與非紅色）、大與小、長與短、形狀（圓形與非圓形）、重與輕、生產季節（季節性與非季節性）、土產與進口、酸與甜、長在地面與樹上等方式分類，不勝枚舉。

第五節　教學的應用與省思

認知學習歷程涉及許多能力的發展，尤其是歸納與演繹推理能力、批判思考與創造思考能力，以及問題解決能力，在教學上的應用分述如下。

壹　教學的應用

一、歸納與演繹推理能力

推理（reasoning）是一種心理歷程，涉及產生並評估邏輯論據（logical argument）。它從思考、知覺表象（percepts），以及斷言（assertion）產生結論。推理的技巧包含澄清、立基（basis）、推論、評估；透過問題，解釋事件何以發生或將會發生（Schunk, 2012, p. 311）。假設有一位攜帶槍枝的嫌疑犯在犯案現場附近被捕，那麼我們可以知道嫌疑犯被逮捕時擁有槍枝是事實。實驗室進行槍枝、子彈，以及被害人比對、測試，可以合理懷疑槍枝在犯案時確曾使用過。調查本案的人員可能會有這樣的看法：嫌疑犯就是凶手（Schunk, 2012, p. 313）。這個例子說明推論要有事實根據，否則，沒有根據的推理就變成無稽之談！

科學的推理可分為歸納法推理（inductive reasoning）與演繹法推理（deductive reasoning）。歸納法推理要從特定的事例觀察與了解，發展一般的原則、規則、概念。當人們從特定的事例或事件中，找出相似性與差異性，得到一個概念的結論，再把這些結論應用於新的經驗予以測試。歸納法推理常見的類型有分類、概念、類比。下面的例子就是類比的使用（Pellegrino, 1985）：

糖：甜　vs.　檸檬：酸
（黃色　酸　水果　壓榨　茶）

　　首先學習者心理上會想到每一術語的重要屬性。他會啟動長期記憶中的網絡，每一個術語包含下層與上層的概念。其次，他會比較第一對的特性，以判定連結。「甜」是糖的屬性，涉及味道。然後，他會搜尋網絡中判定何種味道符合「檸檬」的屬性，猶如「甜」之於「糖」。在這五個術語中，只有「酸」才符合檸檬的屬性（Schunk, 2012, p. 313）。

　　兒童 8 歲左右開始展現歸納推理的能力。隨著心智的發展，兒童推理更加迅速，而且也會對複雜的事物進行推理，因為他們的長期記憶網絡變得更複雜，也更會連結，因而減少短期記憶的負荷。為了加速發展兒童的歸納思考能力，教師可以運用引導式發現（guided discovery）的途徑，幫助兒童學習不同的事例並擬定一般的規則。例如：兒童可能從各種樹木，蒐集樹葉，並且訂出一些涉及樹幹、葉脈、粗細，以及葉子形狀有關的一般原則。教師可以提出問題問學生：「為何金屬會沉入水中，但金屬製造的船卻浮在水面上？」教師可能提供材料並鼓勵學生去發現並測試假設以找出答案，而不是急著要學生回答。

　　演繹法推理係把推論的法則應用於正式的問題模式，以決定特殊事例是否符合邏輯原則。人們用演繹法推理時，先從普通的概念（前提）進到特殊事例以判斷後者是否遵循前者。如果前提是真實的而且結論合乎邏輯遵循前提，則演繹有其效用（Johnson-Laird, 1999）。

　　語言學與演繹法推理的關係至為密切。一種演繹推理的類型是三段說法（three-term series）（Schunk, 2012, p. 314）：

如果 Karen 比 Tina 高，而　　　　K ＞ T
Mary 不像 Tina 高，那麼　　　　M ＜ T
誰最高？　　　　　　　　　　　　K ＞ T ＞ M

　　另一種演繹推理的類型是三段論法（syllogism）。它的特徵是前提到結論包含這些字：所有（all）、沒有（no）、一些（some）。三段論法例子如下（Schunk, 2012, p. 314）：

<u>所有</u>的大學教授都懶惰。	all
<u>有些</u>研究生不懶惰。	some
<u>沒有</u>大學生是懶惰的。	no

　　研究人員爭辯人們使用何種心理歷程去解決三段論法，包括人們是否呈現資訊。三段論法的系統分析提供一個基本的法則：只有在無法解釋前提去暗示結論的反面時，三段論法才是真實的。也就是說，三段論法是真實的，除非可以找到結論的例外。研究需要檢驗人們應用何種類型的法則，去測試三段論法的前提是否有例外。

二、批判思考與創造思考能力

　　許多文獻把思考分成兩種類型：批判思考（critical thinking）及創造思考（creative thinking）。Ruggiero（1988）即以哲學的及心理學的觀點來說明兩種類型的區別。哲學家偏重批判思考，Ennis（1985）指出：批判思考乃是合理的、反省的心理歷程，著重在決定何者可信及何者可為。認知心理學家則側重創造思考，認為創造思考是一種組合的能力，以實現某種需求；deBono（1985）稱之為「衍生的思考」（generative thinking）或「旁敲側擊的思考」（lateral thinking）。Bloom 等人（1956）曾把教育目標分類，認知領域的目標可分為：知識、理解、應用、分析、綜合、評鑑。後三者屬於較高層次的目標，是批判思考所必需。

　　Guilford（1986）提出智力結構（Structure of Intellect, SOI）模式包含輻射式思考或擴散式思考，它是創造力的基本歷程之一。Guilford 指出，輻射式思考的特徵包括：(1)流暢性（fluency），產生許多想法、點子；(2)變通性（flexibility），從不同的觀點產生許多不同類型的理念或點子；(3)獨創性（originality），產生與眾不同的想法或點子；(4)精詮性（elaboration），精益求精，再加以改良，止於至善。他也認清敏感性（sensibility）對於產生創造力的重要性。對問題敏感的人較能產生不同的想法，提出有

創意的點子。

　　教師要培養學生的批判思考與創造思考能力，教學設計應該掌握批判思考與創造思考的特性，安排有關的教學活動。教學評量也要兼顧批判思考與創造思考能力的題目，例如，數學教師要求學生解答下列問題：「三角形的內角共有幾度？如何證明？」大多數的學生都能答出三角形的內角共有 180 度。但是有些學生不會證明三角形的內角共有 180 度。只有少數學生會應用數學的一些定理證明。證明的方法很多，教師從學生的不同答案中，即可判斷哪些學生較有創意。王同學的解法如下：

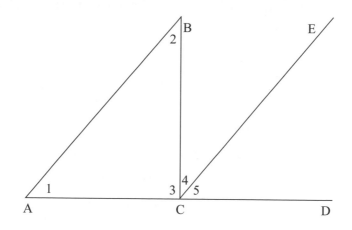

∵ $\overline{CE}$ 與 $\overline{AB}$ 是平行線；$\overline{CD}$ 是 $\overline{AC}$ 的延長線

∴ ∠5 + ∠4 + ∠3 = 180 度（半圓）

∠5 = ∠1（同位角），∠4 = ∠2（內錯角）

∴ ∠1 + ∠2 + ∠3 = ∠5 + ∠4 + ∠3 = 180 度

　　王同學的解題歷程頗符合 Guilford 的輻射式思考方法（詳見第 11 章）。他是在三角形的範圍外思考解決的辦法，跳脫三角形的框架，畫 $\overline{AC}$ 的延長線 $\overline{CD}$，與 $\overline{AB}$ 的平行線 $\overline{CE}$，從同位角（∠1 與 ∠5）與內錯角（∠2 與 ∠4）相等的原理，探求答案。這是很有創意的解決問題方式。

三、問題解決能力

　　問題解決是教學的主要課題，學校教育的目標之一就是培養學生解決問題的能力。學習與問題解決之間的連結，顯示學生可以學習解決問題的策略成為善於解決問題的人。此外為了資訊與記憶產生連結，最好把問題解決與課業統整起來，而不是單獨教問題解決。啟發式教學可以注入課堂教學而不犧牲學生課業的學習。

　　Andre（1986）從理論與研究的發現，提出一些建議，可供學校訓練學生的問題解決能力。列舉說明如下：

　　1. 提供學生暗喻的表徵（metaphorical representations）：教學前提供具體的類比文字給學生閱讀，有助於學習。

　　2. 口語化：要求學生在問題解決的時候，口說自己的想法有助於問題解決與學習。

　　3. 發問：問學生一些需要練習的、已經學會的概念問題；許多此類問題是必要的。

　　4. 提供實例：學生可能有困難去了解策略如何應用於情境，可以給學生一些有效的例子，顯示問題解決策略的應用。

　　5. 調和理念：顯示運作與知識如何發生關聯，它們應該應用何種程序。

　　6. 運用發現式學習：發現式學習比演講式教學更有助於遷移與問題解決。

　　7. 給予口頭描述：提供學生策略與法則的口頭描述，以利應用。

　　8. 教導學習策略：學習者在使用有效的學習策略方面可能需要協助。

　　9. 使用小組教學：一些研究發現，小組學習有助於發展學生的解決問題技巧。小組成員負有學習的責任，而且所有學生必須分工合作、分享經驗。

　　10.維持積極的心理氣氛：心理因素對於有效的問題解決至為重要。學生的焦慮狀態降至最低程度，並創造學生的自我效能感，改進學習的技巧（Schunk, 2012, p. 316）。

四、後設認知能力

　　教師可以幫助學生發展後設認知的能力。舉例來說，李老師指導九年級學生的英語聽力練習。她要學生傾聽一則愉悅的故事並聽社會學科的演講。每一種情境，李老師都問學生為什麼要安排在那種情境，例如：愉悅的主題（故事）與事實、概念的主題（社會學科）。然後李老師教導學生一些英語聽力的技巧，諸如用自己的話重新述說一遍與記重點等。為了增進聽力，李老師與學生討論適合每一種情境的各種聽力技巧。

　　幫助學生記憶的教師可以給學生一張記憶的項目表。教師可能給予一些暗示，教學生重新建構這張表，鼓勵他們探求各種不同的記憶術，例如：把項目分類，以及與熟悉的場合產生連結、使用頭字母、創造押韻、打油詩等，然後教師要學生判斷何種技術最能幫助聽力的回憶。

貳　教學的省思

　　研讀本章認知學習歷程之後，請思考並回答下列問題：

1. 普通的技能與特殊的技能在學習歷程方面有何差異？請舉例說明。

2. 特色分析理論與原型理論在概念學習時可否合併使用？請舉例說明。

3. 何謂「後設認知」？哪些因素會影響後設認知的能力？請列舉說明。

4. 當你面臨困難問題的時候，你如何解決？請提出三種問題解決的途徑並說明之。

5. 歸納法推理與演繹法推理有何區別？請各舉出一個例子說明。

6. 下列各項問題何者難度最高？(1)記英文單字；(2)分析一篇文章；(3)了解課文大意；(4)創作舞曲。

7. 張老師對於「因材施教」提出新的解釋，指出教師教學時要因應學生不同的「素材」、「教材」、媒體「器材」，以及生活「題材」來施教。從創造力的觀點，張老師表現何種行為特徵？(1)流暢性；(2)獨創性；(3)變通性；(4)精詮性。

8. 下列有關腦力激盪的步驟，何者是錯誤的？(1)界定問題；(2)暢所欲言，盡量產生解決方案；(3)判斷可行方案的準則；(4)評論方案的優劣。

9. 下列項目何者不是創造力的行為特徵？(1)喜歡冒險犯難；(2)喜歡打破砂鍋問到底；(3)喜歡特異獨立思考；(4)喜歡講求細節。

10. 教師實施教學評量時，採用哪一項作法可以協助學生發展後設認知的能力？(1)教師公布答案，學生訂正錯誤；(2)教師事先指定考題，學生選題自由發揮；(3)教師發下考卷，學生互相批改；(4)學生自評作品，展現自己的優缺點。

參考文獻

Alexander, J. E., Carr, M., & Schwanenflugel, P. J. (1995). Development of metacognition in gifted children: Direction for future research. *Developmental Review, 15*, 1-37.

Anderson, J. R. (1990). *Cognitive psychology and its implications* (3rd ed.). New York, NY: Freeman.

Anderson, J. R. (1993). Problem solving and learning. *American Psychologist, 48*, 35-44.

Andre, T. (1986). Problem solving and education. In G. D. Phye, & T Andre (Eds.), *Cognitive learning: Understanding, thinking, and problem solving* (pp. 169-204). Orlando, FL: Academic Press.

Atkinson, R. K., Derry, S. J., Renkl, A., & Wortham, D. (2000). Learning from examples: Instructional principles from the worked examples research. *Review of Educational Research, 70*, 181-214.

Baker, L., & Brown, A. L. (1984). Metacognitive skills and reading. In P. D. Pearson (Ed.), *Handbook of reading research* (pp. 353-394). New York, NY: Longman.

Belmont, J. M. (1989). Cognitive strategies and strategic learning: The socio-instructional approach. *American Psychologist, 44*, 142-148.

Bloom, B. S. et al. (1956). *Taxonomy of educational objectives, Book 1: Cognitive domain.* New York, NY: David.

Bransford, J. D., & Stein, B. S. (1984). *The IDEAL problem solver: A guide for improving thinking, learning, and creativity.* New York, NY: Freeman.

Bruner, J. S., Goodnow, J., & Austin, G. A. (1956). *A study of thinking.* New York, NY: John Wiley & Sons.

Chi, M. T. H., & Glaser, R. (1985). Prblem-solving abilities. In R. J. Sternberg (Ed.), *Human abilities: An information-processing approach* (pp. 227-250). New York,

NY: Freeman.

Crisafi, M. A., & Brown, A. L. (1986). Analogical transfer in very young children: Combining two separately learned solutions to reach a goal. *Child Development, 57*, 953-968.

deBono, E. (1985). The CoRT thinking program. In J. W. Segal, S. F. Chipman, & R. Glaser (Eds.), *Thinking and learning skills, Vol. 1: Relating instruction to research*. Hillsdale, NJ: Lawrence Erlbaum Associates.

Dewey, J. (1910). *How we think*. Boston, MA: Heath.

Duell, O. K. (1986). Metacognitive skills. In G. D. Phye, & T. Andre (Eds.), *Cognitive classroom learning: Understanding, thinking, and problem solving* (pp. 205-242). Orlando, FL: Academic Press.

Elliott, S. N., Kratochwill, T. R., Cook, J. L., & Travers, J. F. (2000). *Educational psychology: Effective teaching, effective learning* (3rd ed.). Boston, MA: McGraw-Hill.

Ennis, R. (1985). Logical basis for measuring critical thinking skills. *Educational Leadership,* October, 44-48.

Flavell, J. H. (1985). *Cognitive development* (2nd ed.). Englewood Cliffs, NJ: Prentice-Hall.

Flavell, J. H., Friedrichs, A. G., & Hoyt, J. D. (1970). Developmental changes in memorization process. *Cognitive Psychology, 1*, 324-340.

Flavell, J. H., & Wellman, H. M. (1977). Metamemory. In R. B. Kail Jr., & J. W. Hagen (Eds.), *Perspectives on the development of memory and cognition* (pp. 3-33). Hillsdale, NJ: Lawrence Erlbaum Associates.

Gagné, R. M. (1985). *The conditions of learning* (4th ed.). New York, NY: Holt, Rinehart & Winston.

Guilford, J. P (1986). *Creative talents: Their nature, use, and development*. Buffalo, NY: Bearly.

Johnson-Laird, P. N. (1999). Deductive reasoning. *Annual Review of Psychology, 50*, 109-135.

Klausmeier, H. J. (1992). Concept learning and concept teaching. *Educational Psychologist, 27*, 267-286.

Kohler, W. (1926). An aspect of Gestalt psychology. In C. Murchinson (Ed.), *Psychologies of 1925* (pp. 163-195). Worcester, MA: Clark University Press.

Kolodner, J. L. (1997). Educational implications for analogy: A view from case-based reasoning. *American Psychologist, 52*, 57-66.

Kuhn, D. (1999). A developmental model of critical thinking. *Educational Researcher, 28*(2), 16-25, 46.

Langer, J. A., & Applebee, A. N. (1986). *Reading and writing instruction: Toward a theory of teaching and learning* (Vol. 13). Washington, DC: American Educational Research Association.

Lemonick, M. D. (2003, February 17). A twist of fate. *Time, 161*, 48-58.

Mayer, R. E. (1992). *Thinking, problem solving, cognition* (2nd ed.). New York, NY: Freeman.

McNeil, J. D. (1987). *Reading comprehension: New directions for classroom practice* (2nd ed.). Glenview, IL: Scott Foreman.

Myers, M., II, & Paris, S. G. (1978). Children's metacognitive knowledge about reading. *Journal of Educational Psychology, 70*, 680-690.

Nesbit, J. C., & Adescope, O. O. (2006). Learning with concept and knowledge maps: A meta-analysis. *Reviewof Educational Research, 76*, 413-448.

Newell, A., & Simon, H. A. (1972). *Human problem solving.* Englewood Cliffs, NJ: Prentice-Hall.

Ohlsson, S. (1993). The interaction between knowledge and practice in the acquisition of cognitive skills. In S. Chipman, & A. Meyrowitz (Eds.), *Foundations of knowledge acquisition: Cognitive models of complex learning* (pp. 147-208). Boston, MA: Kluwer.

Ohlsson, S. (1996). Learning from performance errors. *Psychological Review, 103*, 241-262.

Osborn, A. F. (1963). *Applied imagination* (3rd ed.). New York, NY: Scribner's.

Pellegrino, J. W. (1985). Inductive reasoning ability. In R. J. Sternberg (Ed.), *Human abilities: An information-processing approach* (pp. 195-225). New York, NY: Freeman.

Perkins, D. N., & Salomon, G. (1989). Are cognitive skills context-bound? *Educational Researcher, 18*(1), 16-25.

Polya, G. (1945/1957). *How to solve it*. Princeton, NJ: Princeton University Press. (Reprinted 1957, Doubleday, Garden City, NY)

Rosch, E. (1973). Natural categories. *Cognitive Psychology, 4*, 328-350.

Ruggiero, V. (1988). *Teaching thinking*. New York, NY: Harper and Row.

Schunk, D. H. (2012). *Learning theories: An educational perspective* (6th ed.). Boston, MA: Allyn & Bacon.

Siegler, R. S. (1989). Mechanisms of cognitive development. *Annual Review of Psychology, 40*, 353-379.

Tennyson, R. D. (1980). Instructional control strategies and content structure as design variables in concept acquisition using computer-basedinstruction. *Journal of Educational Psychology, 72*, 525-532.

Tennyson, R. D., & Park, O. (1980). The teaching of concepts: A review of instructional design research literature. *Review of Educational Research, 50*, 55-70.

Thorndike, E. L. (1913). *Educational psychology: Vol. 2. The psychology of learning*. New York, NY: Teachers College Press.

Treffinger, D. J., & Isaksen, S. G. (2005). Creative problem solving: The history, development, and implications for gifted education and talent development. *Gifted Child Quaterly, 49*, 342-353.

Wallas, G. (1921). *The art of thought*. New York, NY: Harcourt, Brace, and World.

Wellman, H. M. (1977). Tip of the tongue and feeling of knowing experiences: A developmental study of memory monitoring. *Child Development, 48*, 13-21.

Chapter **8**

人文學派理論

　　傳統的心理學家不承認現象學（phenomenology）或人文心理學是心理學的一個學派，而視為是心理學的一種形式。他們的論點是大多數的心理學家屬於人文主義者，因為他們關心人類並且關心改善社會。更進一步說，人文主義（humanism）的標籤不該當作普遍化的面具使用。然而，許多觀察家視現象學——有時稱人文心理學為第三勢力的學習理論——在行為學派及認知學派之後。現象學有時被視為是認知理論，因為它強調完整的個體或全人（a whole person）。認知領域與情意領域兩種領域的學習常常被截然劃分為二（Ornstein & Hunkins, 2013, p. 124）。

　　人文學派的心理學是以 A. Maslow（1908-1970）的需求階層理論（need hierarchy theory）和 C. Rogers 的治療學習理論為代表。現將其學習理論分別敘述於後（張清濱，2016）。

第一節　需求階層理論

　　Maslow 是一位有名的現象學家，揭示人類需求的理論，稱為需求階層理論。依據 Maslow（1970）的研究，人類的需求可分為五種層級：生理（physiological）、安全（safety）、社會（愛與隸屬）（love/belonging）、

自尊（esteem），以及自我實現（self-actualization 或 self-fulfillment、self-realization）的需求，如圖 8.1 所示，說明如下：

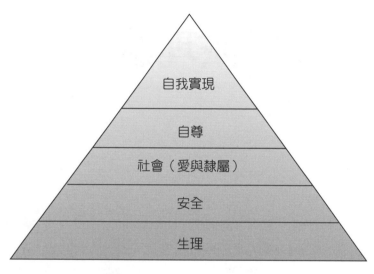

圖 8.1　Maslow 的需求階層

資料來源：改編自 Parkay、Anctil 與 Hass（2014, p. 133）

1. 生理需求

　　人類最基本的需求是生理或生存需求，包括充足的飲食、喝水、住居與性的滿足。

2. 安全需求

　　第二個層次的需求是安全需求，包括生理與心理上能獲得安全感，身體沒有危險的顧慮，生理的需求不被剝奪。

3. 社會需求

　　第三個層次是社會需求或愛與隸屬需求，包括愛人、被愛、被接納、有隸屬感的需求。

4. 自尊需求

第四個需求是自尊需求，包括受他人肯定、讚美、認可、自尊與尊人的需求。

5. 自我實現需求

第五個也是最高層次的需求是要充分發展自己的潛能。一個人想當什麼，他就能當什麼。自我實現就是成為一個人所能夠成就的慾望。

毋庸置疑，生理需求是人類最具優勢的需求。缺乏食物、安全、愛、自尊的人渴求食物遠比其他需求更為強烈。如果所有的需求沒有獲得滿足，個體就會受到生理需求的支配，而其他的需求淪為不重要，潛意識幾乎完全被飢餓占據。人類的生理需求滿足後，才會考慮安全、愛與隸屬、自尊等需求。

這些需求對於教學與學習具有重大的涵義。沒有愛與自尊等基本需求的兒童將無法獲得世界的知識。兒童想要滿足愛與自尊的目標遠比學習及引導行為的方向優先。Maslow 的理念與 Pestalozzi 及 Froebel 重視愛與人類的情緒，殊無二致，相互輝映。

Maslow 創用「人文心理學」（humanistic psychology）一詞，強調三個主要的原則：(1)專注於體驗的「人」，因此體驗是學習的主要現象；(2)重視人類的本質如抉擇、創造性、價值觀，以及自我實現；(3)對於人類的尊嚴及價值顯示終極關懷，並對於心理發展與學習者個人的潛能感到興趣（Maslow, 1970）。

教師及課程設計者的角色是把學生視為完整的人（a whole person）。學生是積極、有意圖、活潑、參與生活的體驗，不是行為學派的刺激—反應，或認知學派的認知經驗而已。學習是終身教育的歷程。學習是實驗性的，它的精髓是自由而其結果是人類潛能的充分發展及社會的改革（Ornstein & Hunkins, 2013, p. 125）。

根據 Maslow 的觀點，教育的目的是培養健康而快樂的學生，能夠完成、實現他自己的心願。自我實現及實踐的臨場感乃是學生所應努力的，

也是教師應重視的。自我實現的人是心理健康並成熟的人，Maslow 舉出他們的特徵是：(1)有效的感受到現實；(2)對自己、對別人隨遇而安；(3)不受罪惡、羞辱或焦慮所壓倒；(4)比較自動自發；(5)以問題為中心，不是以自我為中心（Maslow, 1971）。

第二節　治療學習理論

　　Rogers 也許是最著名的現象學家。他曾建立一套有助於學習的諮商程序與方法，他的理念植基於早期的場地理論，主張現實是建立在個別的學習者所感受的基礎上。「人是靠知覺『圖』而活，知覺圖不是現實本身」（"Man lives by a perceptual 'map' which is not reality itself"）（Rogers, 1951, p. 485）。

　　此種現實的概念應該會讓教師體察到兒童對於特殊經驗的反應層級與種類各不相同。兒童的感受是相當個別化的，它影響兒童的學習及行為。Rogers 視治療為一種學習的方法。他相信積極的人際關係可以使人成長，因此學習者的人際關係和成績的認知一樣重要（Rogers, 1981）。教師的角色是督促的角色，一如存在主義的教師之於學生，有著密切的專業關係，引導學習者成長與發展。教師協助學習者探討有關生活、學校課業、人際關係，以及社會互動的新理念。假設學生願意為自己的行為及學習負責，他們能夠做出聰明的抉擇，他們能與教師分享理念且能誠實地溝通，正如人們碰到有關自己及人生的抉擇一樣（Ornstein & Hunkins, 2013, p. 119）。

　　依照 Rogers 的看法，課程強調歷程，不是結果；注重個別的需求，不是學科教材；著重心理的意義，不只是認知的分數；注意改變時空的環境，不是預定的環境。因此，學習要給予學生很大的自由，不要限制或事先規劃的活動。心理的及社會的情況往往限制或增進個人的領域或生活空間，在課程設計方面，有必要考量心理的領域或生活的空間（Ornstein & Hunkins, 2013, p. 120）。

第三節 理論評述

現象學家看重個體對於場地的關係。現象學家與建構主義者有許多共同點，但何者能決定行為及學習大都與心理層面有關。個人的經驗唯有透過推論，別人才能了解；因此，以科學的證據言之，此種資料是令人存疑的。但對於現象學家而言，個人經驗的原始資料對於了解學習至為重要。也許這些資料不能準確地測量，而且資料頗為模糊。它的定義及歷程也是主觀而非準確的。除了人文心理學的觀念外，它的範圍及教材和其他的概念，諸如存在主義心理學、非進步主義、創造力、愛、高度意識、價值觀、先驗哲學、心理健康、自我認同、心理分析等術語，名異而實同（Sullivan, 1990）。幾乎萬事萬物都顯示最大的自我實現。

現象學家企圖了解人的內心世界——需求、慾望、感覺、感受及了解的方式。正當認知功能受到肯定之際，教師必須致力探討學習的社會及心理因素。遭受挫折、灰心、憂鬱的學生，學習效果將必有限，他們可能會抗拒、退縮，或一反常態。學生的需求應獲得滿足。同樣地，他們的自尊及自我概念也是與學習有關的重要因素。沒有良好的精神狀態、沒有好奇心或動機，少有機會進行認知學習或技能學習。學習者必須滿懷自信心去學習、樂於學習，獲得心理的滿足。

這項原理可應用於學習英文字母、打球、跳舞，或與人交往。畢竟情意的需求比認知的需求更重要（Ornstein & Hunkins, 2013, p. 120）。

Maslow 的需求階層理論看起來似乎有優先順序，從最低層次的基本生理需求到最高層次的自我實現。如同人類的成長由較低層次的發展到較高層次的發展。也就是說，他的階層理論反映發展的優先順序，例如：嬰孩只會在意生理的需求，諸如飢餓求食，口渴求喝，而年紀稍長會有愛的需求。愛的需求獲得滿足之後，他才會逐漸轉向追求尊榮。Maslow 也認為，自我實現可以把個人的創意潛能發揮到頂點，登峰造極。自我實現因人而異，例如：音樂家追求音樂，藝術家追求繪畫，學者專家追求特殊領域的

知識技能。然而，認知的優先順序與發展的優先順序有時顯得模糊，係根據兩種類型彼此運行的推測。事實上，兩者沒有很完美地重疊，例如：生理需求居於階層的下方，因而被認為最先產生，飢渴的需求確實如此，但其他的生理需求，例如：性慾的需求就要等到青春期才會顯現出來。因此，生理的需求不必符應認知的階層。何況認知階層在人生中起伏不定，隨著情境而改變，例如：藝術家通常關心較高層次的需求而不在意低層次的需求，但是如果他肚子很餓，就會尋找食物，滿足他的生理需求（Parkay et al., 2014, p. 135）。

Maslow 的需求階層理論對於心理學領域產生巨大的影響，包括人格心理學、社會心理學、心理病態學、發展心理學，以及組織行為。但是很遺憾的，許多行為科學家們把他的需求階層理論圖當作一項精巧奇妙的視覺藝術品，認為沒有太多當代理論的重要性（Parkay et al., 2014, p. 132）。相反地，他的需求階層理論不論在教學或學習方面，都有舉足輕重的地位。學校教師或家長往往忽視學生或子女的需求，造成社會問題層出不窮、屢見不鮮。

人文心理學注重關懷、真誠、熱情，以及成熟。它的重點不在學業成就，而在完整的兒童——社會的、心理的、生理的，以及認知的需求。基於這個理由，進步主義論者更可能採納現象學的理論。這些理念與自然主義的理念頗為吻合。教師應該支持人文心理學的論點，提供各種不同的學習機會。學習的領域不只是認知領域，對於各種不同的學習成就包括努力、進步、想像力、創造力、活力、熱心等，教師都應給學生獎勵，至少也要給予口頭的讚賞。這些行為與標準化的成就分數少有關聯，但對於增進人格發展的完整，頗多助益。

個人的自由在現象學或人文心理學方面是另一個重要的議題。我們可能不常使用個人擁有的自由，或我們可能誤用自由。自由的理念是 Rogers 的學習理論精髓。學生愈體會到自由，他們發現自己並充分發展潛能的機會也愈多。自由讓學生更能探索、探討並加深了解所學的事物。自由也擴大了學習的視野。

第四節　教學的應用與省思

人文學派的學習理論注重人性化的教育方式，主要以 Maslow 的需求階層理論與 Rogers 的治療學習理論為代表，對於輔導與諮商頗多助益。

壹　教學的應用

人文學派學習理論在教學上的應用依需求階層理論與治療學習理論，分別敘述如下。

一、需求階層理論

Maslow 的需求階層理論可以幫助教師了解學生並創造學習的環境。如果學生沒有安全感，要求學生對課堂活動感興趣是不切實際的。沒有吃早餐就到校上課或繳不起營養午餐費的學生不太可能專心於課業。對於此類學生，導師可以與校長、輔導教師協商，洽請教育行政機關或社會福利機構的協助。

有些學生課業有困難或上課分心，教師可與他們的家長會商，了解可能的原因。此類學生可能有某種安全的需求，家長應該改善居家環境以利子女上學。

另有些學生加入社會不良幫派而有行為困擾的問題。如果學生害怕被霸凌或遭受暴力攻擊，也不可能專心於課業。基於隸屬感與社會的需求，學校應當成立各種社團，讓學生依據自己的興趣，參加有關的社團活動，以滿足學生的社會需求。同時，學校應該積極防治學生酗酒、吸毒、藥物濫用等問題，防止社會問題的發生。

報章雜誌與電視媒體報導有些學生睡眠不足，上課遲到，家長建議學校及行政當局能考量學生的生理需求而延緩上學時間。這個問題值得深思與探究。首先我們要問這些學生為何無法準時上學？延緩上學時間就能解

決睡眠不足的問題嗎？如果延緩上學時間一小時，學校放學時間是否也延後一小時？或是縮短上學時間？

依據 Maslow 的需求階層理論，如果學生早晨起床太晚，來不及吃早餐，餓著肚子上學，或者睡眠不足就匆匆忙忙趕赴學校上學，顯然此類學生的基本需求沒有獲得滿足。縱然趕到學校上課，他們也都往往精神不繼，無精打采。因此，要解決這些問題，家長要多關心子女的健康問題，準備好早餐，並督促子女的日常生活作息，睡眠要滿八小時，不可通宵達旦滑手機、打電腦而延誤睡眠時間，更不宜在外遊蕩，夜宿網咖，徹夜不歸。學校也不要給學生太多的家庭作業，剝奪學生的休閒與睡眠時間。如果這些問題都能妥當獲得解決，學校還需要延緩上學時間嗎？

二、治療學習理論

自由的理念是 Rogers 的治療學習理論的核心。學生愈能體會自由，他們愈能發現自己並充分發展自己的才能（Rogers, 1983）。自由允許學生去探測、探討、加深學習的了解，也擴大察覺自己與環境的知識。

基於 Rogers 的學習概念，學校應當適度放寬學生選課的自由，甚至擴大跨校選課的自由。學生到他校選讀自己喜愛的學科，發展自己的興趣與專長。各校資源共享，校際互補，截長補短，學校與師生同蒙其利。

高中新課程綱要減少必修課程，增加選修課程，適性揚才，發展學校特色，給予學生更多的選課自由，頗符合 Rogers 的學習理念。

貳　教學的省思

研讀本章人文學派的學習理論之後，請思考並回答下列問題：

1. 請比較行為學派、認知學派，以及人文學派在學習理論上的差異。你比較贊同哪一學派的主張？為什麼？

2. 依據 Maslow 的需求階層理論，人類的需求可分為哪些層次？

3. Maslow 的需求階層理論對於學校教師有哪些重要的啟示？

4. 敘述 Maslow 的需求階層理論對於訓導與輔導、課程與教學，有何影響？

5. Rogers 的治療學習概念對於課程與教學有何涵義？

6. 上課的時候，婷婷向老師表示要上廁所。下列哪一位教師的作法是正確的？(1)王老師：「剛才下課時，怎麼不去上廁所？」(2)李老師：「要上廁所，趕快去呀！」(3)張老師：「不行！下課時再上廁所！」(4)陳老師：「真的嗎？欣欣陪妳去！」

7. 依據 Maslow 的需求階層理論，人類最基本的需求是什麼？(1)安全需求；(2)社會需求；(3)自尊需求；(4)生理需求。

8. 依據 Maslow 的需求階層理論，學生喜歡參加社團活動，是基於何種需求？(1)安全需求；(2)生理需求；(3)自尊需求；(4)社會需求。

9. 王老師提早退休，想要撰寫一本有關「教學經驗談」的書，以完成她的心願。依據 Maslow 的需求階層理論，是基於何種需求？(1)自尊需求；(2)社會需求；(3)安全需求；(4)自我實現需求。

10. 下列各項陳述，何者不是 Rogers 的理念？(1)注重個別的需求，不是學科教材；(2)著重心理的意義，不是認知的分數；(3)注意改變時空的環境，不是預定的環境；(4)課程強調結果，不是歷程。

參考文獻

中文部分

張清濱（2016）。**教學原理與實務**。臺北市：五南。

英文部分

Maslow, A. (1970). *Motivation and personality* (2nd ed.). New York, NY: Harper and Row.

Maslow, A. (1971). *The father reaches of human nature.* New York, NY: Viking Press.

Ornstein, A. C., & Hunkins, F. P. (2013). *Curriculum: Foundations, principles, and issues* (6th ed.). Boston, MA: Pearson.

Parkay, F. W., Anctil, E. J., & Hass, G. (2014). *Curriculum leadership: Readings for developing quality educational programs* (10th ed.). Boston, MA: Pearson.

Rogers, C. (1951). *Client-centered therapy.* Boston, MA: Houghton Mifflin.

Rogers, C. (1981). *A way of being.* Boston, MA: Houghton Mifflin.

Rogers, C. (1983). *Freedom to learn for the 1980's* (2nd ed.). Columbus, OH: Merrill.

Sullivan, E. (1990). *Critical psychology and pedagogy: Interpretation of the personal world.* Westport, CT: Bergin & Gravey.

Chapter **9**

其他學派理論

　　人類的發展在許多方面頗為類似，但並不是每一方面都相似。即使是同一家族的成員，也有顯著的差異，例如：外表、興趣、能力、性情等。智能、學習型態，以及學習需求等差異對於教學具有很重要的涵義。這些差異都會產生不同的學習結果，本章就多元智能理論（theory of multiple intelligences）、學習型態理論、情緒智商理論，以及建構理論，分別論述。

第一節　多元智能理論

　　多元智能理論係美國發展心理學家 H. Gardner（1943- ）所提出，對於課程與教學影響甚大。現依理論概述、理論評述，以及理論啟示，分別敘述如後。

壹　理論概述

　　Gardner（1983）首先指出人類的智能至少有七種：邏輯—數學的（logical-mathematical）、語文的（linguistic）、音樂的（musical）、空間的（spatial）、肢體—動覺的（bodily-kinesthetic）、知己（內省）的（intrapersonal），以及知人（人際）的（interpersonal）智能。1999 年，他又提出第八種智能——自然觀察的（naturalistic）智能（如表 9.1 所示）。這些智能包括下列能力：

1. 邏輯—數學智能

有效地運用數字和推理的能力；善於因果關係分析；喜愛實驗、心算、數字遊戲、批判思考，將來可成為數學家、科學家、會計人員，以及電腦程式設計師等。

2. 語文智能

有效地運用語言或書寫文字的能力；善於文字；喜愛寫作、作文、文字遊戲、閱讀書刊，將來可成為新聞從業人員、說故事家、詩人、作家，以及律師等。

3. 音樂智能

察覺、辨別、改變和表達音樂的能力；喜愛唱歌、音樂遊戲、彈奏樂器，將來可成為音樂家、作曲家、小提琴家，以及音樂工作坊人員等。

4. 空間智能

準確地感覺、視覺空間，並把所知覺到的表現出來；喜愛藝術活動、想像力的遊戲、地圖、錄音錄影、問題解決，將來可成為航海家、雕塑家、建築家、攝影家、藝術家、飛機駕駛員，以及機械工程師等。

5. 肢體—動覺智能

善於運用整個身體來表達想法和感覺，以及運用雙手靈巧地生產或改造事物；喜愛體育活動、運動、戲劇、物體操作，將來可成為運動家、舞蹈家、手工藝師、物理學家，以及機械師等。

6. 知己（內省）智能

有自知之明，並做出適當行為的能力；能體會別人的需求與慾望；喜愛個別化教學、獨立學習、反省思考，將來可成為治療師、諮商員、神學

表 9.1　Gardner 的多元智能理論

智能	終極狀態	核心元素
邏輯—數學的	科學家、數學家	敏感性、分辨的能力、邏輯或數字工作；處理一系列資料的推理能力。
語文的	詩人、新聞從業員	對文字的音韻、節奏、字義敏感；對語言各種不同的功能敏感。
音樂的	作曲家、小提琴家	製作與欣賞節奏、音階、音質的能力；各式音樂表達的欣賞能力。
空間的	航海家、雕塑家	感受視覺空間世界的能力與表現出此感受的能力。
肢體—動覺的	舞蹈家、運動家	控制身體運動的能力與處理事物的能力。
知人（人際）的	政治家、售貨員	分辨他人的心情、性情、動機，以及慾望的能力。
知己（內省）的	治療師、神學家	細心、準確的自我認識；領略自己感情、分辨他人引導行為的能力；了解自己的優點、缺點、慾望，以及智能。
自然觀察的	植物學家、農夫、獵人	認清植物與動物的能力；在自然界中分辨各種系統的能力；了解系統並界定種類的能力。

資料來源：Woolfolk（2013, p. 121）

家，以及社會工作人員等。

7. 知人（人際）智能

　　察覺並區分他人的情緒、意向、動機及感覺的能力；喜歡談天，以及與別人互動；喜愛合作學習、角色扮演、模擬，以及教學，將來可成為政治家、銷售員，以及教師等。

8. 自然觀察智能

　　界定人類對生物的分辨觀察能力、對自然景物敏銳的注意力，以及對

各種模式的辨別力；喜愛戶外工作、花園、植物園、動物園，將來可成為園藝師、植物學家、農夫、獵人，以及寵物店老闆等。

邏輯─數學智能、語文智能，以及空間智能可用智力測驗〔如史丹福─比奈智力量表（Stanford-Binet Intelligence Scales）〕予以直接測量，但其他智能不太可能用現行的智力測驗直接測量。

除了上述八種智能，Gardner 另外提出一個可能的智能，稱為存在的智能（existential intelligence），是一種關於在宇宙範圍內看待自己的能力。2004 年，他又提出兩個智能：心理探照的智能（mental searchlight intelligence）與雷射的智能（laser intelligence）。他認為高智商的人心理有一具探照燈，能以有效的方式，掃描廣大的空間，因而能平穩地遊走社會。藝術、科學，以及貿易界的專家更可能有雷射的智能，讓社會不斷精進（Parkay, Anctil, & Hass, 2014, p. 252）。唯 Gardner 還沒有把這兩種智能與前述八種智能之間加以連結，形成理論。

貳　理論評述

Gardner 的多元智能理論激起美國教育劇烈的改變。一些顯著的改變如下：(1)以往美國狹隘地強調語文與數理邏輯的智能，現在擴大教育的範疇，也重視其他智能的培育；(2)最近改革呼籲「返回基本」（return to "basic skills"）的要求，只會窄化教育的範疇，應該考慮多元智能的培養；(3)各種智能應該定期測量，傳統的測量方法應該用成果導向的方法取代；(4)教育應擴大範圍至課外的學習經驗，諸如學徒式實習與社區志工服務等；(5)教育應該允許學生發現學習（discoveries）並建構自己的知識，以教師為中心、以事實為本位、以練習為導向的教學途徑應予避免；(6)學生的學術領域可能迥然不同，應予以尊重與鼓勵（Abbeduto, 2006, p. 204）。

縱然許多教育家們擁抱 Gardner 的多元智能理論，他的理論在科學界並沒有獲得普遍的接受。Waterhouse（2006）指出，沒有任何出版的研究證明多元智能理論的有效性。這八種智能不是獨立的，各種智能之間是彼

此相關的。事實上，邏輯思考與空間的智能呈高度的相關。所以，「分離的能力」（separate abilities）根本就不分離。音樂與空間的智能相互連結的證據促使 Gardner 認為各種智能之是間相互連結的（Woolfolk, 2013, p. 120）。此外，一些批評者提出有些智能實際上是天賦的才能（肢體—動覺的及音樂的智能），或人格特質（知人的智能）。其他的智能根本了無新意。許多的研究者認定語言與空間的能力是智能的元素。Willingham（2004, p. 24）更直言不諱，指出「Gardner 的理論終究沒有助益」。對科學家們而言，他的理論幾乎是不正確的。對教育家們而言，大膽的應用可能無濟於事。

　　因此，尚無堅實的研究證據顯示採納多元智能理論可以增進學習。Callahan、Tomlinson 與 Plucker（1997）在一篇精心設計的評鑑報告中指出：參與 START 方案的學生，採用多元智能的途徑以促進智能的成長，不論在學業成就或自我概念方面，都沒有顯著的影響。

　　Gardner 的理論遭受嚴厲的批評，一些多元智能理論的擁護者提出辯解，認為批評者對於智能的了解與眼光太過於狹窄。Gardner 的支持者相信新式的研究方法，採用動態模式並在文化的情境中研究智能，將會支持多元智能理論。Gardner 也回應批評者要辨認一些有關多元智能理論與學校教育的迷思、錯誤觀念，以及誤用，例如：他強調智能不等同於感官系統——沒有聽覺的智能或視覺的智能。智能也不等同於學習型態。另一個錯誤觀念是多元智能理論不能證明一般智能的理念。他不否認一般能力的存在，但他對人類成就是由於善用一般智能，表示存疑（Woolfolk, 2013, p. 122）。

　　Sternberg（1994）指出多元智能缺乏實證的支持。Chen（2004）提出辯解，認為「理論不必是有價值的，因為它由實證測試的結果而支持的」（p. 22），而且「智能不是可以測量的觸知型物體」（p. 22）。她也認為智能的新奇性需要新式的測量，多元智能早已在課堂行之有效。她進一步指出多元智能比智力測驗更能說明腦受傷與典型的個體的認知技巧。

参 **理論啟示**

雖然Garder的多元智能理論引起許多的批評，他的理論帶給學校教育人員一些重要啟示：第一，教師應該嚴肅地看待學生個別差異的事實，並且要針對學生的智能與個別的需要，因材施教；第二，任何學科、技術或觀念應該採用合適的方式去教學生，文字、影像、運動、圖表、數字、方程式、詩等都可用來教導學生了解（Gardner, 2009）。

儘管 3R's（讀、寫、算）教育或核心課程有一席之地，但藝能科目諸如音樂、美術、體育，以及社團活動（如交友與人際關係）仍不可偏廢。人生中有許多的際遇與機會。擅長跳舞、歌唱、打球、烹調、機械操作者可以登上世界的舞臺，揚眉吐氣。對於中途輟學或不擅於傳統紙筆測驗的學生，學校如果能改用另類評量，給予表現的機會，照樣會有揮灑的空間。因此，教師若要開發人礦、啟發學生的潛能，就要善用多元評量（張清濱，2013）。

Weatherley（2000, pp. 36-37）綜合 Gardner 的理論，提出三項論點，有助於教學、學校課程、班級經營，可供教師們參考：

1. 每一種智能在人生歷程中都可透過合適的學習經驗發展出來。

2. 在各種智能中，每一個人都會就自己的優點與缺點組成一種不同的組合。

3. 了解經由積極主動表現出來，此種表現起初是透過最強勢的智能開展出來。

總而言之，智能不是固定或靜止的狀態，它是可教、可學、可發展的。其次，所有的學生不可能以相同的方式學習，並對學習情境做出相同的反應。

第二節　學習型態理論

最有效能的教師是指教學型態與方法能適應學生的興趣、教材難易度適中、教學配合學生的學習型態與能力、能切合學生的生活需要（Carjuzaa & Kellough, 2013, p. 56）。

多年來，研究人員曾經探討「型態」（styles）方面的個別差異，包括認知型態、學習型態、問題解決型態、思考型態，以及決策型態等。Zhang 與 Sternberg（2005）把個別不同的型態研究分成三種型態：以認知為中心的型態、以人格為中心的型態，以及以活動為中心的型態。認知型評估人們處理資訊的方式；人格型評估更穩定的人格特質；活動型評估認知與人格特質的組合，探討人們何以採取行動。認知型與人格型在認知發展與人格發展理論有所提及，本節僅就學習型態論述。

壹　理論概述

學習型態（learning styles）係指學生偏好的學習方式，也可界定為「個人認識及處理資訊的形式」（Kellough & Kellough, 2003, p. 29），例如：有些學生在團體中學習，效果最好；另有些學生單獨學習，效果更佳。然而，學習型態不是智力的指標，而是學生如何學習的指標。Kolb（1984）認為，學生如何學習有兩項主要的差別：他們如何察覺情境與他們如何處理資訊。基於如何察覺與如何處理資訊的基礎，學習型態可分為四種類型：開放型（divergers）、同化型（assimilators）、封閉型（convergers），以及調整型（accommodators）。

1. 開放型：學習藉感覺得來的個人經驗。
2. 同化型：透過抽象的理解得來的經驗。
3. 封閉型：運用抽象的省察。
4. 調整型：處理資訊具體而且積極。

Jung（1927）指出，人們的察覺方式（感觀與直觀）、做決定的方式（邏輯的思考與想像的感覺），以及互動時的反應方式（外向與內向）幾乎迥然不同。其後，一些研究者雖以不同的方式闡述學習型態的理論。但大體上，學習型態具有兩個共同點（Silver, Strong, & Perini, 1997）：

1. 著重歷程：學習型態理論傾向於學習的歷程——個體如何吸收資訊、如何思考所蒐集的資訊，以及如何評鑑其結果。

2. 強調個人：學習型態理論家一般都相信學習乃是個人、個別思考及感覺的結果。

Riessman（1966）從感官的觀點，研究學生的學習型態。他發現每位學生都有不同的學習型態，正如同人格一樣。有些學生善於閱讀，有些學生長於傾聽，另有些學生敏於操作。職是之故，他把學習型態分為三種類型：

1. 視覺型（reading）：此類學生視覺反應敏銳，一目十行，過目不忘；閱讀速度特別快；喜歡閱讀書刊、報章、雜誌等。

2. 聽覺型（listening）：此類學生聽覺反應靈敏，輕聲細語、風吹草動都可聽得一清二楚；喜歡聽廣播節目、錄音帶、演講、別人說的故事等。

3. 動作型（doing）：此類學生手、腳動作特別靈活；喜歡打球、運動、吹奏樂器、打電腦、電動遊戲、做實驗、操作機械等。

Barbe 與 Malone（1981）以及 Kinchin（2002, p. 25）亦持類似的看法，認為學生的學習型態可分為聽覺型（hear-learners）、視覺型（see-learners），以及動作型（do-learners）。Riessman 的學習型態理念與孔子的觀點頗有異曲同工之妙，孔子說：「吾聞而忘之，視而記之，行而知之。」（I hear and I forget, I see and I remember, I do and I understand）（引自 Gallard & Cartmell, 2015, p. 23）。從學習的效果言之，聞不如視，視不如行，頗符合美國教育家 Dewey 提出的行以求知（learning by doing）的主

張。McCarthy（1977, pp. 47-51）也指出學習型態有下列四種類型：

1. 想像型（imaginative learner）：想像型的學習者以完整的方式察覺資訊並以反省的方式處理。此種類型的學習者擅長傾聽並與人分享，能把別人的理念與自己的經驗加以統整。此類學習者往往不能適應於傳統的教學。

2. 分析型（analytic learner）：分析型的學習者以抽象的方式察覺資訊並以反省的方式處理。分析型的學習者偏向序列思考及細節。此類學習者在傳統的教學中，最能得心應手。

3. 常識型（common sense learner）：常識型的學習者以抽象的方式察覺資訊並以生動的方式處理。常識型的學習者注重實用並且偏愛講義式學習。此類學習者有時被發現在課業上產生挫折，他們在傳統的教學中，很有可能是處在輟學邊緣的學生。

4. 動態型（dynamic learner）：動態型的學習者以具體的方式察覺資訊並以生動的方式處理資訊。動態型的學習者偏愛講義式學習並且對於新的事物感到興奮。此類學習者喜歡冒險，如果教材枯燥乏味，也會產生學習的挫折。在傳統的教學中，此類學習者也有可能是處在危機邊緣的學生。

學習型態是一種新興的觀念，沒有單一正確的學習型態觀點引導課程與教學。學習型態的文化差異是很微妙的，難以辨認，例如：沒有任何特殊種族或文化群體偏好單一的學習型態。

貳　理論評述

Woolfolk（2013, p. 128）指出，有些學習型態的概念很少獲得研究的支持，另有些則建立在穩固的研究上。她認為學習偏好是一種更準確的標籤，因為大部分的研究敘述特殊學習環境的偏好。研究者懷疑學習偏好的價值性。研究顯示教學型態配合學習型態並不能改善學習。當研究人員檢

驗人們如何認定他們的學習型態時,他們都認為偏好取決於個人的判斷,而非聽覺、視覺或動覺方面有優越的技巧。

Kratzig 與 Arbuthnott(2006)認為,學生的特殊學習型態不能保證學習的成功。有時候,學生採取的學習型態,尤其成績不佳的學生,偏好安逸舒適的環境,實際的學習可能會困難而且不舒服。學生寧願以某種方式學習,因為他們沒有替代辦法,它是唯一能完成工作的方法。學習型態也許是學習的次要因素,教學策略與社會互動扮演更重要的角色。

Pashler、McDaniel、Rohrer 與 Bjork(2009, p. 117)在學習型態研究的結論上這樣寫著:「學習型態在廣受教育界的歡迎與欠缺利用的價值之間形成對比,依我們看來,這個現象格外引人注意而且讓人困惑不已。如果學生的學習型態分類具有實用的價值,則尚待展現。」

參 理論啟示

教學是涉及教師、學生、教材、環境、時間等五種要素的一種行動。因此,把學習型態當作影響教師行動唯一或主要的元素是不恰當的。教師必須牢記在心,時空的情境、學校的設備、教材的本質,以及學生的個別差異也要全盤考量。此外,教師應該體會到這五種要素的互動關係是不斷在改變之中,他們不該相信今天學生的學習型態就是下週的學習型態。學生的學習型態是會隨著環境的因素而改變的。教師應該採取多面向的角度看待學習型態,因此教師要使用非正式的途徑去判斷學習型態。此種途徑係透過學生的回饋及敏銳的觀察,不必等待正式的診斷,教師可以就學習型態輕易地下操作型的定義。

學生偏愛的學習型態取決於遺傳與環境因素。有些學生在正式場合學習成效最好,另有些學生喜歡在非正式、輕鬆的場合學習,亦有些學生需要按部就班地學習。學習型態會隨著環境的因素而改變,教師的教學與評量應該採取多面向的角度看待學習型態。因此,教師應該運用觀察法及非正式的途徑去判斷學生的學習型態。教學評量宜設計各種不同的情境,評

量學生的能力與表現（張清濱，2013，頁 15）。

　　許多的學習研究以學生的學習型態為焦點，也就是說，探討何種學習
的型態最有效果。學習型態係指個人處理資訊及尋求意義的方式。這些不
同的方式也稱之為「學習模式」（learning modes）、「學習型態偏好」
（learning style preferences）或「認知型態」（cognitive styles）。它們只
是學習偏好的方式，不是真正學習的方法（Parkay et al., 2014, p. 235）。教
師要適應學生的個別差異，因此教師的教學型態要配合學生的學習型態。
研究顯示教學型態與學習型態兩者配合得宜，學生就能獲得更多的知識、
保存更多的資訊、學習表現會更好（Lage, Platt, & Triglia, 2000）。

第三節　情緒智商理論

　　每個人都會有情緒（emotion），初次完成某件事情感到喜悅；得知朋
友噩耗感到悲傷；與同事爭辯，面紅耳赤，感到憤怒。學生喜歡或不喜歡
教師、考試得高分覺得很快樂、不用功而慘遭滑鐵盧覺得內疚。情緒可分
為正面的情緒如喜悅與快樂，與負面的情緒如悲傷與內疚（Santrock, 2001,
p. 114）。正面與負面的情緒不一定截然分開，有時候可能同時出現，例
如：遇見多年失散的親人而悲喜交集或喜極而泣。

壹　情緒的成分

　　在早期的研究，「熱情」（passions）視為破壞性的行為，妨礙智能的
思考（Mandler, 2001）。畢竟學生面臨即將到來的考試，如何靜靜坐下來
念書？在大庭廣眾的面前，演講人如何發表一場感性的演說？在這些場
合，人們通常都會壓抑自己的情緒。

　　最近一些情緒的研究者採取更精細的研究途徑。Shuman 與 Scherer
（2014, p. 14）即認為，情緒的概念有兩種不同的觀點：進化的觀點與文化
的觀點。

教學理論與方法

一、進化的觀點

依據進化的觀點,情緒可能真正是人所要的,它一向是適應性的,例如:好奇心的感覺觸動主動尋求資訊,而擴充自己的知能,以便存活於世界。負面的情緒觸動特殊動作的傾向,例如:因憤怒而攻擊、因厭惡而遺棄,或因恐懼而嚇呆。情緒變好或變壞,端視行為在當前的情境是否類似於過去的需求。

二、文化的觀點

從文化的觀點,情緒是社會文化情境的產物。社會群體對於情緒各有不同的看法,例如:崇尚個人主義的國家或地區的人得到殊榮,便引以為傲;但在重視團隊精神的國度裡,在此種情境表達自傲,卻有礙團體的和諧,可能認為不適當。情緒的好壞要看是否合乎當前社會的規範。

總而言之,研究者不再視情緒為普遍具有破壞性,反而重視情緒的特殊原因與後果、不同情境的認知與行為、辨認人類的普遍性與團體的差異性。

研究者通常視情緒為一種插曲(episode),它是由各種刺激所引起(Scherer, 2009a)。他們認為插曲由許多的元素組成,包括:主觀的感覺、動力活動、生理、行動傾向,以及評價等元素(Scherer, 2009b)。它的主要功能與例證,如表 9.2 所示。

表 9.2 情緒的主要功能與例證

元素	功能	例證
主觀的感覺	監控	悲傷、快樂、感恩、憤怒、感覺良好
行動傾向	動機	催淚、跳上跳下、靠近
評價	形成意義	我剛遺失東西、我剛收到禮物、我通過艱難的測驗、好事臨到我身上
動力活動	溝通	哭泣、微笑、抬起下顎、改變肢體動作、迅速上下移動手臂
生理	支援	脈搏改變、血液流通、腦部活動

資料來源:Shuman 與 Scherer(2014, p. 16)

貳　情緒與行為

　　情緒涉及一個人的喜、怒、哀、樂、愛、惡、懼的表達。情緒包含影響動作的力量，它與生活息息相關。人類的行為都隨著情緒的高低而起伏。情緒是行為的氣壓計，自不待言。晴時、多雲、偶陣雨都會影響到生活的每一層面。現列舉數例，分述如下（張清濱，2008，頁222）。

一、情緒與五育發展

　　如果學生的情緒不穩定，心浮氣躁，經常勃然大怒、出手打人，則其德育必然不佳；也不易與人和諧相處、獨來獨往，缺乏群性；更無閒情逸致，欣賞自然之美，缺乏美感。一個情緒緊張的學生容易患得患失，考試時容易遺忘，但等考完走出試場，情緒恢復平靜，卻又想起了答案。這是因為情緒過度緊張，造成心智的僵固（mental rigidity）。情緒焦慮、恐懼、不安也會影響身心的健康，此類學生常有胃病、腹瀉、頭痛、失眠、血壓上升等現象，嚴重者尚有精神疾病的症狀。情緒不佳的學生，五育發展都會受到嚴重的影響。

二、情緒與犯罪

　　臺灣地區的犯罪率居高不下，顯示人們的情緒大有問題。犯罪者大都缺乏理性與感性，一旦與人衝突，火冒三丈，怒不可抑。於是，鬥毆、縱火、殺人等暴力行為隨之發生。就以某地 Pub 遭人縱火案為例，嫌犯被警方逮捕後自稱喝酒後才脾氣暴躁。另一方面，氣候炎熱也會影響情緒，夏天的意外事故較多，顯然情緒與犯罪具有密切關係。

三、情緒與婚姻

　　男女之間的感情常受情緒左右。有人因情投意合而締結良緣；也有人因緋聞而丟官；更有人因爭風吃醋而殺死情敵。夫妻之間也常因暴力相向

而勞燕分飛，造成分居或離婚的悲劇。良好的情緒管理乃是美滿姻緣的觸媒劑。

四、情緒與事業

一般人以為高智商就可大展鴻圖，成大功、立大業，殊不知許多聰明人反被聰明誤。高智商者未必有高度的挫折容忍度、堅定不移的毅力與接納別人的雅量，往往無法處理複雜的人際關係與情緒問題。因此情緒智商大師 Goleman 說：「EQ 的影響力比 IQ 大兩倍。」（中時晚報，1988 年 3 月 22 日）

參 情意的屬性

學生可能表達各種不同的情緒，諸如挫折、討厭、垂頭喪氣、得意洋洋、興高采烈，視其學習表現而定。情緒、心情、其他情意的表現方式彌漫學生的生活氛圍。情意具有下列特性（Ormrod, 2009, p. 207）：

一、情意與動機息息相關

學生如何感覺，大部分視其需求是否滿足及其目標是否達成。學生會忿怒，通常是無法遂其所願。學生覺得很高興是因為能滿足他們的需求、達成目標，例如：考試得到高分或獲獎，學生常會手舞足蹈，欣喜若狂；反之，考試成績「滿江紅」，學生就會垂頭喪氣，意興闌珊。

情緒與動機在某些方面具有密切的關係。如果學生從事有趣的工作，體驗到相當正面的情緒如快樂、喜愛、興奮時，常常廢寢忘食、一往直前、鍥而不捨。這些感情就會增進內在的動機（intrinsic motivation）。正面的情意也常來自於高度的自我效能，一些學生喜歡數學的理由便是因為「自己擅長數學」。學生對於事項結果的看法有賴於其對於這結果的解讀。

二、情意與學習及認知密切結合

　　情意往往是整體學習與認知的一部分，例如：正當學習如何執行一件工作的時候，學生同時學到他們是否喜愛做這件工作。當學生欣賞其所做的事，問題必更容易解決，問題的解決常常是興奮、喜樂、尊榮所造成的結果。相反地，當學生必須奮力通過障礙去學習教材的時候，他們可能感到挫折與焦慮。此外，一些事實與理念也偶爾會激起情緒的反應。

三、正面的情意會激發有效的學習策略

　　一般而論，正面的情意，如喜悅與興奮，會引導學生注意身邊的教材，努力去了解它的意義，並以開放的胸襟更有創意地思考。正面的情意也會增進學生自我調適的可能性，激發有效的學習策略。

四、情意也會激發某些行為

　　學生的情緒常常引導學生以不同的方式表現其行為，例如：罪惡感或羞辱感會引導學生改正錯誤的行為。挫折感也會引發學生攻擊、責罵別人。焦慮感有時會讓學生失眠、無所適從。

五、少許的焦慮是有益的，但太多的焦慮則有礙

　　焦慮（anxiety）的情緒具有正面與反面的作用，例如：學生擔心作業寫不完，一直急著想把它完成，於是盡量利用時間去寫，果然如期完成。這種焦慮即有催化作用，成為一種學習的動力。但是，如果學生自尋煩惱、杞人憂天，每天擔心這個、擔心那個，反而造成心理的負擔，甚至引發心理疾病，後果就不堪設想。然而，仍有部分學生天不怕、地不怕，對於任何事務，漠不關心，無動於衷，簡直麻木不仁。所謂「人無遠慮，必有近憂」，就是這個道理。

下列情境容易引起學生焦慮，教師應特別注意並疏導：

1. 身體安全有顧慮：如經常面臨暴力的學生，會感到焦慮不安。
2. 身體外表有缺陷：如長得太胖或太瘦的學生，會在意身體的缺陷。
3. 處於新的情境：如轉入新學校或環境的學生，會有不確定感。
4. 課業有困擾：如課業聽不懂的學生，會覺得困惑不已。
5. 考試、競賽、抽查背書有恐懼感：如學生面臨考試競賽，會覺得忐忑不安。

六、不同的文化孕育不同的情緒反應

許多人類的情緒（尤其喜樂、悲傷、恐懼、忿怒、討厭，以及驚嚇）在幼兒中常見，無疑是人類行為特徵的一部分。然而，不同的文化族群對於何種情緒及情緒反應才是適當，各有不同的看法。因而如何使成長中的兒童社會化也就迥然不同。學校是社會的縮影，學校對於青少年的學習動機與情緒發展有著正面的影響。

肆　情緒智商

Salovey 與 Mayer（1990）首先列舉情緒智能的架構。其後美國哈佛大學心理學教授兼《紐約時報》科學專欄作家 Goleman（1995）出版《情緒智商：為什麼它比 IQ 更重要》（*Emotional Intelligence: Why It Can Matter More Than IQ*）一書。他主張孩童認知自己的情感，與同儕感同身受，以及處理危機的能力——亦即情緒商數，簡稱 EQ。它影響人的一生就如同天生智力（IQ）一樣。Goleman（1995）認為 EQ 其實就是人類某種範疇的能力。這些能力包括（中時晚報，1998 年 3 月 23 日；Parkay et al., 2014, p. 264）：

1. 自我察覺的能力。
2. 處理感情的能力。

3. 自我調理情緒的能力。

4. 激勵自己的能力。

5. 認清別人的情緒。

後來 Goleman（1998）闡揚他的理念並且重新界定情緒智能為發展四項領域的能力：自我察覺、自我調理、社會察覺，以及人際關係經營。

這些領域不是絕對的，但我們可以肯定所有的人都有這些或類似的能力，並且每個人各有不同的能力。Goleman 強調，EQ 不是與生俱來的，乃是經過後天的環境互動及經驗的累積得來，可塑性極高。每個人從小就可培養調節情緒的技巧及習慣。

Goleman 指出，曾經有一項長期的追蹤研究，把一群 5 歲的兒童集中在房間裡，每人面前都有一顆糖果。主持人告訴他們，他要出去一會兒，只要在這段期間，沒有把糖果吃掉的人，就可以得到兩顆。然後主持人到隔壁房間透過閉路電視觀看這些兒童的反應。結果有些小孩一口氣就吃掉糖果，有些則是想吃又不敢吃，來來回回幾次，約有三分之一的小孩非常堅定地不吃就是不吃。十八年後的追蹤研究發現：這三分之一「懂得等待、懂得控制自己」的小孩有更好的人際關係，更好的學業成績，更明確的人生目標，以及更圓滿的人生（中時晚報，1998 年 3 月 22 日）。

如同多元智能理論，情緒智商理論欠缺實證研究的證據，遭受批評。雖然許多的證據支持情緒智商理論乃是建立在軼事觀察與自我報告調查。論者批評情緒智商界定的範圍太過於廣泛（Locke, 2005）；它的結構也沒有區分人格測驗與普通智能。不同的研究對於情緒智商能力的界定，各不相同，造成混淆。Landy（2005）指出，情緒智商不能視為科學的理論，因為有些資料為私人所有，無法評估。此外，社會心理學家與社會神經科學已經列舉比情緒智商更複雜、更多的人類社會—情緒的技巧（Parkay et al., 2014, pp. 265-268）。

伍 教師的情緒問題

　　前述情緒的理論泰半針對學生的情緒發展；事實上，教師的情緒至為重要。教師是學習情境的提供者，教師的一舉一動都會影響學生。在教學生涯中，大多數的教師秉持「學而不厭，誨人不倦」的精神，樂在其中。這種喜樂之情大部分是由於學生有良好的表現而產生榮譽感與成就感。然而相較於其他專業，教師面對學生的行為問題與教學問題，仍有高度的倦怠風險。有些教師偶爾會有負面的情緒，諸如生氣、焦慮、羞辱、厭煩，以及遺憾等。教師的情緒研究指出，由於心理的因素而中途離職（如憂鬱症、疲憊或焦慮失常）的教師也不計其數（Frenzel, 2014, p. 494）。美國教師的情緒反應頻率，如表 9.3 所示。

　　喜樂來自想要得到的事情（預期的喜樂）或參與喜樂的活動。教學相長往往可以獲得情緒上的報酬與滿足，而產生喜悅的情緒。

　　自豪是正面的情緒，與喜樂產生連結。通常，教師的個人成就或與他（她）有關人物的成就，就會讓他們沾沾自喜，引以為榮。

　　憤怒是相當複雜的情緒。當教師對自己所作所為感到不滿意時，產生自責而憤怒。學生不聽話，我行我素，甚至為非作歹，也會引起教師的憤怒。

表 9.3　教師的情緒反應頻率

	Frenzel 與 Goetz（2007）教學日記（N = 59）	Arson（2007）經驗取樣（N = 44）	Becker（2011）經驗取樣（N = 39）
喜樂／快樂	79%	75%	89%
自豪	－	32%	61%
憤怒	14%	17%	39%
焦慮／神經質	7%	16%	8%
羞辱	－	2%	5%
疲憊	－	10%	26%

資料來源：Frenzel（2014, p. 496）

　　焦慮的情緒是由憎惡的心理因素所引起。當人們遭遇不確定與威脅時，就會產生焦慮。教師不滿意自己的教學表現，而自認沒有能力改善，也會感到焦慮。

　　虧欠是自我意識的情緒。它對自己的特定行為反映負面的評價，例如：教師授課前毫無準備，上課漏洞百出，而自取其辱，感到虧欠。

　　疲憊是一種不顯著的情緒，例如：教師上課無精打采或體力不支，無心上課。其原因可能是個人的健康或家庭因素所引起。

　　憐憫主要是社會的情緒，通常針對別人而非自己，雖然自我憐憫的概念存在。憐憫涉及同情，例如：學生家遭不幸，感到傷心。

　　教師除了要照顧自己外，還要指導學生適應環境。因此，教師肩負雙重的任務。如果教師的身心不健康，他們又怎能協助學生適應生活呢？情緒穩定的教師可以協助學生的情緒發展。情緒不穩定的教師極易苛責學生，甚至體罰、虐待學生，過分主張權威，作威作福，以學生作為發洩情緒的對象。

　　教師的情緒適應可從四個標準予以測定：(1)對於教學能否勝任愉快；(2)與學生、家長、同事之間的關係是否良好；(3)能否配合學校行政工作；(4)對專業進修有無興趣。美國教育學會（National Education Association, 1938）曾調查教師們足以擔憂到影響睡眠、工作效率，以及健康的事情。研究發現 37.5% 的教師曾提到下列問題：

1.　金錢上的困難。
2.　物質生活的問題。
3.　親屬或朋友的重病。
4.　學生學業不滿意。
5.　個人身心健康的問題。
6.　未婚而無正常的家庭生活。
7.　教導上的困難。
8.　上級的評鑑考核。
9.　被解聘、不續聘的可能。
10.課業工作的困難。

11. 婚姻的不美滿。

12. 宗教的問題。

第四節　建構理論

建構理論在 20 世紀頗為盛行。追本溯源，它植基於心理學與哲學的理念。Piaget、Bruner，以及 Vygotsky 是建構理論的先驅。Piaget 的認知發展理論、Bruner 的社會互動理論，以及 Vygotsky 的社會文化理論影響建構理論至為深遠。另一方面，建構理論家承認 Dewey（1933）與 Goodman（1984）的哲學思想，以及 Gibson（1977）的生態心理學概念對於建構理論有重大的影響。Ernst von Glaserfeld 對於建構式數學與科學具有相當的影響力。Kuhn 的科學革命與派典（paradigms）等理念也對於建構理論發生某種程度的影響（Driscoll, 2000, p. 375; Phillips, 1995, p. 6）。

建構理論的根源，部分來自格式塔心理學的觀點，認為學習者尋求資訊組成有意義的整體。根據格式塔心理學的學習理論，整體大於部分之和（the whole is greater than the sum of its parts），例如：體驗一場動感的交響樂比聽個別的音樂曲子感受更多；觀賞一場電影遠比觀看數以千計的靜止電影劇照收穫還多。整體的特質決定部分的意義，而個別的感受決定意義（Parkay et al., 2014, p. 229）。

壹　建構理論的學習觀

建構理論長久以來被視為是一種有用的學習理論，建構理論認為學習者主動參與認知學習的活動，建構心理的表徵。主動的認知學習不見得需要教學方法（如發現式教學法）；同樣地，被動的教學方法（如多媒體報告）也不見得無法促進主動的認知學習（Mayer, 2009）。

建構理論沒有單一的教學理論。各領域的研究者從科學教育到教育心理學到教育工學都提出各種不同建構理論的論點。建構理論只是描述這些

論點的唯一標籤而已。它的運用是來自Piaget的「建構主義者」（construc-
tivist）與Bruner的「建構理論家」（constructionist）。傳統的建構理論家
常常把他們的理念與客觀主義論者的知識論觀點作對比。客觀主義（objec-
tivism）的觀點是世界的知識乃透過個人的經驗而產生。知識是獨立於個體
之外，而學習包含外在的知識轉化到學習者的內心之處。行為學派與認知
學派的資訊處理理論都來自客觀主義的論點（Driscoll, 2000, p. 376）。

　　相對於客觀主義的觀點，建構理論家們認為知識是學習者建構而來，
使其經驗有意義。因此學習者不是等待裝滿的空容器，而是尋求意義又有
活力的有機體。不論所學為何，建構的歷程在操作運行，而學習者形成心
理的結構，直到滿意的結果出現。尤其，新的經驗會引起心理結構的擾
動，所以必須重新建構，使新的資訊有意義。這個論點很像心理模式的發
展與修正，猶如Piaget所稱的基模調適。Bruner與Vygotsky也提出類似的
概念來說明兒童知識的變化。然而建構理論家們強力主張知識的建構不必
符應外界的現實。也就是說，它們不必反映現實的世界。這與理想主義的
認識論頗相吻合（Driscoll, 2000, pp. 376-377）。

　　Bruning、Schraw、Norby與Ronning（2004）指出，建構理論至少有
三種不同的學習觀點：外來的（exogenous）、內生的（endogenous），以
及辯證的（dialectical）學習觀點。

一、外來的學習觀

　　知識的獲得反映外在世界的現實性；也就是說，透過教學與經驗，外
在世界強烈地影響知識的建構。因此，知識的準確性建立在它與現實的配
合（指認知學派基模理論的學習觀點）。

二、內生的學習觀

　　新知識是從較早的知識，透過認知結構的發展歷程，變成有組織的知
識（指Piaget的認知發展模式）。

三、辯證的學習觀

知識來自學習者與環境之間的互動，並與同儕、教師之間的互動（指 Vygotsky 的鷹架理論）。

Vygotsky 的學習觀稱為社會的建構理論（social constructivism），主張社會的互動促進學習，也就是說，學生互相學習去建構知識比單獨學習更有效果。教師可以運用社會互動，幫助學生建構知識。建構理論的基本信念是學習與思考發生在社會的情境中，而不是在真空的狀態產生。有意義的學習來自於現實的環境，這種學習的脈絡化稱為情境的認知（situated cognition）。此種學習理論可以在課堂的情境引導教學與學習（Tuckman & Monetti, 2011, p. 311）。

建構理論在教育的領域採取強硬的立場，無數的研究者企圖表達建構理論的看法。他們的建議形成建構理論的學習原則，主要在強調學習的歷程而非學習的結果。這些建議歸納如下（Driscoll, 2000, pp. 382-390）：

一、學習存在於複雜的、眞實的且相關的環境中

除非給予學生機會去做，否則不能期待學生去學會處理複雜的事物。學習環境的複雜性要看學習的方法與內容。大規模的活動賦予個人學習目標的意義與目的，當這些目標予以統整時，它們在學習者的心中就構成基模。

二、提供社會互涉（social negotiation）作爲完整學習的一部分

在多數的場合，學習是共通的活動、文化的分享。套上 Vygotsky 的觀點，人類較高層次的心理歷程是透過社會互動開展出來。建構理論家強調合作是學習環境中的重要特色。學習透過社會互動與合作讓學生了解別人的觀點而非自己的觀點。

三、支持多元的觀點與學習的模式

建構理論家認為超媒體可以有效用於鼓勵學生思考，或者從不同的角

度,探討有關理念、理論、文學作品等。各種不同的表達方式可以同時進行。也就是說,透過不同的感官模式(如視覺、聽覺、觸覺)觀看相同的內容,可以產生不同的見解。

四、鼓勵學習的自主性

「教學要適應學生的個別需要」這不是建構理論的新理念。有關學習何事、何時,以及如何發生,學生要做判斷的裁決人。換言之,建構式教學中,學生不是被動的吸收,而是主動的投入,何者是他們學習所需與這些需要如何獲得滿足,全然由學生決定。

五、孕育知識建構歷程的自我意識

Cunningham(1987)把「反省能力」界定為「學生體會自己在知識建構歷程角色的能力」。體會自己的思考與學習歷程是認知學派後設認知的一種能力。對於反省能力,學習者要有批判的態度。此種態度可使學習者體會結構如何創造意義。

貳 建構理論的教學觀

雖然建構理論家詳細描述建構理論的觀點,它究竟是理論或哲學則語焉不詳(Lebow, 1993)。從理論的觀點言之,它不能與Gagné的理論等量齊觀;從哲學的觀點言之,它也不能與其他的教學理論相提並論。建構理論可視為眾多方法的匯合而已。這些教學方法,約有下列四項(Driscoll, 2000, pp. 391-394)。

一、微觀世界與超媒體設計

微觀世界(microworlds)顧名思義,係指渺小而完整的真實環境、可以促進發現與探究的環境。微小與完整的特徵可以區別類似的概念,例如:模擬(simulations)。也就是說,它包含最簡單的系統操作模式,並

且提供一個符合學習者認知狀態的切入點，例如：「圖騰品牌」（LOGO）也許是最廣泛探究的微觀世界，允許兒童探究與發現電腦程式的世界。又如生態學的研究，學生可以探究何者可以把礦場轉化成農場。透過模擬的研究，學生分析土壤的樣本，種植與監控各類農作物並依據研究發現做成本效益分析，即可得到結論。超媒體設計通常使用電腦，透過網路，學習者可以立即操作，其設計策略包括使用大量的學習資訊，如圖表、照片、研究資料等。微觀世界與超媒體設計提供學生豐富而逼真的學習環境。

二、合作學習與問題協助解決

電腦化合作學習的基本假定是電腦與科技可以促進學習並重新界定成員之間的互動。成員指定使用的軟體可以促進成員之間的互動。電腦化合作學習可與校內與校外學習者連結，最大的好處是可以虛擬實境，網路線上共同研究解決問題。

三、目標導向的脚本與問題本位的學習

目標導向的脚本（goal-based scenarios）架構是電腦化學習環境的例子，它呈現具體明確的目標並提供學習技能的環境。問題本位的學習（problem-based learning）採取小組教學，解決實際的問題。此法的重點是提供問題解決的歷程，學生得以有系統地辨認問題的性質，推理思考，獲致解決的方案，然後評估解決方案的妥當性。

四、開放的軟體

開放的軟體（open software）是一種內容空虛的軟體，像一個空殼子，供學習者去充實應用。像「泡泡對話」（Bubble Dialogue）就是一例，透過泡泡對話，學生可以創造漫畫人物的會話，讓他們有機會表達個人的觀點並且調整自己的想法。

Tuckman 與 Monetti（2011, p. 318）綜合各種建構理論的觀點，提出六種建構教學的模式，如表 9.4 所示。

表 9.4 建構教學的模式

模式與環境	研發者	主要特色
了解的教學模式	Perkin 與 Unger	・選擇衍生性的話題 ・設定明確的了解目標 ・做出有助於了解的表現 ・提供即學即評
合作的問題解決模式	Nelson	・創造互助合作的環境 ・崇尚真實的重要性 ・從做中學習 ・鼓勵探討 ・包含社會情境 ・培養人際關係 ・發展終身學習
孕育學習者社群模式	Brown 與 Campione	・小組合作學習，每一成員皆有一個小主題 ・學生共同分享學習經驗 ・參與更有成果的課業
思考的學徒制模式	Rogoff	・激勵學生對課業的興趣 ・簡化課業促進目標達成 ・給予指導並激發動機 ・提供回饋 ・減少挫折與風險至最低限度 ・以身作則
問題本位的學習模式	Barrows 與 Kelson	・提示問題腳本 ・辨認相關事實 ・產生假設 ・辨認學習的議題 ・應用新知識於測驗的假設 ・反省思考所學知識
Jasper Woodbury 系列的問題解決模式	范登堡大學認知與科技群（CTGV）	・提示挑戰性的冒險故事錄影帶 ・提供問題解決的機會 ・設計類似偵探的小說 ・應用於各種不同的課程領域 ・產生許多可能的解決方案

資料來源：Tuckman 與 Monetti（2011, p. 318）

總而言之，建構理論的教學觀中，教師扮演促進者（facilitator）的角色，不只呈現教材，也要協助學生學習。學生的角色不只專心上課，也要建構意義。以學生的先備知識作為教學的起點，教學建立在先備知識的基礎上。學習是學生主動建構知識，而不是被動地吸收資訊。

第五節　教學的應用與省思

本節依據多元智能、學習型態、情緒智商，以及建構理論，各舉出若干教學應用的實例如下。

壹 教學的應用

一、多元智能理論應用於英語教學

吳老師在一所兒童美語補習班教美語，她的學生都為國小生。有一次，她上課時教學生唱英語歌曲《10 個小印第安人》（*Ten Little Indians*），他們又唱又跳。無形中，學生學會了數字。同時，師生打成一片，和樂融融。從多元智能理論的觀點，吳老師的教學歷程至少教學生這些智能：(1)語文的智能；(2)音樂的智能；(3)肢體—動覺的智能；(4)邏輯—數學的智能；(5)人際的智能。

二、學習型態理論應用於社團活動

有些教師抱怨他們的學生學不會。國文不及格、英語不及格、數學也不及格，幾乎沒有一科及格。他們的學生似乎什麼都不會，只會打架。從學習型態的觀點言之，此類學生的學習型態可能屬於動作型。教師最好鼓勵此類學生學跆拳道、柔道或劍道發展潛能。

三、情緒智能應用於各科教學

Goleman 指出,如果學校教育能重視情緒智能的發展,促進和諧,那麼青少年暴力事件與藥物濫用將會減少;社群也將會有更高層級的社會關懷與照顧(Parkay et al., 2014, p. 265)。

情意教學的實施有賴於教師正確的引導,下列一些措施及作法可供參考(張清濱,2008,頁 229;Ormrod, 2009, p. 214)。

(一)學習讚美他人,對人友善

美國康乃狄克州 Beecher 小學的情緒教育是教導學生如何發現他人的優點,讚美他人,例如二年級的一個班上學生互相讚美:「你真會拼字」、「你寫的字好漂亮」、「你真有藝術天賦」等。這是教導孩子普遍的價值觀,也培養對人友善的態度(Ratnesar, 1997)。

(二)表達個人及人際互動中的知覺

美國一所小學教師點名時,學生不是傳統式空喊一聲「有」,而是以報數方式表達他當日的心情,例如:1 分代表心情低落,10 分表示情緒高昂(Goleman, 1995)。此種方式係以學生生活中的實際問題為題材,給予適當的情緒表達。

(三)加強社團活動,調劑學生身心

學校應安排各類社團活動讓學生依興趣、志願選擇參加。一些學業不佳的學生,對於社團活動反而興趣盎然。在升學競爭的壓力下,學校更應安排各種社團活動讓學生參加,以紓解緊張的氣氛並發洩精力。教師應教導學生正當宣洩情緒的方法,例如:轉變工作或活動、打沙包、訓練耐力及容忍度、靜坐、學習溝通的技巧等,以防止反社會行為的發生。

(四)強化各科情意教學活動

任何學科教學活動都應包括認知領域、情意領域,以及技能領域,不

可偏廢。情意領域涉及一個人的觀念、態度、習慣、情操。情意領域實即生活教育、人文教育、人格教育、倫理道德教育。真正的 EQ 應反映在倫理道德方面，也就是倫理商數或道德商數。

（五）發揮輔導與諮商的功能

青少年問題的來源，許多來自於挫折感、恐懼感、疏離感和自卑感。輔導的方式應該使青少年對於相關的心理疾病有更深入的認識。但最重要的是辨認壓力的來源，並設法排除心理的壓力，去除不必要的恐懼、暴躁、不安。

對於有心理疾病的學生，學校輔導單位亦可洽請當地心理衛生諮詢服務中心的協助。臺灣各縣市大都有一所高級中等學校設有心理衛生諮詢服務中心。該中心與當地醫院合作，精神科醫師定期到校服務。服務對象包括當地中小學師生。實施迄今，績效甚為顯著，對於心理疾病的防治，頗多貢獻。

（六）針對學生的基本需求，激發內在的動機

滿足學生的基本需求可以激發內在的學習動機，因此學生更可能理解並記得課文的內容，例如：教師上課時偶爾穿插新奇、變化、神秘、風趣的事物於教學活動中，學生更能夠把他們所學的應用於新的情境。

（七）增進學生的自我效能與自我價值

教師只告訴學生說：「你很好」或「你很聰明」，不可能提升他的自我價值感（sense of self-worth）。模糊而抽象的說詞如「你很特別」也少有意義。較有效的方式是針對特定的活動及課業，增進學生的自我效能。如前所述，學生過去成功的經驗可以增進他在某一領域的信心。教師應善加鼓勵學生，如「你能做得到，我知道你能夠」可以增進學生的信心。

（八）給予學生富有挑戰性的課業

挑戰不僅促進認知的發展，也讓學生體驗相當的滿足感與尊榮。挑戰

的另一個優點是凸顯學科的興趣所在。但是，教師必須牢記：學校上課未必皆是挑戰，教師應該求其平衡，以提升學生的信心與自我效能。

（九）評量學生的表現，要讓學生有成功的喜悅

通常學生的表現有優點，也有缺點。即使學業成績不佳的學生也有其優點，例如：某生學業成績不理想，但他上課準時，從不遲到、曠課，字體工整、不「龍飛鳳舞」。教師要極力找出學生的優點，讓學生有成功的滿足。一個受到肯定與賞識的學生，會更加努力向上。教師的職責之一就是發展學生的潛能，長善而救其失。

（十）要求學生設定個人努力的目標

學生通常會朝向自己設定的目標更加努力，而對別人為他設定的目標可能無動於衷。自我選擇的目標如果具體明確、富挑戰性，並且短期內能實現，更能激發學習的動機。學生可設定一系列的短期、具體的目標，有時稱之為「近似目標」（proximal goals），學生得到定期的回饋，產生更大的自我效能感，不僅學會了教材，也獲得高層次的學業成就。

四、協助教師的情緒適應

Stevenson 與 Milt（1965, pp. 55-88）認為，良好的教育有賴健全的教師，而心理健康與良好的情緒適應要從教師本身與學校行政措施著手。下列建議可能有助於教師的情緒適應：

1. 教師有憂慮的時候，不妨把憂慮的事告訴自己信賴的人——丈夫或妻子、好友、牧師、同事。將不愉快的事情和盤托出，不但有助於解除緊張，而且可把事情看得開、放得下。

2. 教師在日常生活中可能面臨許多挫折的情境。挫折一旦堆積至某一個程度就會爆發，顯得暴躁、易怒。發怒的宣洩並非良策，反而容易遭致別人的批評，譏為狂妄無知。如果教師遇到此種情形，可暫時將負面情緒置之腦後，全神貫注於體力的活動，諸如打球運動或從事清潔工作，即可

讓憤怒全消。

3. 教師如果經常憂慮，則可考慮設法替別人做些事情，例如：主動參加社區活動，或指導學生社團活動。這種作法不但可以使教師有滿足感，也可協助教師建立心理健康的行為型態。

4. 教師有時會忙得喘不過氣。此時，教師只要認為這是一種暫時的狀況，忍耐一下，就可把工作順利完成，緊張的壓迫感亦可隨之消逝。

5. 有些教師求好心切，容易患得患失，擔心做得不夠多、不夠好。事實上，世界上很少人是十全十美的。如果教師有這種完美的驅力（drive for perfection），而引起挫折、焦慮、不滿意，就要設法應用一些平日用來勸說學生的話語，如「凡事盡力而為」。

6. 緊張的教師做錯事的時候常會勃然大怒，或變得沮喪、氣餒。此種反應可藉詼諧的瑣事來紓解。教師尤應面對現實，因為人生不如意之事，十常八九。

7. 部分教師犯錯時，不論是何原因，總會自我譴責一番，以顯示自我約束。但實質上，這是一種自我懲罰的方式。一種比較合理的反應方式是把它擱置一旁，閱讀自己喜愛的書刊或觀賞一場電影，可以把事情看得更客觀，而不必自怨自艾，怨天尤人。

8. 有些教師認為自己受人輕視，不受重用。當然，這可能有其原因。但是有此種傾向的教師，不易與人合作，造成孤僻、退縮的性格。教師面對此種情況，自應反躬自省，積極參與各種有益活動。

9. 少數教師有爭先恐後的毛病，開會時總是搶盡風頭，領薪水從不落人後。其實，這種「驅力」（drive）是可以控制的。不健康的競爭具有傳染性，但合作的精神也同樣具有感召性。凡事多體諒別人，可減少不必要的摩擦。

10.許多人天生勞碌命，終日難有休閒的時間，以致影響身心的健康。此類教師應訂定作息時間表，沒有工作的時候，要安排休閒活動。

此外，校長與學校行政人員不僅本身情緒要穩定，更需具備專業的知

能，主動發現教師的問題並協助解決。尤其新任教師常有陌生和孤單的感覺，校長與學校行政人員應幫助教師建立自信心與專業的態度，並協助解決食宿、教學、訓導、輔導等問題（Stanley, 1972, p. 118）。

五、建構理論應用於數學

事物的操弄常常用於問題本位的教學。事物的操弄形成心理的認知，它可分成四個發展層次：具體、半具體、半抽象，以及抽象，分述如下（Heddens & Speer, 1992）：

1. 具體的認知必須操作實際的事物，例如：七巧板、方塊或其他玩具等。這些三面向的觸動過程，協助學生觀察並組織資訊，解答問題。
2. 半具體的認知不須操作實際的事物，但必須畫圖代表具體的操弄，例如：操弄滑鼠、觀看電腦畫圖。
3. 半抽象的認知使用記帳符號（如代表事物的數字）。學生不必畫出事物的項目。
4. 抽象的認知乃是使用抽象的符號（如數字 7），代表某一意義。

高層次的思考技巧最好透過問題解決的經驗呈現出來。現在讓我們檢視一道有趣的問題：

> 莎莉共有 12 隻的蚱蜢和青蛙。她數了一數，總共有 56 隻腳。請問莎莉有幾隻蚱蜢和青蛙？（Keller, 1993）

這個問題如何解決？很多方法可以得到答案。試從具體、半具體、半抽象，以及抽象的層次，尋求答案。

在具體層次方面，引起學生關注問題的方法就是給學生 12 個橡膠丸及 56 根牙籤。學生可使用橡膠丸代表蚱蜢及青蛙的身體，牙籤代表腳。教師請學生為 12 隻動物擺上 4 隻腳，然後把剩下的牙籤，每隻動物加擺 2 隻腳，一直到 56 根牙籤用完為止。最後可以發現 12 隻動物中，6 隻腳者有

4 隻，4 隻腳者有 8 隻。此種具體層次，利用牙籤的操弄，可使學生集中注意力注視面前的代表物，增強答題信心。

在半具體層次方面，學生可畫 12 個圓圈代表 12 隻動物。然後，他們可以在每個圓圈附上線，代表腳。56 條線代表 56 隻腳。

在半抽象層次方面，學生不必畫出動物的身體。相反地，他們只要在 12 個口，畫出成對的線條，直到畫完 56 條線為止。這個格子代表蚱蜢及青蛙，線條就代表腳。

在抽象層次方面，教師可指導學生使用代數方程式。a 代表蚱蜢，b 代表青蛙。方程式如下：

$$a + b = 12 \rightarrow 6a + 4b = 56 \rightarrow b = 12 - a \rightarrow 6a + 4(12 - a) = 56 \rightarrow 6a + 48 - 4a = 56$$

$$2a = 56 - 48 \rightarrow 2a = 8 \rightarrow a = 4 \rightarrow b = 12 - a \rightarrow b = 12 - 4 = 8$$

→莎莉有 4 隻蚱蜢和 8 隻青蛙。

貳 教學的省思

研讀本章有關多元智能理論、學習型態理論、情緒智商理論，以及建構理論之後，請思考並回答下列問題：

1. 依據 Gardner 的多元智能理論，人類至少有哪些智能？你擅長哪些智能？不擅長哪些智能？
2. 何謂「學習型態」？通常學習型態可分為哪些類型？
3. 負面的情緒對於德、智、體、群、美五育的發展有何影響？請舉例說明之。
4. 情緒智商理論有哪些範疇？請列舉說明。
5. 建構理論的教學觀與學習觀，各有何主張？教師與學生扮演何種角色？

6. 曉華擅長美術繪畫與視覺藝術。依此判斷，曉華擅長哪一種智能？
   (1)語文的智能；(2)肢體—動覺的智能；(3)自然觀察的智能；(4)空間的智能。

7. 阿明自幼在農村長大，體察農夫的生活，自認自己將來不適合當農夫。高中時他做了生涯規劃，立志當中學教師，果然有志竟成。從多元智能的觀點，阿明展現哪一種智能？(1)自然觀察的智能；(2)肢體—動覺的智能；(3)知人的智能；(4)知己的智能。

8. 正義國民中學三年級學生到墾丁國家公園春季旅行，教師安排風景寫生、公園尋寶，以及恆春民謠教唱等活動。透過這些旅遊活動，學生可能學到哪些多元智能？（可複選）(1)自然觀察的智能；(2)肢體—動覺的智能；(3)知人的智能；(4)音樂的智能。

9. 立志國民中學指定學生暑假作業，要選擇一齣喜愛的電視劇或電影，仔細觀看並分析劇情，然後寫一篇心得報告。此種作業，學生可能學到哪些智能？（可複選）(1)自然觀察的智能；(2)語文的智能；(3)知己的智能；(4)音樂的智能。

10. 生物科教師帶學生到學校附近公園上課，要求學生觀察公園裡的人物與植物，並比較這些人物與植物是否異於當地一般的人物與植物。此種生物教學活動，學生可能學到哪些智能？（可複選）(1)自然觀察的智能；(2)語文的智能；(3)知己的智能；(4)知人的智能。

參考 文獻

中文部分

中時晚報（1998年3月22日）。**EQ影響力比IQ大兩倍**。臺北市：作者。

中時晚報（1998年3月23日）。**臺灣人 EQ 有問題**。臺北市：作者。

張清濱（2008）。**學校教育改革：課程與教學**（第三版）。臺北市：五南。

張清濱（2013）。多元評量：理念及其應用。**新北市教育季刊，8**，15-19。

英文部分

Abbeduto, L. (2006). *Educational psychology* (4th ed.). Dubuque, IA: McGraw-Hill.

Barbe, W. B., & Malone, M. N. (1981). What we know about modelling strategies. *Educational Leadership, 38*, 378-380.

Bruning, R. H., Schraw, G. J., Norby, M. M., & Ronning, R. R. (2004). *Cognitive psychology and instruction* (4th ed.). Upper Saddle River, NJ: Pearson.

Callahan, C. M., Tomlinson, C. A., & Plucker, J. (1997). *Project START using a multiple intelligences model in identifying and promoting talent in high-risk students.* Storrs, CT: National Research Center for Gifted and Talented, University of Connectinut Technical Report.

Carjuzaa, J., & Kellough, R. D. (2013). *Teaching in the middle and secondary schools* (10th ed.). Boston, MA: Pearson.

Chen, J. Q. (2004). Theory of multiple intelligences: Is it a scientific theory? *Teachers College Record, 106*, 17-23.

Cunningham, D. J. (1987). Outline of an education semiotic. *American Journal of Semiotics, 5*, 201-216.

Dewey, J. (1933). *How we think: Restatement of the relation of reflective thinking to the educative process*. Boston, MA: Heath.

Driscoll, M. (2000). *Psychology of learning and instruction* (2nd ed.). Boston, MA: Allyn & Bacon.

Frenzel, A. C. (2014). Teacher emotions. In R. Pekrun, & L. Linnenbrink-Garcia (Eds.), *International handbook of emotions in education* (p. 496). New York, NY: Routledge.

Gallard, D., & Cartmell, K. M. (2015). *Psychology and education: Foundations of education studies*. London, UK: Routledge.

Gardner, H. (1983). *Frames of mind: The theory of multiple intelligences*. New York, NY: Basic Books.

Gardner, H. (2009). Birth and the spreading of a name. In J-Q Chen, S. Moran, & H. Gardner (Eds.), *Multiple intelligences around the world* (pp. 3-16). San Francisco, CA: John Wiley & Sons.

Gibson, J. J. (1977). The theory of affordance. In R. Shaw, & J. Bransord (Eds.), *Perceiving, acting, and knowing*. Hillsdale, NJ: Lawrence Erlbaum Associates.

Goleman, D. (1995). *Emotional intelligence*. New York, NY: Holt, Rinehart, and Winston.

Goleman, D. (1998). *Working with emotional intelligence*. New York, NY: Bantam.

Goodman, N. (1984). *Of mind and other matters*. Cambridge, MA: Harvard University Press.

Heddens, J. W., & Speer, W. R. (1992). *Today's mathematics* (2nd ed.). New York, NY: Mcmillan.

Hyman, R., & Rosoff, B. (2000). Matching learning and teaching styles: The jug and what's in it. In H. F. Clarizo, R. C. Craig, & W. A. Mehrens (Eds.), *Contemporary issues in educational psychology* (pp. 178-190). New York, NY: Random House.

Jung, C. (1927). *The theory of psychological type*. Princeton, NY: Princeton University Press.

Keller, J. D. (1993). Go figure! The need for manipulatives in problem solving. *Contemporary Education, 65*(1), 12-15.

Kellough, R. D., & Kellough, N. G. (2003). *Secondary school teaching: A guide to me-

thods and resources (2nd ed). Columbus, OH: Merrill/Prentice-Hall.

Kinchin, G. D. (2002). Learning and learning styles. In V. Ellis (Ed.), *Learning and teaching in secondary schools.* Glasgow, UK: Learning Matters Ltd.

Kolb, D. A. (1984). *Experiential learning: Experience as the source of learning and development.* Upper Saddle River, NJ: Prentice-Hall.

Kratzig, G. P., & Arbuthnott, K. D. (2006). Perceptual learning style and learning proficiency: A test of hypothesis. *Journal of Educational Psychology, 98*, 238-246.

Lage, M. J., Platt, G. J., & Triglia, M. (2000). Inverting the classroom: A gateway to creating an inclusive learning environment. *Journal of Economic Education, 31*, 30-43.

Landy, F. J. (2005). Some historical and scientific issues related to research on emotional intelligence. *Journal of Organizational Behavior, 26*, 411-454.

Lebow, D. (1993). Constructivist values for instructional systems design: Five principles toward a new mindset. *Educational Technology Research & Development, 41*, 4-16.

Locke, E. A. (2005). Why emotional intelligence is an invalid concept. *Journal of Organizational Behavior, 26*, 425-432.

Mandler, G. (2001). Emotion: History of the concept. In N. J. Smelser, & P. B. Baltes (Eds.), *International encyclopedia of the social and behavioral sciences* (pp. 4437-4440). Amsterdam, Netherlands: Elsevier.

Mayer, R. E. (2009). Constructivism as a theory of learning versus constructivism as a prescription for instruction. In S. Tobias, & T. M. Duffy (Eds.), *Constructivist instruction: Success or failure.* New York, NY: Routledge.

McCarthy, B. (1977). A tale of four learners: 4 MAT's learning styles. *Educational Leadership, 54*(6), 47-51.

National Education Association (1938). *Fit to teachers.* Washington, DC: National Education Association Research.

Ormrod, J. E. (2009). *Essentials of educational psychology* (2nd ed.). Columbus, OH: Pearson.

Parkay, F. W., Anctil, E. J., & Hass, G. (2014). *Curriculum leadership: Readings for developing quality educational programs* (10th ed.). Boston, MA: Pearson.

Pashler, H., McDaniel, M., Rohrer, D., & Bjork, R. (2009). Learning styles: Concepts and evidence. *Psychological Science in the Public Interest, 9*, 105-119.

Phillips, D. C. (1995). The good, the bad, and the ugly: The many faces of constructivism. *Educational Researcher, 24,* 5-12.

Ratnesar, R. (1997). Teaching feelings 101. *Time Express,* December, 65.

Riessman, F. (1966). Styles of learning. *NEA Journal, 3*, 15-17.

Salovey, P., & Mayer, J. D. (1990). Emotional intelligence. *Imagination, Cognition, and Personality, 9*, 250-257.

Santrock, J. W. (2001). *Educational psychology*. Boston, MA: McGraw-Hill.

Scherer, K. R. (2009a). On the nature and function of emotion: A component process approach. In K. R. Scherer, & P. Ekman (Eds.), *Approaches to emotion* (pp. 293-317). Hillsdale, NJ: Lawrence Erlbaum Associates.

Scherer, K. R. (2009b). The dymamic architechture of emotion: Evidence for the component process model. *Emotion, 23*, 1307-1351.

Shuman, V., & Scherer, K. R. (2014). Concepts and structures of emotions. In R. Pekrun, & L. Linnenbrink-Garcia (Eds.), *International handbook of emotions in education* (p. 16). New York, NY: Routledge.

Silver, H., Strong, R., & Perini, M. (1997). Integrating learning styles and multiple intelligences. *Educational Leadership, 55*(1), 22-27.

Stanley, W. W. (1972). *New dimensions in supervision*. New York, NY: International Textbook Company.

Sternberg, R. J. (1994). Commentary, reforming school reform, comments on multiple intelligences: The theory in practice. *Teachers College Record, 95*, 561- 569.

Stevenson, G. S., & Milt, H. (1965). *Ten tips to reduce teacher tension in Readings in Educational Psychology* (2nd ed.). New York, NY: Houghton Mifflin.

Tuckman, B. W., & Monetti, D. M. (2011). *Educational psychology.* Belmont, CA: Wadsworth.

Waterhouse, L. (2006). Multiple intelligences, the Mozart effect, and emotional intelligence: A critical review. *Educational Psychologist, 41*, 207-225.

Weatherley, C. (2000). *Leading the learning school: Raising standards of achievement by improving the quality of learning and teaching.* Willston, VT: Network Educational Press.

Willingham, D. T. (2004). Reframing the mind. *Education Next, 4*(3), 19-24.

Woolfolk, A. (2013). *Educational psychology* (12th ed.). Upper Saddle River, NJ: Pearson.

Zhang, L., & Sternberg, R. J. (2005). A threefold model of intellectual styles. *Educational Psychology Review, 17*, 1-53.

Chapter **10**

動機理論

　　人類的學習有一些共同的特徵。不論何種學派，都認為動機（motivation）與學習密切相關。動機是引起學習的歷程。動機不容易直接觀察，但可以從學習者表現的行為加以推論。動機是一種說明性質的概念（explanatory concept），有助於我們了解為何人們有此舉動（Schunk, 2012, p. 346）。

第一節　歷史的觀點

　　一些早期的觀點認為動機主要是本能（instincts）引起的，例如：動物行為學家們根據 Darwin 的理論，建立他們的理念，主張本能對於有機體有生存的價值。另有些人強調個體體內平衡（homeostasis）的需求，或生理狀態的最佳水準。第三種觀點持樂觀主義（hedonism）的看法，人類追求快樂、逃避痛苦的理念。雖然每一種看法可表明某些人類動機的事例，但仍不足以說明動機行為的廣泛範圍，尤其學習的動機。本節針對與學習有密切關係的動機作歷史的回顧，包括驅力理論（drive theory）、制約理論、認知一致性理論，以及人文學派理論（Schunk, 2012, p. 347）。

壹　驅力理論

　　驅力理論原先是生理學理論；後來，範圍擴大至生理的需求。Woodworth（1918）界定驅力為內在的力量用來維持體內的平衡。當人或動物的基本要素（如食物、空氣、水分）被剝奪的時候，身體就會啟動驅力引起反應。基本要素獲得滿足，驅力即告平息。

　　Hull（1943）闡揚驅力的概念，認為生理的需求是主要的需求，如有缺陷，就會激發驅力。驅力是動機的力量，引發人或動物採取行動。需求獲得滿足，驅力就會降低。這個歷程是需求產生驅力，驅力引起行為（需求→驅力→行為）。

　　Hull 相信與生俱有的行為通常會滿足基本的需求；學習只有當與生俱有的行為證明無效時，才會產生。學習代表一個人對於環境的適應力，以確保生存。他也承認次強化物的存在，因為許多的行為並不都能滿足基本需求。刺激的情境（如工作賺錢）與主強化作用（如金錢購買食物）攜手並進，因而獲得次級的強化力量。

　　雖然驅力理論可以解釋一些朝向短期目標的行為，許多人類的行為反映出長期的目標，諸如尋找工作、取得學位、環遊世界等。追求這些目標時，人們並不長期處在驅力高昂的狀態。通常他們會體驗高、中、低度的動機，所產生不同程度的驅力（Schunk, 2012, p. 348）。

貳　行為學派理論

　　行為論者把學習視為可觀察的行為改變。學生肯花時間學習就是動機的證據。因此，強化物諸如讚賞、作業評語、優良成績都是動機強化物（Schunk, Meece, & Pintrich, 2014）。

　　誘因的動機（incentive motivation）代表內在動機（intrinsic motivation）與外在動機（extrinsic motivation），可視為介於目的物（刺激）與

朝向目的物（反應）之間的歷程（Overmier & Lawry, 1979; Petri, 1996）。
個體想要得到的目的物具有誘因的價值（報酬的價值）。當個體的行為可
能造成他們想要的結果，個體就會表現此種動作。

　　學生可能閱讀一本書，因為讀這本書產生內在的興趣與喜樂。另一方
面，學生閱讀一本書，因為這樣做，可以得到外在的獎賞或公開表揚，獲
得肯定與讚許。事實上，任何活動都有可能是內在動機或外在動機使然
（O'Donnell, Reeve,& Smith, 2009, p. 374）。又如學生知道教師檢定考試通
過後，就可以參加教師甄選。因此，檢定考試成為教師甄選的誘因動機。
同樣地，教師甄選考上了，就可以當教師。教師甄選也成為當教師的誘因
動機。有些師資生選修教育學分乃因自己的志趣是當教師，亦有些師資生
係受父母的逼迫或勸說才修習教育學分。前者出於自願的行為屬於內在動
機，後者來自外力的影響屬於外在動機。

　　內在動機造成的學習有許多優點，諸如學生能自動自發學習、耐心的
學習、獲得高品質的學習，以及了解為何學習。外在的學習動機則不然，
學生學習不是為了興趣，而是為了得到獎賞，或者避免懲罰與責罵。就學
習成果而論，內在動機優於外在動機。然而，如果學生讀書是因內在動機
而引起，在校努力用功，成績斐然，名列前茅而獲得校方的獎狀與獎金表
揚，又會產生什麼現象？此種內在動機與外在動機同時發生就會造成超級
動機（supermotivation）。但是此種超級動機通常對於未來的內在動機會有
負面的影響（O'Donnell et al., 2009, p. 375）。

　　論者批評使用獎賞作為動機強化物傳遞學習的錯誤訊息。有些研究顯
示當學習是內在動機所引起時，獎賞反而減低學習的興趣（Ryan & Deci,
1996）。過度使用獎賞也會造成功利主義、唯利是圖的傾向，甚至干擾學
習，失去原先的志趣而有潛在的獎賞代價（hidden cost of rewrd）（Lepper
& Greene, 1978）。論者亦指出行為論不能充分說明動機，例如：當我們相
信無法完成艱鉅的任務時，即使施以強化，也不可能勇往直前，奮鬥不懈
（Perry, Turner, & Meyer, 2006）。

　　儘管這些批評，獎賞仍然可以當作動機強化物。教師妥當使用強化

物，就可以激勵學生的學習動機。

參 認知學派理論

認知動機論者（Greeno, Collins, & Resnick, 1996）認為，人類與生俱有解決疑惑、好奇、堅持，以及想要獲得回饋的慾望。這些趨向促使個人引起學習的動機。

社會認知論者（Schunk & Pajares, 2004）強調，學習者的期望與觀察他人的行為對於動機的影響。學習者觀察到他人學習的熱忱與興趣，因而增進學習者的學習動機。

社會文化論者（Hickey & Zuiker, 2005）認為，社會互動對於動機會產生重大的影響，尤其學生在課堂參加合作學習的經驗。

有些專家提出動機的近側發展區觀點，認為學習活動與學習者的先備知識及經驗要互相接近配合，兩者之間的差距太大不容易引起學習的動機（Brophy, 2010）。

肆 人文學派理論

人文學派注重「全人」的教育，視動機為人類企圖實現個人的潛能並且完成自我實現。依據這種觀點，了解動機需要了解人類的思想、感覺，以及行動。但是只有了解行為或思想不足以了解學生，教師必須了解整體，包括人之所以為人（Schunk & Zimmerman, 2006）。

Maslow（1968）提出需求階層理論，他把人類的需求分為五個層次：生理需求、安全需求、社會（愛與隸屬）需求、自尊需求、自我實現。在動機理論方面，需求是一種內部力量或獲得或避免某種事物的驅力（Schunk et al., 2014）。

Maslow的需求階層理論引導我們了解人類的行為。如果學生遭受生理的或心理的創傷，期待他們在學校有良好的成績表現是不切實際的。需求

階層理論提供師長、家長們認清一個事實，為何學生有此行為，其來有自。學校過分強調智能發展，重視學業成績，忽視學生的社會與自尊需求。

Rogers 創立「以人為中心的治療」，他相信無條件的正向關注至為重要。無論學生的行為如何，要把學生視為與生俱有價值（Rogers & Freiberg, 1994）。依據他的觀點，有條件的關注阻礙個人的成長。受教師或父母親無條件接納的學生更可能引起學習的動機（Kohn, 2005）。

第二節　歸因理論

歸因理論（attributional theory）廣泛地應用於動機的研究（Schunk, 2012, p. 366）。歸因係指個人察覺到行為結果的原因。歸因理論解釋人們如何看待自己與別人行為成敗的原因（Weiner, 1985）。從動機的觀點言之，歸因會影響信念、情緒，以及行為。

歸因理論的起源一般歸之於 Heider（1958）的著作，他稱之為「天真的行動分析」（naive analysis of action）。「天真」一詞意即一般人無法知道行為的客觀決定因素。Heider 的理論檢驗一般人所相信的一生重大事件成敗的原因。他認為人們把成敗的原因歸之於內在或外在的因素。他把這些因素分別稱為有效能的個人力量（effective personal force）與有效能的環境力量（effective environment force）。他提出一個公式如下：

結果＝個人力量＋環境力量

內在原因（internal clauses）屬於個人的因素，諸如需求、願望、情緒、能力、意向，以及努力。個人力量分為兩個因素：力量（power）與動機，設法去做（trying）會產生一股去做的動機。力量指能力（abilities），而動機指意向與努力（exertion）。

結果＝動機＋力量＋環境

　　力量與環境構成「能的因素」與「設法的因素」結合，用來解釋結果。個人的力量（或能力）反映環境，例如：曉華能否游過湖泊端視湖泊的力量（水流與氣溫）與她的游泳能力。同樣地，曉明考試的成功或失敗端看他的能力、意向、努力，及試題的難易度。假設能力足於克服環境的力量，則努力會影響結果。

　　受到 Heider 著作的影響，Weiner 等人（1971）認為，學生把學業的成敗大部分歸之於能力、努力、課業的難易度，以及運氣，例如：婷婷的英文學業成績得到 A 等，她可能把原因歸之於能力（因為我擅長英文）與努力（因為我很努力學英文），也可能是課業的難易度（因為考試題目不太難）與運氣（因為我猜對一兩題）。

　　Weiner 等人的說法並不意謂能力、努力、課業的難易度，以及運氣，是學生用來解釋成敗的唯一原因，而是學生共同舉出來的課業成敗原因。事實上，課業的成敗還有其他的歸因，諸如師生影響、心情、勞累、疾病、人格等個人的因素。

　　Weiner 等人（1971）原先呈現的歸因有兩個面向：(1)個人內在（internal）或外在（external）的原因；(2)穩定（stable）與不穩定（unstable）的原因。能力是個人內在而且相當穩定的原因；努力是內在而不穩定的原因，因為努力與不努力操之在我；課業的難易度是外在而相當穩定的原因，因為課業的難易度改變不大；運氣是外在而不穩定的原因，因為運氣時好時壞，非操之在我。

　　後來，Weiner（1979）加上第三個原因面向：可控制（controllable）與不可控制（uncontrollable）的原因。雖然努力一般被視為內在與不穩定的原因，但一般的努力因素也似乎存在，人們可能平常懶惰或勤奮，因此，努力被視為可控制的原因；心情因素（勞累與疾病）則否。Weiner 的歸因模式，如表 10.1 所示。

表 10.1　Weiner 的歸因模式

	內在		外在	
	穩定	不穩定	穩定	不穩定
可控制	平常努力	馬上努力	教師偏見	他人協助
不可控制	能力	心情	課業難易度	運氣

資料來源：Schunk（2012, p. 369）

第三節　社會認知

　　雖然各種不同觀點的動機與學習有關，社會認知理論家相當關注於動機與學習之間的關係（Bandura, 1986; Schunk, 2012）。他們認為目標與期望是重要的學習機制。動機乃是目標導向的行為，係因人們對於預期行動的結果與自我效能有所期望而激發的行為。歸因與其他的認知透過目標與期望的結果影響動機。

壹　目標與期望

　　目標設定與目標進展的自我評估構成重要的動機機制。目標與目前表現之間的負面差距會導致變遷。當人們邁向目標努力工作時，他們注意到工作進展的情形並維持動機於不墜。

　　目標設定的作業要與結果的期望與自我效能並行。人們按照他們相信可以達成目標的方式採取行動。不像制約理論家認為強化作用是反應的強化物，Bandura（1986）則認為強化作用告知人們有關可能的行為結果，並激發行為的動機，達成正面的後果。人們根據經驗建立他們的期望，但是另一個重要的動機來源是社會比較（social comparison）。

貳 社會比較

社會比較是自我與他人比較的歷程。當行為的標準不夠明確、無法取得時，人們會透過與他人比較，評估自己的能力與選擇。最準確的自我評估方式得自與能力或性質相同者的比較（Festinger, 1954）。觀察者愈像典範，產生比較結果的概率也愈大（Schunk, 2012, p. 372）。

典範與觀察者能力的相似性可以增進學習。學習的影響大部分由動機的結果所造成。與觀察者相似的人獲得成功可以提升觀察者的自我效能，例如：看到別人通過語言檢定考試，自己也信心滿滿，自認也能通過考試；看到別人失敗，人們可能會認為自己的能力不足。在個人體驗過困難而自我懷疑重的情境裡，相似性特別具有影響力（Schunk, 2012, p. 373）。

發展狀態在社會比較方面至為重要。使用比較資訊的能力有賴於高層次的認知發展與做比較評估的經驗（Veroff, 1969）。幼童不見得會自我評估，但在小學階段逐漸對比較的資訊產生興趣。到了四年級，他們會使用比較的資訊，做能力的自我評估（Schunk, 2012, p. 374）。

目前與先前表現的比較並注意進步的情形，可以增進自我效能、激發動機。從發展的觀點言之，此種能力在幼童時期即已發展，然而，他們可能不會使用比較的資訊。隨著年齡的增長，兒童漸漸會作暫時的比較，但大多數的兒童只注意最後的結果。相反地，兒童常常使用社會比較，如果他們勝過同儕時，他們會評估自己的表現遠高過同儕（Butler, 1998）。教師應當協助兒童作自我比較，告訴他們以往的表現並指出應行改進之處。

第四節　自我概念

心理學家研究自我概念（self-concept）多年，旨在了解人類的人格發展與發揮功能。雖然許多人相信自我概念對於學業成就有正相關，但支持這個論點的理論與研究證據簡直鳳毛麟角。

正當自我概念的理論與研究東山再起之時，此種窘境已經戲劇性地改變（Hattie, 1992）。教師關心此類議題，諸如自我概念如何與動機及學習相關、自我概念如何改進、社會與教學因素如何影響自我概念。

壹　自我概念的面向與發展

自我概念係指個人對於環境經驗形成的集體自我察覺，它深受重要人物的強化與評估的影響（Shavelson & Bolus, 1982）。自我概念是多面向，包含自信心、自尊心、自我概念的穩定性、自我具體化（self-crystalliza-tion）等要素（Schunk & Pajares, 2009）。自尊是個人覺察的自我價值感，或個人是否接納與尊重自己。自尊是自我概念的評估成分。自信係個人相信自己可以產生結果，完成目標，或能勝任工作。自尊心與自信心相關，個人自信有能力執行工作的信念可以提升自尊心。高度的自尊心可以引導個人嘗試艱難的工作，其後的成功也會增進自信心（Schunk, 2012, p. 383）。

自我概念的穩定性係指改變自我概念的難易度。穩定性大部分要看信念的具體化與結構化的程度。隨著個體的發展與重複經驗到類似的經驗，信念變得具體化。到了青少年期，在智能、社交能力、運動方面，個體已有相當良好的結構來察覺自己。

自我概念的發展由具體的自我觀點進到更抽象的自我觀點（Montema-yor & Eisen, 1977）。幼童具體化地覺察自己，他們以容貌、動作、姓名、所有物等界定自己。兒童無法分辨行為、基本能力或人格特徵，他們也沒有持久的人格感，因為他們的人格是組織鬆散的。隨著發展，兒童獲得更抽象的看法。當他們發展分離的概念，把基本特質與能力截然分開，他們的自我概念就變得更有結構，也更複雜。

發展也產生差異化的自我概念。雖然大多數的研究人員承認一般自我概念的存在，證據顯示它是有階層的（Schunk & Pajares, 2009）。一般的自我概念位居階層的頂端，特殊的次級自我概念則在其下方。特殊行為的

自我覺察影響特殊的次級自我概念（如數學、社會學科），再組合成為學術性的自我概念。一般的自我概念包含學術的、社會的、情緒的，以及生理領域的自我覺察。

證據顯示自我概念不是被動地形成，而是動態的結構，它調和重要的內省與人際知覺的歷程（Cantor & Kihlstrom, 1987）。自我概念是由自我基模（self-schemas）透過經驗形成的，這些基模處理個人的與社會的資訊，正如學術的基模處理認知的資訊一樣（Markus & Wurf, 1987）。

貳 自我概念與學習

自我概念與學生的學習呈現正相關，似乎言之有理。對於學習能力有信心並且覺得自己有價值的學生展現更大的興趣與動機，因而提升學業成就。學業成就愈高，對於學習愈有自信心也維持高度的自尊心（Schunk, 2012, p. 385）。

遺憾的是，這些理念並不獲得研究的支持。Wylie（1979）檢討許多篇的研究，發現學業成就與自我概念測量之間的相關係數是 $r = .30$，屬中度的正相關，顯示兩者之間的直接相關性。這個相關性並不暗示因果關係，所以它無法判定自我概念是否影響學業成就，或學業成就影響自我概念，或互相影響，或受其他變項的影響（如家庭因素）。Wylie 也發現，當使用標準化的自我概念測量時，相關係數較高；使用研究者自編測量時，相關係數較低。學業成就與學術性自我概念之間的相關係數高於學業成就與整體的自我概念之間的相關係數，支持階層組織的觀念。研究發現特殊領域的自我概念（如英文、數學）與學業成就之間的相關係數最高（Schunk & Pajares, 2004, 2009），能夠預測學業成就（Bandura, 1997; Schunk, 1995）。

教師應當提供學生正面的回饋，有效使用典範，將負面的社會比較減至最低限度，可以幫助學生發展自我概念。

第五節　教學的應用與省思

　　動機理論應用於教學方面有成就動機訓練（achievement motivation tra-ining）、歸因改變方案、目標取向的學習、激發動機的學習策略，以及引起學習動機的技巧，分述如下（Eggen & Kauchak, 2016, p. 393; Ormrod, 2012, pp. 216-231; Schunk, 2012, p. 392）。

壹　教學的應用

一、成就動機訓練

　　成就動機訓練旨在協助學生發展高成就動機學習者應有的想法與行為（de Charms, 1984）。起初，教師先接受訓練，然後與學生共同合作，指導學生進行成就動機教學活動。目標是協助學生發展個人對他們的學習結果負起責任。

　　師資培育包括學業動機的自我學習、真實的目標設定、完成目標的具體計畫發展，以及目標進展的評估。學生的學習動機與課業內容結合。課堂活動包括學業動機的自我學習、成就動機的思考、自我概念的發展、真實的目標設定，以及個人責任的提升。在拼字課裡教學目標設定為，讓學生可以選擇學習簡單、中度或困難的單字。為了教導學生個人的責任觀念，教師要學生寫出有關成就的故事，然後當作課堂論說文競試。結果顯示這項計畫提升教師與學生的學習動機，低成就學生的學習動機不再低落，並且降低學生的缺課率與遲到早退等懶散情況。

　　不把「成就動機教學與課業內容的統整」當作另加的活動似乎是當務之急、刻不容緩。當成另加活動的風險是學生不了解如何應用成就動機的原則於其他的課業。

　　Alderman（1985, 1999）提出一些成就動機教學的建議。其一是要求教

師協助學生設定真實的目標，並提供有關目標進展情況的回饋。另一方面是自我學習以檢驗個人的學習動機並培養個人的責任觀念。任務與自我參與之間的區別似乎有用。一系列問題幫助學生檢視他們對於課業作何想法。教導個人責任觀念的一個方式是協助學生更加強調努力作為結果的原因，而不當作失敗責備他人的原因。學生一旦體驗成功的滋味，他們當能發展高度的自我效能，繼續學習，並且承擔更大的掌控權，負起學習的責任。

　　Alderman（1985）把這些理念應用於一所女子高中的體育課。在第一天上課的時候，學生填妥一份健康、體適能狀況，以及各種活動能力、興趣的自我評量表，並設定體適能目標。他們每週做各種活動（有氧舞蹈、彈力、體力、姿態等）的自我測驗。第一次評分結束，學生設定期末考試的目標。他們有各種不同的方式完成有氧舞蹈的目標（跑步、走路、跳繩等）。教師與學生會商共同評量目標，如果不切實就提出建議。學生安排9週的練習課表，每週至少3次，並作練習紀錄。期末考試結束後，學生填妥學習結果自評量表。學生最顯著的評語是「我學會設定目標並完成目標」。

二、歸因改變方案

　　歸因改變方案企圖改變學習成敗的歸因，增進學習的動機。學生學習新資訊，通常會有某些困難。有些學習者把這些難題歸之於能力低落。缺乏必備能力的學生上課無精打采，阻礙技能的發展。研究者辨認這個歸因類型的學生，並且訓練他們把失敗歸之於可控制的因素（不努力、使用不當的策略），而不是能力低落。努力受到特別的注意；自認失敗是因為能力低落的學生不可能很努力去應試。因為努力與否是在自己的掌控之下，要學生相信先前的困難是欠缺努力所造成，將會引導學生更加努力用功，滿懷期望締造佳績（Schunk, 2012, p. 393）。

　　提供成功的學生一些努力的歸因回饋，也可以促進成就的期望與良好的行為。在減法的教學裡，兒童先前成就與努力的連結比未來成就與努力

的連結，更可以增進課業的動機、能力與技能的獲得（Schunk, 1982）。努力的歸因回饋對於學習障礙的學生可能特別有用。

　　幼童把成功歸因於努力，但 8 歲前，他們已經開始形成分明的能力概念，並且直到 12 歲前，繼續區分能力的概念（Nicholls & Miller, 1984）。此時，能力歸因變得更加重要，而努力歸因為成功原因的影響力卻每下愈況。在算術的教學與練習裡，提供兒童先前成功的能力歸因回饋，比努力歸因回饋或能力加努力的歸因回饋，更能增進察覺的能力與技巧（Schunk, 1983）。

三、目標取向的學習

　　設定目標可能是動機的重要來源。當學生設定學習的目標時，他們就會朝向目標全力以赴，勇往直前（Driscoll, 2000, p. 308）。目標理論與研究顯示教師可以使用一些方式促進目標取向的學習。教師可以幫助學生改變他們有關「能力限制的信念」與「努力當作改進動機的工具」的看法。提供學生進步的回饋顯示他們的技能已經改進，連同努力有助於學習的資訊，可以創造成長的心向，提升自我效能，並激發學生進一步改進技能（Schunk, 2012, p. 396）。

　　　另一項建議是運用合作式的學習活動。針對運動與學校功課的研究發現，工作取向（task orientation）與高中學生的信念有關，他們相信成功有賴於努力與同儕的合作，然而自我取向（ego orientation）與成功和高能力的信念相互結合有關。目標取向（goal orientation）與成功的信念和覺察的能力沒有高度的相關（Duda & Nicholls, 1992）。

　　改進學習目標取向的第三個方式是幫助學生採用學習目標。教師可以強調獲得的技能、學習新的策略、發展問題解決的方法等。學生的作業應該涉及學習，當學生練習技能時，教師可以強調練習的理由，並且告知學生技能練習顯示出技能可以獲得保存（Schunk, 2012, p. 396）。

四、激發動機的學習策略

Keller（1984, 1987）提出激發動機的四個條件，這些條件的頭一個字母是 ARCS：

A——*Attention*（注意）
R——*Relevance*（切題）
C——*Confidence*（信心）
S——*Satisfaction*（滿足）

依據 Keller 的觀點，激發動機是按部就班、循序漸進的歷程。教師必須先引起學生的注意，積極參與學習的活動（條件 A）。一旦進入狀況，學生通常會問一個問題：「我為什麼要學習這個？」在進入教學之前，學生必然相信學習活動與個人目標切身有關且符合特殊需求（條件 R）。即使專心上課並發現課程與自己切身有關的學生，他們的學習動機可能仍然吊在半空中。這是信心的問題（條件 C）。如果教學方法不得當，將無法引起學生的注意（回到條件 A）。因此教學歷程是否讓學生覺得滿意而願意繼續學習是激發動機的關鍵（條件 S）。那麼教師究竟要採取何種方式才能符應這些條件？說明如下。

（一）注意

好奇是動機的主要來源。教師可運用新奇或料想不到的方式，引起學生的興趣，例如：教師可述說一則與主題相關的有趣故事。此外，教師要變化教學活動才能維持學生的長久注意力。

（二）切題

切題係指感受到的事物符合需求並滿足個人的慾望，包括目標的達成，例如：學生覺得上課有好處，可以達成目標。熟悉是切題的主要成

分，學生更喜愛他們老早知道或相信的事物。因此，教師要提供具體的事例與比擬，讓教學與學生的經驗產生連結。

（三）信心

教師要建立學生的信心。首先，教師要創造對學生積極的、成功的期望，克服失敗的恐懼。教師要提供學生成功的機會，但這不意味著學生永不失敗，而是失敗具建設性，禁得起考驗。教師也可從旁給予協助，減少失敗，增加自信心。缺乏信心的學生會顯得孤立無助，裹足不前。滿懷信心的學生會接受挑戰，衝破難關。

（四）滿足

教師要讓學生感到滿足，可採取三個策略：自然後果、積極後果，以及公平。提供即學即用的機會可以增進學習的滿足感，例如：數學教師教學生演算校隊的統計數字，馬上就可以得到新的知識技能。但是並非所有的知識技能都可以即學即用，有些知識技能必須累積一段時日才能使用。有時候，有些學生可能對某科目沒有特殊的興趣，但可以符合某種外在的需求（如考試）。這時候，教師可使用積極的後果如口頭讚美、誘因或其他獎賞等。教師處理事情，對待學生要秉持公平公正的原則，不平則鳴，就不會有滿足感。

五、引起學習動機的技巧

從動機的來源與決定因素，我們發現一些方式可以用來引起學生學習的動機。教師教學時可以考慮採取下列方式激發學習的動機（Driscoll, 2000, pp. 306-317; Ormrod, 2012, pp. 216-231）。

（一）針對學生的基本需求，激發內在動機

動機可分為外在動機與內在動機。前者如學校規定學生畢業前必須通過英文初級檢定考試，因此學生努力學習英文；後者如學生想要在畢業後

出國留學，於是自動自發努力學習外語。一般言之，內在動機優於外在動機，教師要善用內在動機激發學生學習。

　　教師如何把外在動機轉化為內在動機？教師教學時要運用四個策略：挑戰、好奇、控制，以及夢幻（Lepper & Hodell, 1989）。教師要鼓勵學生設定具有挑戰性而且可以達成的目標。一旦學生覺得有希望達成目標，他們就會戮力以赴。學生對課程與教學充滿好奇，擁有活動的抉擇，可以掌控自己的學業成就，透過模擬與遊戲化枯燥為神奇，激發學習的興趣。

（二）教學活動新奇、有變化

　　好奇心是強而有力的學習原動力。好奇心是受到環境中新奇的事物所引起，學習者不僅會更注意不尋常的事物，而且會躍躍一試，探個究竟。教師可以善加運用教學環境的布置，變化教學活動，創造問題的情境，引起學生的好奇心。

（三）增進學生的自我效能

　　動機的另一個強力來源是學生對於課業的困難度與結果的自我效能。學生根據自己的判斷，決定是否進行學習的活動。如果學生具備先備知識，自覺有能力學習，足以完成課業活動，他們就會努力學習。

（四）給予適當且學生可以達成的期望

　　除了增進學生的自我效能，教師可以給予他們適當的期望。這些期望必須是短期內可以實現的，並非遙不可及的天方夜譚。正面的期望可以當作誘因或強化物，而負面的期望反而造成挫折感。

（五）指定作業切合學生的興趣與能力

　　教師給學生的作業要考慮學生的興趣與能力、作業的難易度、內容的多寡，以及所需時間的長短。對於學業成績優異的學生，作業要具有挑戰性；對於學習成就不佳的學生，作業不宜艱深。學生寫作業時間不宜過

長，通常以 30 分鐘至 1 小時為宜，也不可過度集中在週末，以免剝奪學生的休閒活動與睡眠時間。

貳　教學的省思

研讀本章動機理論之後，請思考並回答下列問題：

1. 請比較行為學派、認知學派，以及人文學派對動機採取的觀點。

2. 教師如何引起學生學習的動機？請提出五種有效的策略或方法。

3. Weiner 的歸因模式有哪些面向？請舉例說明之。

4. 何謂「自我概念」？它的內涵為何？它對動機有何影響？

5. 「自我概念」與「自我效能」有何不同？它們對於學習有何影響？

6. 英明認為英文測驗沒有通過的原因是自己努力不夠，以及考試當天考場附近大樓施工噪音干擾的影響。依據 Weiner 的歸因理論，測驗不及格歸於哪些面向？(1)可控制與穩定的因素；(2)不可控制與不穩定的因素；(3)外在與穩定的因素；(4)內在與不可控制的因素。

7. 下列有關動機的陳述，何者是錯誤的？(1)內在動機優於外在動機；(2)獎賞浮濫會導致功利主義；(3)提供即學即用的機會可以增進學習的滿足感；(4)提升學生的自我效能無法激發學習的動機。

8. 依據 Keller 提出的動機觀點，下列何者不是激發動機的條件？(1)注意（Attention）；(2)切題（Relevance）；(3)信心（Confidence）；(4)成功（Success）。

9. 下列有關動機的陳述，何者為真？(1)自我概念是靜態的結構；(2)動機容易直接觀察；(3)生理的需求不是主要的需求；(4)設定目標可能是動機的重要來源。

10. 學生自動自發去當社區志工，這是基於何種動機？(1)滿足生理需求；(2)滿足社會需求；(3)外在動機；(4)內在動機。

參考文獻

Alderman, M. K. (1985). Achievement motivation and the preservive teacher. In M. K. Alderman, & M. C. Cohen (Eds.), *Motivation theory and practice for preservice teachers* (pp. 37-51). Washington, DC: ERIC Clearinghouse on Teacher Education.

Alderman, M. K. (1999). *Motivation for achievement: Possibilities for teaching and learning.* Mahwah, NJ: Lawrence Erlbaum Associates.

Bandura, A. (1986). *Social foundations of thought and action: A social cognitive theory.* Englewood, Cliffs, NJ: Prentice-Hall.

Bandura, A. (1997). *Self-efficacy: The exercise of control.* New York, NY: Freeman.

Brophy, J. (2010). *Motivating students to learn* (3rd ed.). New York, NY: Routledge.

Butler, D. L. (1998). The strategic learning approach to promoting self-regulated learning: A report of three studies. *Journal of Educational Psychology, 90*, 682-697.

Cantor, N., & Kihlstrom, J. F. (1987). *Personality and social intelligence.* Englewood Cliffs, NJ: Prentice-Hall.

de Charms, R. (1984). Motivation enhancement in educational settings. In R. Ames, & C. Ames (Eds.), *Research on motivation in education* (Vol. 1) (pp. 275-310). Orlando, FL: Academic Press.

Driscoll, M. P. (2000). *Psychology of learning for instruction* (2nd ed.). Boston, MA: Allyn & Bacon.

Duda, J. L., & Nicholls, J. G. (1992). Dimensions of achievement motivation in school work and sport. *Journal of Educational Psychology, 84*, 290-299.

Eggen, P. D., & Kauchak, D. P. (2016). *Educational psychology: Windows on classrooms* (10th ed). Boston, MA: Pearson.

Festinger, L. (1954). A theory of social comparison process. *Human Relations, 7*, 117-140.

Greeno, J., Collins, A., & Resnick, L. (1996). Cognition and learning. In D. Berliner, & R. Calfee (Eds.), *Handbook of educational psychology* (pp. 15-46). New York, NY: Macmillan.

Hattie, J. (1992). *Self-concept*. Hillsdale, NJ: Lawrence Erlbaum Associates.

Heider, F. (1958). *The psychology of interpersonal relations*. New York, NY: John Wiley & Sons.

Hickey, D. T., & Zuiker, S. J. (2005). Engaged participation: A sociocultural model of motivation with implications for educational assessment. *Educational Assessment, 10*, 277-305.

Hull, C. L. (1943). *Principles of behavior: An introduction to behavior theory*. New York, NY: Appleton-Century-Crofts.

Keller, J. M. (1984). Use of the ARCS model of motivation in teacher training. In K. E. Shaw (Ed.), *Aspects of educational technology XVII. Staff development and career updating*. New York, NY: Nichols.

Keller, J. M. (1987). Strategies for stimulating the motivation to learn. *Performance and Instruction Journal, 26* (8), 1-7.

Kohn, A. (2005). Unconditional teaching. *Educational Leadership, 63*(1), 20-24.

Lepper, M. R., & Greene, D. (Eds.) (1978). *The hidden cost of reward*. Hillsdale, NJ: Lawrence Erlbaum Associates.

Lepper, M. R., & Hodell, M. (1989). Intrinsic motivation in the classroom. In C. Ames, & R. Ames (Eds.), *Research in motivation in education* (Vol. 3) (pp. 73-105). San Diego, CA: Academic Press.

Markus, H., & Wurf, E. (1987). The dynamic self-concept: A social psychological perspective. *Annual Review of Psychology, 38*, 299-337.

Maslow, A. (1968). *Toward a psychology of being* (2nd ed.). New York, NY: Van Nostrand.

Maslow, A. (1970). *Motivation and personality* (2nd ed.). New York, NY: Harper and Row.

Montemayor, R., & Eisen, M. (1977). The development of self-conceptions from childhood to adolescence. *Developmental Psychology, 13*, 314-319.

Nicholls, J. G., & Miller, A. T. (1984). Reasoning about the ability of self and others: A developmental study. *Child Development, 55*, 1990-1999.

O'Donnell, A. M., Reeve, J., & Smith, J. K. (2009). *Educational psychology: Reflection for action* (2nd ed.). Hoboken, NJ: John Wiley & Sons.

Ormrod, J. E. (2012). *Essentials of educational psychology* (3rd ed). Columbus, OH: Pearson.

Overmier, J. B., & Lawry, J. A. (1979). Pavlovian conditioning and the mediation of behavior. In G. H. Bower (Ed.), *Handbook of research on teaching* (3rd ed.). New York, NY: Academic Press.

Perry, N. E., Turner, J. C., & Meyer, D. K. (2006). Classrooms as contexts for motivating learning. In P. A. Alexander, & P. H. Winne (Eds.), *Handbook of educational psychology* (2nd ed.) (pp. 327-348). Mahwah, NJ: Lawrence Erlbaum Associates.

Petri, H. L. (1996). *Motivation: Theory, research and applications* (4th ed.). Pacific Grove, CA: Books/Cole.

Rogers, C., & Freiberg, H. J. (1994). *Freedom to learn* (3rd ed.). Upper Saddle River, NJ: Merrill/Pearson.

Ryan, R., & Deci, E. (1996). When paradigm clash: Comments on Cameron and Pierce's claim that rewards do not undermine intrinsic motivation. *Review of Educational Research, 66*, 33-38.

Schunk, D. H. (1982). Effects of effort attributional feedback on children's perceived self-efficacy and achievement. *Journal of Educational Psychology, 74*, 548-556.

Schunk, D. H. (1983). Ability versus effort attributional feedback: Differential effects on self-efficacy and achievement. *Journal of Educational Psychology, 75*, 848-856.

Schunk, D. H. (1995). Self-efficacy and education and instruction. In J. E. Maddux (Ed.), *Self-efficacy, adaptation, and adjustment: Theory, research, and applications* (pp. 281-303). New York, NY: Plenum.

Schunk, D. H. (2012). *Learning theories: An educational perspective* (6th ed.). Boston,

MA: Allyn & Bacon.

Schunk, D. H., Meece, J. L., & Pintrich, P. R. (2014). *Motivation in education: Theory, research, and applications* (4th ed.). Boston, MA: Pearson.

Schunk, D. H., & Pajares, F. (2004). Self-efficacy in education revisited: Empirical and applied evidence. In D. M. McInerney, & S. Van Etten (Eds.), *Sociocultural influences on motivation and learning: Vol. 4. Big theories revisited* (pp. 115-138). Greenwich, CT: Information Age.

Schunk, D. H., & Pajares, F. (2009). Self-efficacy theory. In K. R. Wentzel, & Wigfield (Eds.), *Handbook of motivation at school* (pp. 35-53). New York, NY: Routledge.

Schunk, D. H., & Zimmerman, B. J. (2006). Competence and control beliefs: Distinguishing the means and the ends. In P. A. Alexander, & P. H. Winne (Eds.), *Handbook of educational psychology* (2nd ed.) (pp. 349-367). Mahwah, NJ: Lawrence Erlbaum Associates.

Shavelson, R. J., & Bolus, R. (1982). Self-concept: The interplay of theory and methods. *Journal of Educational Psychology, 74*, 3-17.

Veroff, J. (1969). Social comparison and the development of achievement motivation. In C. P. Smith (Ed.), *Achievement-related motives in children* (pp. 46-101). New York, NY: Russell Sage Foundation.

Weiner, B. (1979). A theory of motivation for some classroom experiences. *Journal of Educational Psychology, 71*, 3-25.

Weiner, B. (1985). An attributional theory of achievement motivation and emotion. *Psychological Review, 92*, 548-573.

Weiner, B., Frieze, I. H., Kukla, A., Reed, L., Rest, S., & Rosenbaum, R. M. (1971). *Perceiving the causes of success and failure*. Morrisontown, NJ: General Learning Press.

Woodworth, R. S. (1918). *Dynamic psychology*. New York, NY: Columbia University Press.

Wylie, R. C. (1979). *The self-concept* (Vol. 2). Lincoln, NE: University of Nebraska Press.

第二篇

教學方法篇

Chapter **11**

思考教學

    在當今瞬息萬變的社會中，人們必須學會臨機應變的能力，日常發生的問題，也必須學會判斷，做出正確的決定，以免思慮不周，遭致失敗或無謂的損失。社會的進步乃是人們智慧的結晶，如果教育是在發展人力資源，那麼培養學生成為有思考能力的國民，能明辨是非、分別善惡，知所抉擇，貢獻自己的智慧，以為國用，則是刻不容緩的課題。

    21 世紀的學習架構強調學習結果的完整概念，也就是四個 C 的要素：(1)批判思考與問題解決的能力（critical thinking and problem solving）；(2)溝通的能力（communication）；(3)合作的精神（collaboration）；(4)創造力與革新（creativity and innovation）（Carjuzaa & Kellough, 2013, p. 41）。這些概念成為學校教育的重點。

    教育部（1998）頒布「國民教育階段九年一貫課程綱要總綱」，明白宣示國民中小學學生應培養十項基本能力，自 2001 年從國小一年級實施。其中包括「運用科技與資訊」、「主動探索與研究」，以及「獨立思考與解決問題」等能力。教育部（2014）並在「十二年國民基本教育課程綱要總綱」揭示總體課程目標，其中之一就是「啟發生命潛能」，課程與教學要「啟迪學習動機，培養好奇心、探索力、思考力、判斷力與行動力」。這些課程目標必須透過課程設計、教材編輯、教法改進、行政配合等措

施，才能達成。教師更有必要加強思考教學。本章就直接教學法（direct instruction）、探究教學法、問題解決教學法、創意教學法，以及實務演練，分別敘述。

第一節　直接教學法

直接教學法是以教師為中心或以電腦軟體為中心，最廣泛採用的教學方法。尤其在中小學校，有關事實、規則，以及動作順序的教學，教師最常使用直接教學法（Borich, 2011, p. 223）。課程愈具體明確，年級愈低，愈適合採用此法。直接教學法可用來培養學生運用科技與資訊的能力。

壹　理論基礎

直接教學法來自於行為學派的制約理論、社會學習理論，以及認知學習理論（Estes, Mintz, & Gunter, 2011, p. 65）。

行為學派的制約理論強調下列原則：明確的教學目標、診斷性的測試學習者的起點行為、實際的行為目標、教材細分為更小的單元、運用積極強化作用原理，以及良好的紀錄確保合理的強化時程。

社會學習理論主張人們藉觀察他人來學習；學習也許會（或不會）造成可觀察的行為改變。相對於行為學派的制約理論，社會學習理論家認為強化作用與懲罰對於學習有正面的影響，學生可以展示他們學會的行為。

認知學習理論相信學生從以往的經驗建構自己的知識。直接教學法讓新的知識技能與學生的背景知識產生關聯，它提供具體的、適時的回饋。有充分的證據顯示直接教學法與學生學業成就的增進是有相關的（Rosenshine, 1986）。

貳　教學步驟

　　中小學採用的直接教學法不同於大學校院的演講法。演講法很少適用於中小學課堂，因為學生的注意力、興趣及動機不能與大學生等量齊觀。根據 Rosenshine（1986）的研究，直接教學法可分成下列六個步驟。

一、溫習以前學過的教材

　　首先，學生必須了解要學習什麼、步驟如何，以及如何把新教材與學過的教材相連結。因此，教師要簡短地溫習學過的教材，檢討前課的指定作業。

二、敘述課程的目標

　　課程目標要明確敘述，讓學生了解上課的重點所在。上課結束，學生可以檢驗目標是否達成。

三、呈現新教材

　　教師必須準備新教材。只知道上課內容或程序是不夠的，最重要的是教師要會教。有些教師滿腹經綸，上課卻不知所云。事實上，教師必須精通教材與方法。課堂講述要把握重點，運用前導組體，舉例說明，不斷重複來強化重點，並作總結以加深印象。

四、指導練習、評量學習的表現，以及提出更正的回饋

　　不論引導或自行練習都是直接教學重要的一部分。新教材以少部分方式逐步呈現，教師掌控教學的步調。發問在引導式練習時很重要，具有診斷的功能，教師可以判斷學生的學習問題。

五、指定個別練習、評量學習的表現,以及提出更正的回饋

在學生進行個別作業練習前,教師要花時間指導學生練習。在指導練習時,教師觀察學生何時可進行個別自行練習。有效能的自行練習發生在引導練習少有錯誤之時,以及在學生達到自動自發階段之前。

六、定期檢討,如有必要,提供更正的回饋

定期檢討教材應該建立在每一節的教案上。學生在學習新技能的過程中,檢討已學過的技能對自發性的學習是很重要的。家庭作業應該檢查以作為檢討的一部分。如果每週的檢討顯示技能尚未學會,重教是有必要的。

參 評析

直接教學法的目的是傳授知識技能。在每一個環節,教師應該評估學生的學習表現。教師指導學生練習可當作形成性評量,因為它提供師生有關先前獲得的知識技能訊息。形成性評量也蒐集做決定的資訊。

基於有明確的目標以及對學生背景知識的了解,直接教學法也能因應學生的個別差異。彈性分組便是其中一個方式,學生得與興趣、背景相同的學生或異質性的學生練習新的知識技能。

發問的技巧是另一個因應個別差異的方式。教師可針對學生不同的程度、興趣、經驗,依照行為目標修訂版分類法——記憶、了解、應用、分析、評鑑、創造等層次,提出問題要求學生回答。

直接教學法有許多的優點,例如:在短時間內,教師可以講授很多的教材;教師擁有較多的掌控權,包括上課時間與內容;學生的學習成就可預期達成。然而,它也有潛在性的缺點,例如:學生的學習動機大部分是外在動機;學生鮮能掌控學習的步調;學生很少做重大的學習決定;學生少有機會發揮創意思考;教師會忽略學生的自尊(Carjuzaa & Kellough,

2013, p. 226）。因此，直接教學法不能長久使用，教師也要採用一些間接教學法，例如：探究教學法、問題解決教學法、創意教學法或其他方法等。

<h1 style="text-align:center">第二節　探究教學法</h1>

　　學生到校求學，是否知道如何探求學問？教師教學，是否也知道如何指導學生學習？知道如何學習（knowing how to learn）顯然是當今教育的重要趨向。教與學是師生共同的活動。教師與學生都有必要懂得如何探求學問。探究法（inquiry approach）在教學上常被使用。我們要探求知識，了解事實、真相，就會去問個究竟，弄個水落石出。此與《中庸》的「博學、審問、慎思、明辨、篤行」，頗有異曲同工之妙。

壹　理論基礎

　　Bruner（1960, 1961）把探究式學習（inquiry learning）與發現式學習（discovery learning）相提並論。所謂探究式學習，是教師提供問題的情境並鼓勵學生發現教材的結構，換言之，它是一種問題解決的形式，不只是讓學生做他們想做的事（Klahr & Simon, 1999）。結構是指理念、關係，以及教材的類型，不是指事實與細節，在此過程中，發現式學習有時偶然發生，發現者往往創造發生的環境。因此，探究教學法與直接教學法恰好相反。探究教學法是認知學派的理論，而直接教學法是行為學派的理論（Tuckman & Monetti, 2011, p. 507）。

　　探究式學習與發現式學習往往混為一談的主要原因是，學生都主動尋求問題的解決。唯兩者的主要差別在於：(1)何人確認問題；(2)學生做決定的百分比（Carjuzaa & Kellough, 2013, p. 234）。

　　許多的教學方法及策略似乎大同小異。Callahan 與 Clark（1982）指出，探究教學法與發現教學法（discovery approach）不具相同的意義，但

大部分相同。探究教學法係從發現中學習（learning by discovery），而發現教學法則常涉及探究。兩者的共同點就是要求學生從歸納、演繹或原理應用於新的情境中，獲致結論，產生觀念及概念。

Regan 與 Shepherd（1977）認為，探究（inquiry）就是探索（exploration）、發明（invention）和發現（discovery）的歷程。這些歷程描述學生在學習環境中互動的情形。此種策略可把探究稱為方法，教師對於此種學習環境的表現，則可稱為程序、技術、操作及協助。教師的行為表現用來刺激學生的探究——探索、發明和發現。

Cleaf（1991）則認為，探究法是科學方法的變異體。科學方法（scientific method）與問題解決法（problem solving method）頗多雷同之處。科學方法通常分為五個步驟：(1)確認問題的所在；(2)提出假設；(3)演繹推理；(4)蒐集及分析資料；(5)驗證或推翻假設。探究法就是確認問題、蒐集資料、分析資料、獲取結論的歷程。

Joyce 與 Weil（1986）亦認為，探究法旨在引導學生經由實驗、觀察、操弄，直接進入科學的思考歷程。探究法可以增進對科學的了解，進而創造發明，產生新的概念。

綜上所述，探究教學法乃是探求學問的方法，它是一種科學的思考方法。從學習的情境中，教師引導學生發現問題，認清問題的所在，提出可能的假設，擬定可行的方案，選擇最合適的方案，驗證假設並獲致結論。探究教學法是歷程取向的教學方法，它經由發現而學習。因此，問題的發現至為重要，沒有問題，就不可能產生探究的學習活動。

貳 教學步驟

探究教學法不是新的教學方法，發展至今，它有多種模式。茲舉常用模式五種如下（張清濱，2009，頁 235）。

一、三段模式：探索、發明及發現模式

這是 Regan 與 Shepherd（1977）提出的模式。依據他們的研究，探究教學法可分為三個階段：

（一）探索

探究教學法的第一個階段是探索。當學生面臨某種環境的時候，他們就開始針對熟悉的環境屬性及特徵，予以分類、辨識及標示。認清熟悉的事物可以提供一個學習的組織架構，當作探索的催化劑。這種歷程必須由學生親自動手去做，不宜由他人代勞。熟悉環境乃是從舊經驗來學習新經驗的發展階段及功能。

在探索的階段，教師可用示範觀摩的方式，展示環境事物的屬性及特徵，並採取一些教學行動。教師也可以讓學生討論，強調觀察的內容（what）及方法（how），而不強調事項或情境的原因（why）。其他如口頭報告、閱讀指定作業、媒體操作、分組活動、田野調查等，也可用來強化學生的觀察與互動。

（二）發明

探究教學法的第二個階段是發明的歷程。發明的產生乃是學生進行探究的結果。在發明的階段，學生就其所探索的東西，分群、分組成為一種描述、一種解釋或一種假設。發明的動力視探索階段如何以為定。如果探索階段的刺激及使用的程序得當，則學生的發明將是豐碩可期的。

在發明的階段，教師的教學行為要強調學生的選擇、展示及獎勵個人的發明。這些教學行為可以用來澄清學生在探索階段所使用的方式。然而在此階段，教師不宜告訴學生及練習，蓋因學生正在處理分類、描述、解釋及假設的歷程。因此，討論、發問、展示、表演似乎較為允當。教師的教學行為要強調學生發明的結果，讓學生說出及寫出發明的事物，而不是要學生聽教師講課或閱讀有關資料。

（三）發現

探究教學法的第三個階段是發現。發現是因學生發明的結果而產生，當學生的行為朝向發明時，發現的歷程即開始。發現乃在證驗發明的妥當性。它能解釋、說明新事物、行動、現象或情境嗎？發現是用來增強、建立、改變或破壞發明，即使發現系統取而代之，發明的歷程亦足以發揮強而有力的功能，例如：驗證不完整的發明可促進發明的行為改變，然後更加允當、更包羅萬象。

在發現的階段，教師要引導學生找出他們發明的優點、邏輯與統整性。這些教學行為可以充當催化劑，提供學生作為驗證發明的方法。教師可用工具、例證、圖示來驗證並找到有關的發明。

二、四段模式：傳統模式

這種模式是Cleaf（1991）就科學方法的五個階段改變而成。他提出探究教學法的四個步驟是：陳述問題、蒐集資料、分析資料，以及獲致結論。

（一）陳述問題

沒有問題，就沒有什麼可探討的。因此，探究的歷程始於需要尋求解決的問題。通常在陳述問題時，都會提出假設。假設是研究者想要找到的答案陳述。但不是所有的探究法都需要提出假設。有些社會學科能提出假設或提出探究的問題，例如：學校的午餐為何品質不佳？學生可能提出下列假設：廚師不懂烹調、食品不佳、食譜不合學生的口味。又如：教師列舉美國革命時期的一些主題包括：生活型態、戰爭技術、政治及軍事領袖、交通、貿易和主要戰役。學生得就其中選擇一個主題並且提出四個有關此一主題的問題，然後蒐集資料回答這些問題。有一組學生探討當時的生活型態，提出下列問題：房子像什麼樣子？家庭布置如何？人們遭遇何種痛苦？人們穿什麼樣的衣服？

（二）蒐集資料

　　資料必定來自於資源。但是，蒐集資料不限於教科書及百科全書。科學家及社會科學家們往往花費相當的時間蒐集有關資料，有時花費數年之久。學生應學會從各種不同的管道蒐集資料，例如：圖書館、博物館、文化中心、旅遊導覽、手冊、報紙、日記、各類文獻、電視、影片、錄音帶、錄影帶、網際網路等，都是可蒐集到所需資料的管道。

　　除了印刷品的資源外，人是最重要的資源。學生可以請教專家、學者提供事實的資料和有趣的敘述，例如：上一代的人描述當時的生活情況，身歷其境，娓娓道來，格外生動，也可供探究的參考。

（三）分析資料

　　資料蒐集完成，學生即可進行分析。有些資料可能暫時擱置一旁，有些作為保存以供分析。資料係依據探究的問題而進行檢驗，因而彌足珍貴，更有意義。

　　資料分析的時候，學生就學會了這些資料。他們可能會問這些資料是否會應用得到？如何應用？如何用來解決問題？只要他們能問一些問題，他們對資料的內容也就有了徹底的了解。

（四）獲致結論

　　探究歷程引導學生解決問題。結論是從獲得的資料推演出來的，結論必須與原先提出的假設或探討的問題一致。

　　結論可以書面報告的方式，或以科學展覽的方式提出。內容包括：圖表、海報、錄影展示、小冊子及透視圖等。

　　最後，學生寫出一篇書面報告並附上心得、感想，檢討利弊得失。

三、五段模式：探究訓練模式

　　探究訓練模式（inquiry training model）係由美國 Suchman（1962）研究而提出的，旨在教導學生探討並解釋不尋常的現象。基於科學方法的概

念，此種模式企圖教導學生一些學術性的技巧與語言。他採用物理學家所用的分析方法，辨認探究歷程的要素，成為教學的模式，稱為探究訓練模式。此種模式可分為五個階段，分述如下。

（一）問題的遭遇

Suchman 相信每個人都有一種探究的自然動機。探究訓練模式即建立在周遭環境的知識遭遇（intellectual confrontation）上。教師要先布置一個困惑的情境，激發學生的好奇心，引導學生去探究。教師要提出具有神秘感、讓人料想不到或不為人知的問題。其次，教師要向學生說明探究的程序，讓學生發問，但教師的回答僅是「是」或「否」。學生不可要求教師解釋現象，他們必須聚精會神，探求答案，解決問題。

（二）資料的蒐集：驗證

學生就其蒐集的資訊、所見所聞或所體驗的事項，進行驗證的歷程。在此一階段，學生可能問許多有關事物、屬性、條件及現象的問題。學生不一定傾向於驗證困難問題的各方面，教師要體會得出學生所蒐集的資訊而改變發問的類型。

（三）資料的蒐集：實驗

學生引進新的要素到問題的情境中，觀察是否產生不同的變化。實驗有兩個功能：探索和直接驗證。探索即改變事項看會發生什麼，不一定要理論或假設來引導，但它可能提出理論的點子。直接驗證則是當學生嘗試提出理論或假設時即發生。把假設轉化成實驗頗不容易，而且需要不斷嘗試。

（四）組織、擬定法則

教師要求學生組織整理資料並加以解釋。把資料化為法則，對某些人而言可能有困難，要求學生陳述說明，往往是有幫助的。如此一來，可能的假設就會更為突出。

（五）分析探究的歷程

教師要求學生分析探求的歷程。學生可能斷定哪些發問最有效？哪些問法最無效？或者哪些資訊有需要？哪些資訊是不需要？為使探究歷程不斷改進，檢討，分析整個歷程極為重要。

四、五 E 模式

Moore（2009, p. 184）提出五 E 模式，包括五個探究歷程：參與（engage）、探討（explore）、解釋（explain）、精進（elaborate），以及評量（evaluate）。它是建立在建構主義的學習理論基礎上。

（一）參與

學生首先面對並辨認學習的活動。學習的活動吸引學生的注意力並激發學生的思考。學生提出問題，結合過去與現在的經驗，並界定探究的問題。

（二）探討

學生直接探討研究的問題及教材，他們培養一種體驗現象的基礎。學生辨認並發展觀念、歷程、技巧。他們主動探討他們的環境或教材。

（三）解釋

學生進行探究的分析。他們把抽象的經驗融入一種可表達的形式之中，他們有機會口頭表達自己對概念的理解或展示新的技巧。由於反省思考，學生獲得的理解便得以澄清及更正。

（四）精進

將學生所學習的概念予以擴展，並與其他有關的概念相連結，把他們獲致的理解應用於周遭的世界。這些連結常常引導進一步的探究及新的認識與理解。

（五）評量

最後，教師要判斷學生是否了解這些概念及知識，以達成學習的目標。評鑑及評量在整個教學的歷程中，隨時都可能發生。

五、五步循環模式

Bruner（2004）提出五步循環模式，包括：發問（ask）、探討（investigate）、創造（create）、討論（discuss），以及反省（reflect），如圖 11.1 所示。

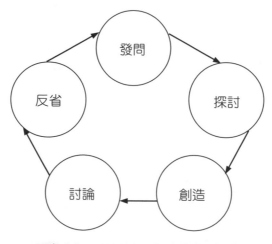

圖 11.1　探究教學五步循環模式

資料來源：Bruner（2004）；Borich（2011, p. 273）

（一）發問

為激發學生發現事實真相的慾望，教師要先提問，並請學生設計探究的程序，提出探究結果的報告。然後，教師鼓勵學生發問，提出自己的問題，設計回答問題的程序與判斷如何完成，並提出探究結果的報告。

（二）探討

在這個階段，學生要回想以往的知識經驗，蒐集有關資訊，提出可能的探究方法，完成行動方案。

（三）創造

學生開始思考有關資訊（證據）與問題之間的關係，綜合各項資訊，研判尚未發現的資訊，創造新知識。學生可以進一步思索問題或假設的妥當性，重新界定或蒐集更多的資料。

（四）討論

學生互相討論他們的研究發現、新的理念與經驗。討論方式可採取全班一起討論，也可以小組合作的方式討論，比較各組的結論，分享各組的經驗。

（五）反省

在最後階段，學生檢討研究的歷程與成果。檢討方式可依教師意見而為之。學生可用口頭報告、寫心得感想、提書面報告、製作多媒體報告、展示等。

參　評析

探究教學法有各種模式，但都大同小異。不論何種探究模式，教師要讓學生發現問題，探討解決問題的途徑。依據 Bruner 的觀點，探究法或發現法建立在歸納法的基礎上，從具體性到一般性，或從事實與觀察到更普遍的原則與理論。事實上，探究／發現教學應該讓學生的行為舉止像理論家。如果教師給予學生探究的機會，學習將會更有意義（Tuckman & Monetti, 2011）。

探究教學法成敗的關鍵是學生的先備知識。它影響探究的歷程；也就

是說，先備知識豐富的學生能夠正確解析探究的結果、發現事實的真相。為促進探究學習，教師需要提供例證，讓學生可以獲致結論，並歸納原則。具體的事實來自學生在探究的環境下觀察現象的發現。

探究教學法不侷限於課堂教學，教師應該多利用實驗室讓學生進行實驗研究。校外旅行或田野研究也都可以增進學生的探究學習。

第三節 問題解決教學法

人生充滿許多的問題，等待我們去克服。生活周遭環境處處皆學問，人生就是處理一連串問題的歷程。因此，學校教育是否能教導學生去發現問題，解決問題，培養解決問題的能力便至為重要。本節就問題解決教學法的理論基礎、教學步驟，以及評析，分別敘述如下。

壹 理論基礎

問題解決（problem solving）在過去稱為反省思考（reflective thinking），現今稱為批判思考（critical thinking），乃基於歸納的思考、分析的程序，以及聚斂的歷程（convergent processes）。創造思考（creative thinking）則包含直觀與發現，基於演繹的思考、原創性，以及輻射的歷程（divergent processes）。以第二種觀點言之，問題解決有助於理性及科學的思考，乃是獲得問題解決的答案。然而創造力是有助於藝術及文學的思考，也是思想的品質。當創造力作為目的時，就沒有所謂絕對正確的解決方案或答案（Ornstein & Hunkins, 2004, p. 118）。

實際上，問題解決與創造力可能（也或者不可能）攜手並進。有些人沒有創意但問題處理得很好；另有些人很有創意但處理問題很糟糕。我們能夠區別兩種思考歷程並不意味著它們是互相獨立的；研究顯示有創意的人不見得是個善於解決問題的人；相反地，善於解決問題的人也不見得是有創意的人（Getzels & Jackson, 1962）。

　　善於問題解決的人對於問題採取積極的態度,他們關心準確性,且善於分析問題,不妄加猜測、遽下結論。

　　值得注意的是這些複雜的認知活動應該當作普通的技巧和原則來教導給學生。這個理念是要培養後設認知的策略,學生可以遷移到許多課程領域及學科上。此種需求是要培養反省思考、批判思考、直觀思考,以及發現式思考策略,以適合各種學科的情境(Ornstein & Hunkins, 2004, p. 119)。

貳　教學步驟

　　問題解決在 Dewey(1910)的教育理念中扮演主要的角色。Dewey 不僅相信學校的問題解決活動能培養學生的智能與社會的成長,而且在解決問題中所培養的技能可以遷移到解決每天所面臨的問題。Dewey 的問題解決概念植基於科學的方法,成為古典的「五段教學模式」。

　　Dewey 倡導的問題解決教學法,旨在培養學生思考的能力,解決困難的問題。他的教學方法非常重視如何思考(how to think),而非思考什麼(what to think)。他提供的問題解決教學法包含下列五個步驟:

一、發現問題

　　教師讓學生提出問題或從教材中找出問題,並指導學生去辨認問題的存在。問題成為教學的核心,沒有問題,也就沒有教學。

二、分析問題的關鍵所在

　　教師指導學生蒐集必要的資訊,讓學生一起討論,分析問題,提出問題的主要因素,了解問題的所在。

三、提出解決問題的各種辦法

　　學生把一切可能的解決方案全部提出,不必擔心「對」與「錯」。學

習有時也要從錯誤中獲取教訓，得到經驗。

四、選擇最好的解決辦法

學生可用 deBono（1985）的 PMI 法，研判該採取哪一個方案。所謂 PMI 法係指判斷其優點（plus）、缺點（minus）、利益（interest）。也就是說，解決問題時，不妨衡酌其利弊得失、輕重緩急，做出最好的選擇。

五、驗證其得失，提出證據，以支持其論點

最後一個步驟就是檢驗問題是否已獲解決，成效如何，拿出證據，以支持其假設。如果方法無效，應該改弦更張，採取另一方案，直到問題獲得解決為止。

上述各步驟，Brown（引自 Slife & Cook, 1986）把它們合併成四個步驟，也就是：等一等、想一想、看一看、試一試（Hey-Wait-Think-See-So）。「等一等」就是認清問題與了解問題，「想一想」就是研擬可行方案與採取有效方案，「看一看」就是評估方案是否有效，「試一試」就是決定下一步行動，試行另一方案。

參 評析

Dewey 的問題解決法與他的教育理念不謀而合。他認為學校的主要功能是改進學生的推理歷程。各級學校應採納問題解決法於各學科中。問題應選自學生感到興趣的部分，因為學生沒有動機，將無法感受到問題的存在。

然而，論者批評問題解決教學法為錯誤的觀念，誤以為它是科學家尋求問題答案的法寶。例如：曾任美國耶魯大學校長的 Conant（1952）把問題解決教學法分成以下六個步驟，可用於科學實驗及日常解決問題的情境。

1. 認清問題並擬定目標。
2. 蒐集相關資訊。

3. 擬定假設。

4. 從假設演繹。

5. 證驗假設。

6. 依試驗結果，接受、改變或放棄假設。

Conant認為，問題解決的能力不能靠科學增進。科學方法不是很容易能應用於日常的問題，科學只是從實際的人借用證驗假設的方法。他的方法與Dewey的方法不盡相同，Dewey的方法適用於各科教學，涉及社會問題解決；Conant 的方法則用於科學實驗及數學課程（Ornstein & Hunkins, 2004, p. 119）。

這兩種模式都不夠完整。第一，分析是在問題解決之後才發生。第二，這兩種模式忽視直觀、頓悟及非邏輯的理念，簡言之，不易觀察或驗證，但有時在解決問題時是實施有效的程序。目前認知歷程的理論顯示邏輯與可觀察的步驟不是總用在問題解決。第三，不同的問題解決技術應用於不同的學科及年級（Ornstein & Hunkins, 2004, p. 119）。

第四節　創意教學法

教學需要創新。一方面，教學是一門科學，教師必須遵循一些原理原則；另一方面，教學也是一門藝術，教師當然不能墨守成規，一成不變。教學的戲法人人會變，但是究竟如何改變才有效？我們不禁懷疑「創新」就會有效果嗎？這是值得深思與探究的課題。

學校要培養學生的創造能力，教師首先要創新教學方法。「創新」一詞顧名思義，指創造新的思維、新的觀念，或新的方法技術。創造力教學（teaching for creativity）與創意教學（creative teaching）都是創新的教學。但是兩者有別，前者強調有創意的學生（creative learner），後者強調有創意的教師（creative teacher）（Newton, 2012）。兩者具有某種程度的因果關係，教師教學有創意，學生得以培養創造的能力。本節以創意教學法為重點，探討創意教學法的理論基礎、教學策略，以及評析。

壹　理論基礎

　　創造力（creativity）有許多不同的定義。有些定義著重做出創意作品的個體，亦即有創意的人像什麼樣子；另有些定義端視作品的本身，亦即什麼東西造成作品有創意。無論如何，大部分的定義都具備兩個規準：新奇（novelty）與妥當性（appropriateness）。Perkins（1988）即指出創造力必須符合兩個特性：獨創性（originality）與妥當性。換言之，要有創意，點子、科學發現或者作品必須新奇、獨創，而且要符合當代的文化情境。因此，創造力因文化及時空背景而異，例如：荷蘭畫家梵谷（Vincent van Gogh）或法國印象派畫家莫內（Claude Monet）的作品不被當時的群眾所接受，但卻成為今日的傑作。創造力是有目的性，要使作品做得更美好、更有意義、更具美觀（Starko, 2010, p. 6）。

　　標準化的測驗無法準確地測量學生的創造力。事實上，創造力有很多類型，包括：藝術的、音樂的、科學的、手工的創造力等。我們似乎把創造力當作包羅萬象的術語。有創意的學生常常難倒教師，他們往往提出千奇百怪的問題或答案，讓教師感到頭痛不已；他們的怪異行為常常脫離正軌。有時候，有創意的學生會遭到老師潑冷水並受到處罰。課程專家在課程規劃的時候也有忽視這類學生的傾向，因為他們是少數的一群。

　　「創造力」代表心思的品質（a quality of mind）。它包含認知的與人文的成分，它的認知成分大概多於人文的成分（Ornstein & Hunkins, 2004, p. 121）。新奇（novelty）、想像力（imagination）、發現（discovery）、發明（invention）都是創造思考的同義詞（Moore, 2009, p. 226）。雖然一個人不見得能教導別人如何有創意，但提供思考的機會是有可能的。

　　Guilford（1950）認為，學生要有創意，輻射式思考（divergent thinking）是很重要的特質（如圖 11.2 所示）。輻射式思考也稱為擴散或開放式思考，是尋找不同想法或解決辦法的能力。他分析這種能力具有以下四種特性：(1)流暢性：發展許多理念或觀念；(2)變通性：容易調整方向；(3)

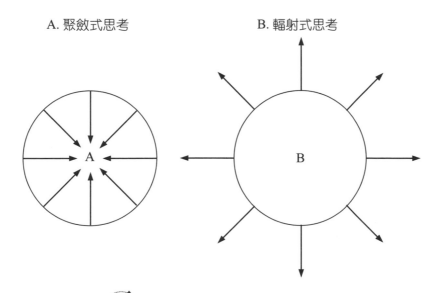

A. 聚斂式思考　　　　　　　B. 輻射式思考

圖11.2　聚斂式思考與輻射式思考

獨創性：產生或使用不尋常點子的能力；(4)精詮性：精益求精，止於至善。

　　相對於輻射式思考，聚斂式思考（convergent thinking）也稱為封閉式思考，思考問題顯得呆板。此類思考模式往往鑽牛角尖，愈陷愈深，像是關在象牙塔裡，不易尋求解決的方案。輻射式思考是創意的思考模式，跳脫框架，常常會有料想不到的成果。

貳　教學策略

　　許多人談到創造力就會聯想到智力的問題，以為有創意的人必定是智力很高的人。教師們談到智力也大都只知道它就是智力測驗所測量的能力。但是創造能力能否藉學習予以增進？如果能的話，哪些方法技術或策略有助於培養創造的能力？

　　當代心理學家Perkins（1986）發現，對智力的研究目前有三種不同的看法，可分別稱之為：能力論（power）、心術論（tactics），以及知識內

容論（content），分述如下：

1. 能力論

　　能力論者主張智力係依賴腦的神經功能作為處理資訊的機關。人類的基因（genes）就已經決定了智力。Jensen（1984）認為，智力間接測量了腦的基本效能。大多數的能力論者認為：雖然多年的刺激對能力會有些衝擊，但大體上，個人的能力取決於遺傳，也就是自己原有的才能（original equipment）。

2. 心術論

　　心術論者認為智力就是一種策略。善於思考的人做事靈敏，因為他們知道很多策略，懂得如何運用智慧（Baron, 1978）。一些智能不足者或學習遲緩者表現低劣，而且沒有心機，他們缺乏記憶與解決問題的策略。如果教師們能教他們一些策略，他們的表現將大為不同。這種結果反駁了智力是個體所決定的觀念，而支持智力是可以學習的說法。

3. 知識內容論

　　知識內容論者主張智力係以豐富的知識為基礎。他們認為策略性知識少有實際的影響。但是，精通某一特定領域，如數學、物理、社交技巧等，則可作為此一領域有效思考的基礎。證據顯示，問題的解決有賴於豐富的知識（Glaser, 1984）。

　　面對上述三種不同的說法，到底何者為是？何者為非？這種兩難困境是很敏感的，因為這三派的支持者都有立論的根據。職是之故，Perkins（1986, p. 8）認為智力就是能力、心術，以及知識內容的總和。他提出一套智力的等式：

$$智力＝能力＋心術＋知識內容$$

　　腦的能力既然是先天遺傳的基因，「唯上智與下愚不移」，後天的環

境很難去改變它。知識內容（學科知識）一向是學校教育的重點所在，但在增進智力的效果上是有極限的。充實智力只有傳授「心術」一途。創造能力是可以學習得來的。

最近幾年，翻轉教室（flipped classroom）成為教育領域熱門的議題。教師們可能會想到這個問題：教師究竟要如何進行教學才能翻轉教室，讓學生愛上學習？翻轉教室的目的之一就是改變教師的教學理念、教學型態、方法與技術，透過學生的互動，學生主動學習，增進學習的效果。然而，這並不意味著任何教師的教學都必須改變，而是教師們應該重新思考自己的教學是否需要改變？如果需要改變，應該如何改變？此處提供一些翻轉教室的策略。換言之，教師採用創造力的教學策略，讓學生更有創造力，就可以顛覆以往的教學型態。

一、融入課程與教學中

創造思考不是一蹴可幾之事。學校課程的設計要安排一些問題的情境，提出一些困難的問題，讓學生討論如何解決。教師教學時，也要把握下列幾個原則：

1. 鼓勵嘗試

浪漫的想像有助於創造，許多創造的行為來自於嘗試。許多成功的案例或作品也來自嘗試。

2. 安排時間解決問題

教師在課堂上應盡可能安排一些時間讓學生思考問題。導師也可利用班會或團體活動時間，針對學生的疑難問題，師生共同討論，透過腦力激盪，尋求創意的解決。

3. 採用設計法（design approach）

許多心理學家認為培養創造思考能力比較好的方法是設計法。學生從設計的過程中，就會探究問題的性質，結合理論與實際經驗，把自己的想

法表現於作品上，例如：許多學校舉辦競賽，「雞蛋應如何包裝，從三樓
丟下而不破損？」學生嘗試各種不同的方法後，就會找到最好的解決答
案。

4. 培養蒐集、組織，以及利用資訊的技巧

教師平常要教導學生如何進行獨立研究、思考，並且要把蒐集得來的
資訊，加以組織重整，化為有用的知識。

5. 充實學科知識

創造思考與個人的學科知識具有密切的關係。知識豐富的人較能旁徵
博引，觸類旁通，思考也較為細密周延。

6. 培養學習的技巧（learning-to-learn skills）

學習成就高的人懂得學習的策略與技巧，通常都能集中精神，努力向
學，按照自己的學習速度、能力，訂定努力的目標。透過後設認知，常有
意想不到的結果（Slife & Cook, 1986）。

7. 善用創造思考的技巧

教師教學時應該善加演練各種創造思考的技巧。常用的技巧包括：比
較、分類、估計、摘要、假設、綜合、排序、預測、評鑑、翻譯、重組、
分別輕重緩急、設定標準、設定目標、解決難題、做決定、證明、提出假
說、類推、想像、邏輯推演、辨認正反面、辨認宣傳、辨認後果、觀察、
創造設計，以及詮釋等二十七項。教學評量時，教師也應斟酌採用（Grice
& Jones, 1989）。

二、運用 SCAMPER 法

Eberle（1977）採取 Osborn（1963）的理念，使用英語的頭字母
（acronym），編成容易記憶的方法，稱為 SCAMPER 法，可用來協助學
生產生創意的點子。

S——替代物（Substitute），例如：使用其他的元素、材料取代原有的

東西。許多的產品與大小問題的解決都是取代的結果。烹調時無糖可用，改用甘蔗汁取代，味道更甜美。

C——組合（*C*ombine），例如：把兩個零件或理念合併在一起。鉛筆與橡皮擦組合在一起就成為新產品。

A——改編（*A*dapt），例如：改變某一些熟悉的部分，解決問題。許多流行歌曲都是以往的歌曲改編而來。

M——改變（*M*odify），例如：修正目前使用的方式，變成其他的用途。Skinner 發明的教學機改用電腦操作，就成為電腦輔助教學（computer-assisted instruction, CAI）媒體。

P——放置（*P*ut），例如：資源回收的罐子可以堆積在一起，成為一幅美麗的圖案作品。

E——消除（*E*liminate），例如：消除或省略不必要的部分，成為新的面貌。詩人寫詩，字斟句酌，字字珠璣，成為千古不朽的作品。

R——重新排列（*R*earrange）或倒轉（*R*everse），例如：採用不同的方式，改變操作順序或逆向操作。左撇子用的剪刀、刀子，以及花園修剪的工具，都是改變操作方式。

三、利用屬性列舉法

另一種產生創意點子的策略是屬性列舉法（attribute listing）。使用此法，問題或產品可分成幾個重要的屬性，例如：負責研發糖果棒的部門先要判斷糖果棒的屬性為何，然後考慮每一種屬性如何加以改變或組成另一種新產品。這些屬性可能包括：形狀、外層、基本原料、添加物、尺寸、包裝、配搭名人促銷等。糖果棒的設計者可能不馬上計畫新產品上市，而改用變換糖果棒的形狀、原料、包裝、配搭名人促銷等屬性，推出火箭型的糖果棒，原料是花生奶油與果醬，或包裝內有小橘子餅乾，配合星期六上午卡通秀時間促銷（Crawford, 1954; Starko, 2010）。

四、使用隱喻法

　　唐代有名的田園詩人孟浩然以鳥鳴、風聲、雨聲、花落,描寫春天的景象。他的《春曉》隱喻珍惜美好生命之情,溢於言表:

　　　　春眠不覺曉,處處聞啼鳥。夜來風雨聲,花落知多少。

　　盛唐時期的浪漫詩人李白以月光隱喻思鄉的情緒,寫出千古傳誦的作品《靜夜思》:

　　　　床前明月光,疑是地上霜。舉頭望明月,低頭思故鄉。

　　孟浩然與李白都以隱喻法(metaphor)描述心中的思緒與情感,詩中的意境以自然界的景象表露人生的百態,充分展現想像力與創造力。

　　隱喻的思考可用一種想法去表達另一種想法,一些創造力的理論都提到暗喻或明喻的思考。兒童產生與理解的暗喻類型隨年齡增長而改變。幼兒可以有效地使用隱喻乃基於一些物理屬性與功能。到了小學階段,兒童可以用動物來比擬自己的感受,例如:以小鳥比擬自己無拘無束,自由自在,在空中翱翔。到了中學階段,學生更可以用抽象的思維,展現豐富的想像力,發展創造力。

五、採用創意教學的建議

　　隨著社會更趨複雜、多元和開放,社會問題也層出不窮,更需要創意的解決方案。教師如何教導學生創意解決問題?以下列出一些鼓勵創意思考的建議(Fleith, 2000; Sattler & Hoge, 2006; Tuckman & Monetti, 2011):

(一)接納並鼓勵輻射式思考

1. 課堂討論的時候,問學生:「誰能提出不同的方式,看待這個問題?」

2. 不尋常的解決方案應予以強化，即使最後的成果不甚完美。

3. 讓學生選擇專題研究的主題或報告的方式。

（二）包容不同的意見

1. 要求學生從反面思考，提出見解。

2. 確認不從眾的學生接受到同等的權利與獎賞。

（三）鼓勵學生信任自己的判斷

1. 當學生問一些教師認為學生可以回答的問題時，教師重述或澄清問題並引導學生回答。

2. 指定不分年級的作業。

（四）強調每個人都有創造的能力

1. 避免描述藝術家或發明家的豐功偉業，當作超人的成就。

2. 讚賞每位學生作品的創意努力。

（五）提供時間、空間與材料支持創意的方案

1. 蒐集生活周遭可供創作的材料，例如：鈕扣、石頭、貝殼、紙張、珠子、種子、繪畫器材、泥土，也可嘗試去跳蚤市場尋找材料或請朋友提供二手物品。

2. 提供良好燈光設備的空間，讓兒童得以進行專題研究。

3. 追蹤值得回憶的場合如遠足旅行、新聞事件、節慶等。

（六）充當創意思考的原動力

1. 可能的話，透過小組或班會時段討論。

2. 提出不尋常的班級問題解決方案，樹立創意解決問題的風範。

3. 鼓勵學生延緩判斷解決問題的建議，直到可能予以考慮。

（七）挑戰常規、探求不尋常的點子

1. 不要只是盲目依從，要問「為什麼」。

2. 做一些有創意的事情，例如：使用不同的方式解決問題。

3. 放輕鬆，善用幽默感。

（八）另起爐灶，重新思考問題

1. 先從正面思考問題，再從反面思考問題。

2. 以己度人，設身處地。

3. 思考一些有趣的問題。

（九）使用腦力激盪術，集思廣益

1. 盡量提出各種不同的想法，暢所欲言。

2. 每一個可能的解決方案都要記錄。

3. 對任何意見不做評估或評論。

參　評析

　　學校考試千篇一律，要學生依照教師或教科書的思維模式去解答問題，這樣不易啟發學生的創造能力。教師必須認清有創意的學生不是以解答問題出名，而是善於出點子。標準化測驗經常無法準確地測量創造力。事實上，創造力很難有一致的定義。因此，創造力有很多類型，各行各業人士都可能發揮創造力。在課堂裡，有創意的學生常常為難教師，讓教師傷透腦筋。學生的創意點子有時對教師也會構成威脅，甚至他們的行為被視為不正常，有些教師甚至不鼓勵這種行為而且有時會懲罰這些有創意的學生（Ornstein & Hunkins, 2013, p. 114）。教師要明白創造力的行為特徵，準確觀察學生的行為舉止，不宜黑白不分，誤判學生的創意行為。

　　創造思考不是單面向的歷程，而是個人整體人格觀察世界的新方式。此類思考引導想像力，進而激發創造思考。從創造力的定義與特質觀之，

要啟發學生的創造力，教師的教學設計應該多安排有創意的活動，讓學生有發揮創造力的空間。

第五節　實務演練

本節以翻轉教室、問題解決法、問題中心教學法、培養做決定的能力、觀察學生的行為特徵、引起好奇心、激發想像力，以及愛迪生的故事為例，敘述如下。

壹　翻轉教室

翻轉教室創始人 Jonathan Bergmann 指出，翻轉教室是把教師與學生面對面的時間極大化，不論學生的成績好壞都適用。翻轉教室不是新鮮發明，只是回歸到「什麼教學方式對學生最有效」的思考點。他認為師生在校時間有限，教學應在教室完成。依據他的觀點，翻轉教室要從「4T」著手，也就是說，思考（thinking）、技術（technology）、時間（time），以及訓練（training）是翻轉教室的成功要件（林秀姿，2016）。

以下以巧思高級中學舉辦全市高中英文教學觀摩會為例進行說明。林老師擔任教學演示，在觀摩會前兩週，她開始設計教案，思考採用何種教學法、安排哪些教學活動、運用哪些教學資源。於是，她決定採用創意教學法，進行小組合作學習，並製作教學媒體，把課文的單字、片語、句型、習作等灌錄在 CD 中，要求學生預先練習。

觀摩會當天如期舉行，上課一開始，學生就興趣昂然。林老師教導學生記單字的一些技巧，包括：

1. 注意發音音節：e-du-ca-tion、ty-phoon。
2. 注意單字的特徵：can-did-ate、ma-the-ma-tics、gram-mar。
3. 舉出同義詞：writer 和 author、bright 和 clever。

4. 舉出相反詞：high 和 low、tall（long）和 short。

5. 舉出字形相似但字義不同的單字：plan、plane、planet、plant、plain。

6. 舉出字尾拼字相同的單字：old、bold、cold、fold、gold、hold、mold、scaffold、sold、scold、told。

7. 畫圖：畫眼睛（eye）、畫樹木（tree）、樹根（roots）、樹幹（trunks）、樹枝（branches）、樹葉（leaves）、樹皮（bark）、花（flowers）、果實（fruits）等。

　　林老師舉出若干實例，然後由學生分組討論，觀察他們記憶單字的技巧。透過腦力激盪，集思廣益，學生提出許多新點子。林老師再依Guilford提出的創造力特性：流暢性、獨創性、變通性，以及精詮性，評定各組學生的學習表現。在這一節課裡，林老師傳授單字記憶法，讓學生茅塞頓開，學會記單字的技巧，覺得事半功倍，受益匪淺。

　　現在請你思考下列問題：

1. 翻轉教室的涵義為何？它有哪些特色？

2. 教師如何翻轉教室？請以一門學科為例，提出你的看法。

3. 林老師的教學演示，有何優點與缺點？如何改進？

貳　問題解決法

　　教師實施問題解決教學法時，可以日常生活問題，提出來讓學生思考如何解決，例如：「學生缺席的主要原因是什麼？」王生說：「生病。」李生說：「沒寫作業，不敢上學。」林生說：「天氣不好，不能上學。」張生說：「和家人去旅遊。」說法很多，但到底哪一個才是正確的答案？教師可引導學生依上述問題解決的步驟進行思考，認清「缺席」的問題，蒐集有關資料，提出假設，選擇最佳的解決方案，驗證假設，歸納結論，提出結果。教師可以告訴學生用觀察法及統計法，每天觀察學生有無缺

席。如有學生缺席，等他（她）到校時，問明缺席的原因。學期結束，統計缺席的原因，數據會說話，即可驗證假設，獲得正確的答案。

現在請你思考下列問題：

1. 問題解決教學法的先決條件是什麼？有哪些步驟？
2. 請以你欲任教的學科，找出一個問題，安排問題解決教學的活動。

參　問題中心教學法

吳老師採用問題中心教學法（problem-centered approach to teaching），指導學生做紙飛機。她首先問學生一個問題：「如何讓紙飛機飛得更遠？」然後要求學生分組學習，每組 4 人互相討論，提出假設。根據假設，做出紙飛機，再進行試飛。最後分組比賽，看看哪一組做的紙飛機飛得最遠，獲勝的小組給予最高分數，其他小組分別給予不同的分數。

教學結束，吳老師要求學生展示他們設計的模型、分組報告設計的策略，並辨認紙飛機飛得遠有哪些特質。現在請回答下列問題：

1. 吳老師為何要求學生分組學習？
2. 你認為紙飛機飛得遠有哪些特質？
3. 問題中心教學法與直接教學法、探究教學法、創意教學法有何異同？

肆　培養做決定的能力

楊老師是和風高中三年級畢業班的導師。學校舉辦高三學生畢業旅行。學務處要求各畢業班透過班會討論，提出三天兩夜的旅行計畫，並決定旅行的地點。

楊老師在班會的時候，請班長擔任主席。班長黃同學宣布旅行的日期、時間，要求同學提出旅行的地點、遊覽車、食宿安排、經費估計，以及應行注意事項，然後進行討論。

當討論旅行地點的時候，同學發言非常踴躍，紛紛提出不同的景點，天南地北都有，莫衷一是。張同學提議到北部旅遊，王同學主張到南部旅遊，李同學建議到東部旅遊，林同學要求到西部旅遊。班長眼見意見不一，沒有共識，於是，改請同學提出做決定的原則。請同學討論：「旅行需要注意哪些原則？」有些同學表示旅行最需要注意的是安全原則，包括：食宿、天氣、車輛，以及交通路況的安全。如果畢業旅行不安全，寧可放棄。另有些同學提出教育原則，認為畢業旅行是戶外教學，參觀景點要有教育的意義。班長接著問大家：「還有沒有其他的原則？」於是有些同學又想到旅行應該考慮經濟原則與需求原則。如果經濟負擔有問題，大家繳不起經費，旅行變成紙上談兵。另一方面，如果旅行地點不符合大家的期待與需求，將大失所望，恐將無法成行。

經過熱烈討論，班長請全班依據安全原則、教育原則、經濟原則，以及需求原則，就東、南、西、北等四個旅行地點，進行評比，結果以南部旅遊地點勝出，最符合畢業旅行的原則。現在請回答下列問題：

1. 你覺得學校舉辦畢業旅行最需要注意什麼原則？為什麼？
2. 做決定的歷程包括哪些事項？
3. 請以「製作班（級）服（裝）」為題，透過班會共同討論，演練如何做決定。

伍 觀察學生的行為特徵

張老師在教「創造力的行為特徵」單元時，想要了解班上學生有沒有創造力的行為特徵？他要求學生在一分鐘內，以「票」造詞，觀察哪些學生造的詞最多？結果顯示敏華造的詞最多，共十二個：車票、機票、船票、鈔票、股票、飯票、郵票、選票、投票、鐵票、綁票、傳票。現在請回答下列問題：

1. 以造詞的多寡，敏華表現何種行為特徵？
   (1)變通性；(2)獨創性；(3)精詮性；(4)流暢性。

2. 以造詞的類別（交通、金融、民生、政治、司法等），敏華表現何種行為特徵？

    (1)流暢性；(2)精詮性；(3)變通性；(4)獨創性。

3. 以造詞的先後順序，敏華在日常生活當中對哪一方面最為敏感？

    (1)社會事件；(2)金融市場；(3)政治活動；(4)交通工具。

陸　引起好奇心

好奇心是創意行為的特徵之一。教師教學時如何引起學生的好奇心？教師可視教材的內容，使用下列的教學策略，引導學生思考：

1. 你猜我猜

教師根據當天上課的題材，找一個討論的主題，放在紙袋裡，問學生：「老師的紙袋裡，有一個討論的題目。你們猜猜看是什麼題目？」又如歷史教師在黑板上寫出歷史上三位偉人（或民族英雄），要學生猜猜看這三位偉人有哪些共同特徵？

2. 懸疑情境

教師引導學習活動並要求學生預測其結果。物理老師帶了兩種球：高爾夫球與乒乓球。教師要學生預測兩種球同時拋出去，哪一種球將會先著地？學生聚精會神，觀看老師的演示，希望他們的預測正確。

3. 開放式問題

教師問學生一道開放式的問題，要學生採取一個立場。教師把學生分組，兩人一組，或四人一組，要他們彼此交換意見，分享不同的觀點，評論其他同學的觀點，例如：父母管教子女採取何種方式最好？權威式、放任式，或民主式？

現在請回答下列問題：

1. 請以你欲任教的學科，找出一些引起學生好奇心的方法。

2. 請觀察班上的學生，是否充滿好奇心。

柒　激發想像力

　　有創造力的學生充滿想像力，因此，教師教學時，要設法激發學生的想像力。教師面臨的挑戰是要把學生的想像力化為創意的學習形式。至少有以下五種方式可以獲得這個成果：

1. 使用假設性語句

　　「想想看如果全球暖化現象愈來愈嚴重，數十年後，人類如何生存？」或「假設人民都很富有（貧窮），社會將會變成什麼樣子？」或「如果大家都不結婚，將來會產生什麼影響？」

2. 使用推測的觀點

　　「世界各國人口朝向少子化與高齡化，將來世界會產生哪些現象？」

3. 讓學生有更多的決定權

　　「中學生該不該談戀愛？」「中學生該不該打工？」讓學生思索問題的後果。家長與教師扮演指導者與諮商者的角色。

4. 鼓勵學生知無不言，言無不盡、暢所欲言

　　上課、開會討論的時候，讓學生盡情表達，提出創新點子。

5. 提供充分的機會

　　經由實際的活動如社團活動、聯課活動、團體活動，讓學生探究周遭環境的現象與問題，形成理念。

　　現在請思考下列問題：

　　1. 激發想像力，有沒有其他方法？請以欲任教的學科，舉例說明。

　　2. 教師也可以問學生「如何激發想像力」，看看他們有無想像力。

捌　愛迪生的故事（取材自 Hayes, 2012, p. 28）

愛迪生（Thomas Alva Edison, 1847-1931）就讀小學的時候，就很喜歡問老師許多問題，這樣惹惱了老師。愛迪生最後被貼上「不受教」的標籤。學校要求母親把他帶回家，負起教養的責任。於是，他的母親教他一些比同年齡程度還高的科目如哲學、英語、歷史。在 11 歲之前，他在自家的地下室設立自己的實驗室，從而鑽研更多的技能。日後，愛迪生成為美國最偉大的發明家之一。他的發明獲得一千多件的美國專利，還包括英國、法國、德國的許多專利。他的各種發明大都與大眾傳播有關，尤其電訊傳播方面。小時候學業成績不及格，長大後未必沒有成就。

現在請你回答下列問題：

1. 在你任教的學生中，有多少個像愛迪生一樣，學業成績「滿江紅」？你如何對待此類學生？

2. 從這個故事中，你發現愛迪生有哪些人格特質？發明家通常表現哪些行為特徵？

參考文獻

中文部分

林秀姿（2016 年 4 月 11 日）。翻轉教室創始人柏格曼：在教室完成學習 消滅補習文化。**聯合報**，A3 版。

張清濱（2009）。**教學原理與實務**。臺北市：五南。

教育部（1998）。**國民教育階段九年一貫課程綱要總綱**。臺北市：作者。

教育部（2014）。**十二年國民基本教育課程綱要總綱**。臺北市：作者。

英文部分

Baron, J. (1978). Intelligence and general strategies. In G. Underwood (Ed.), *Strategies in information processing*. London, UK: Academic Press.

Borich, G. D. (2011). *Effective teaching methods: Research-based practice* (7th ed.). Boston, MA: Pearson.

Bruner, J. (1960). *The process of education*. New York, NY: Vintage.

Bruner, J. (1961). The act of discovery. *Harvard University Review, 31*, 21-32.

Bruner, J. (2004). *Toward a theory of instruction*. Cambridge, MA: Belknap Press.

Callahan, J. F., & Clark, L. H. (1982). *Inquiry, discovery, and valuing techniques*. New York, NY: Macmillan.

Carjuzaa, J., & Kellough, R. D. (2013). *Teaching in the middle and secondary schools* (10th ed.). Boston, MA: Pearson.

Cleaf, D. W. V. (1991). *Action in elementary social studes*. Boston, MA: Allyn & Bacon.

Conant, J. (1952). *Science and common sense*. New Haven, CT: Yale University Press.

Crawford, R. P. (1954). *The techniques of creative thinking*. New York, NY: Hawthorn Books.

deBono, E. (1985). The CoRT thinking program. In J. W. Segal, S. F. Chipman, & R. Glaser (Eds.), *Thinking and learning skills, Vol. 1: Relating instruction to re-*

search. Hillsdale, NJ: Lawrence Erlbaum Associates.

Dewey, J. (1910). *How we think*. Boston, MA: Heath.

Eberle, R. E. (1977). *SCAMPER*. Buffalo, NY: DOK.

Estes, T. H., Mintz, S. L., & Gunter, M. A. (2011). *Instruction: A models approach* (6th ed.). Boston, MA: Pearson.

Fleith, D. (2000). Teacher and student perceptions of creativity in the classroom environment. *Paper Review, 22*, 148-153.

Getzels, J. W., & Jackson, P. D. (1962). *Creativity and intelligence*. New York, NY: Cambridge University Press.

Glaser, R. (1984). Education and thinking: The role of knowledge. *American Psychologist, 39*, 93-104.

Grice, G. L., & Jones, M. A. (1989). Teaching thinking skills: State mandates and the K-11 curriculum. *The Clearing House, 62*.

Guilford, J. (1950). Creativity. *American Psychologist, 5*, 444-454.

Hayes, D. (2012). *Developing advanced primary teaching skills*. New York, NY: Routledge.

Jensen, A. R. (1984). Test validity: Generality versus the specificity doctrine. *Journal of Social and Biological Structures, 7*, 93-118.

Joyce, B., & Weil, M. (1986). *Models of teaching* (3rd ed.). Englewood Cliffs, NJ: Prentice-Hall.

Klahr, D., & Simon, H. A. (1999). Studies of scientific discovery: Complimentary approaches and convergent findings. *Psychological Bulletin, 125*, 524-543.

Moore, K. (2009). *Effective instructional strategies: From theory to practice* (2nd ed.). Los Angeles, CA: Sage.

Newton, L. (Ed.) (2012). *Creativity for a new curriculum: 5-11*. New York, NY: Routledge.

Ornstein, A. C., & Hunkins, F. P. (2004). *Curriculum: Foundations, principles, and issues* (4th ed.). Boston, MA: Pearson.

Ornstein, A. C., & Hunkins, F. P. (2013). *Curriculum: Foundations, principles, and issues* (6th ed.). Boston, MA: Pearson.

Osborn, A. E. (1963). *Applied imagination* (3rd ed.). New York, NY: Scribner's.

Perkins, D. N. (1986). Thinking frames. *Educational Leadership, 43*, 4-10.

Perkins, D. N. (1988). Creativity and the quest formechanism. In R. J.Sternberg, & E. Smith (Eds.), *The psychologyof human thought* (pp. 309-336). New York, NY: Cambridge University Press.

Regan, W. B., & Shepherd, G. D. (1977). *Modern elementary curriculum* (5th ed.). New York, NY: Holt, Rinehart & Winston.

Rosenshine, B. (1986). Synthesis of research on explicit teaching. *Educational Leadership, 43*, 60-69.

Sattler, J. M., & Hoge, R. D. (2006). *Assessment of children: Behavioral, social, and clinical foundations*. La Mesa, CA: Jerome M. Sattler Publisher.

Slife, B. D., & Cook, R. (1986). Developing problem solving skills. *Education Digest,* February, 50-53.

Starko, A. J. (2010). *Creativity in the classroom: Schools of curious delight* (4th ed.). New York, NY: Routledge.

Suchman, R. (1962). *The elementary school training program in scientific inquiry.* Report to the U. S. Office of Education, Project Title VII. Urbana, IL: University of Illinois Press.

Tuckman, B. W., & Monetti, D. M. (2011). *Educational psychology.* Belmont, CA: Wadsworth.

Chapter 12

個別化教學

　　如果學校能夠提供良好的學習環境，學生的潛能就可以獲得充分的發展，成為有用的人才。這好比學校是一片森林，種植成千上萬的植物。森林裡的環境可能適合某些植物，也有可能不適合另外某些植物，例如：楊柳樹比橡膠樹更需要靠近有水的地方。有些樹喜歡生長在陰涼之處，有些樹需要生長在不同的土壤；有些樹每年秋天會落葉而進入冬眠狀態，也有些樹很少落葉，萬年長青。對於植物而言，生長環境需要水分、陽光、空氣、土壤、溫度、養分等要素取得平衡，才能生長茁壯（Buckler & Castle, 2014, p. 221）。對於學生而言，亦復如此。校園裡有各式各樣的學生，他們都有個別差異（individual difference），學校能否給予學生適當的學習環境，因材施教，培育他們成為國家的棟樑也成為重要的課題。

　　教育部推展小班教學理念，其旨意即是：無論班級大小，教師都能本著「多元化、個別化、適性化」的教學理念進行教學。國民中小學逐漸降低班級人數，期能尊重學生的個別差異，提供適性教育機會，改善班級師生互動關係，進而提高教學品質（教育部，1998）。

　　然而，部分教師對於小班教學的理念及實施不盡了解，尤其在常態編班的班級，如何進行個別化教學（individualized instruction）更是值得探究的課題。本章就個別化教學的基本概念包括涵義與特性、實施方式，以及

實務演練，分別敘述，俾供教師改進教學之參考。

第一節　基本概念

因材施教是自古以來重要的教育理念。至聖先師孔子主張教師教導學生要依據個別差異施教。《論語・雍也篇》說：「中人以上，可以語上也；中人以下，不可以語上也。」《論語・陽貨篇》也說：「唯上知與下愚不移。」此外，孔子對於問仁、問孝皆依其資質、性向、能力、程度、個性分別施教，更道盡因材施教的真義。

既然學生有個別差異，學校及教師應該因材施教，實施個別化教學，助長學生的優勢，補救劣勢。課程與教學要去適應學生，而非要求學生去適應課程與教學。

壹　個別化教學的涵義

個別化教學常被視為一對一的教學。事實上，它可以多種方式呈現，例如：教師為適應學生的興趣、需要、能力，可能改變下列作法：(1)學習的步調；(2)教學目標；(3)學習方法；(4)學習教材，或將全班分成幾個小組，進行小組教學（small group instruction），也能適應學生的個別差異。學生不以相同的速度學習，有些學生需要更多的時間去學習教材。因此，學習個別化最簡單的方法就是允許學生以自己個別的速度去學習相同的課業（Moore, 2009, p. 212）。職是之故，個別化教學不是單指一對一的教學，它是整個教學歷程，全盤考慮，精心設計，促進學生主動學習，適應個別差異，成為自我創造與自我追求的教學活動，乃是實現個別化教育的一種教學策略及方法（林生傳，1990）。

Woolever 與 Scott（1988）認為，個別化教學主要是在教學設計安排方面，不論個別的學生或全體學生，教師都要採取有效的步驟，讓教材及教學活動配合學生的需要、興趣與能力。教師是否適應學生的個別差異，應

有相當的揮灑空間，教師可以在某一個固定時間內，讓一群學生或一班學生共同分享相同的需要、興趣或能力。個別化教學不單指認知發展，也顧及情緒及社會的發展與需求。因此，個別化教學應涵蓋個別評量（individualized assessment）。依據 Woolever 與 Scott（1988, p. 245）他們的看法，個別化教學不單指以下形式：

1. 每位學生大部分的時間內，單獨學習。
2. 每位學生個別做不同的事情。
3. 教師常常進行一對一的教學。
4. 教室擺滿昂貴的教材及設備。
5. 需要教學助理（teacher aids）或家長義工的幫助。
6. 唯一的編班方式是開放式或不分年級式班級。

綜上所述，個別化教學是以學生為中心（student-centered），注重個別差異，促進主動學習，啟發自我創造，實現個別化教育，達成人盡其才的一種教學方法。它具有下列各項涵義（張清濱，2008，頁157）：

一、強調學生的個別差異

教師教學時，要依據學生的資質、能力、性向、興趣、程度、性別、個性、身心發展狀況施教。這是著重在學生的特質上，採取合適的教學法，使其潛能獲得充分的發展。

二、引導學生主動學習

在傳統的教學中，大部分的學生都很被動，鮮少能自動自發學習。個別化教學依據學生的特性，安排適當的教學活動，引導學生積極參與，化被動為主動，營造學習的氣氛。

三、啟發學生自我創造的能力

個別化教學充分發展學生的個性，可以激發學生的創造能力。教師教

學時採取開放教育的態度，讓學生有較多發展的空間，鼓勵學生創造思考，提出新穎的見解或答案。

四、成為個別化教育的一種策略

要實現教育機會均等的理想，從教育的起點而言，學校要做到有教無類；從教育的過程而言，教師要做到因材施教；從教育的結果而言，學生要達到人盡其才。因材施教乃是個別化教育（individualized education）的手段，而人盡其才是個別化教育的目的。個別化教學成為通往個別化教育的一條大道。

貳　個別化教學的特性

從個別化教學的涵義中，我們可以進一步歸納出它的特性。它至少具有個別性（individual）、人格性（personal）、區別性（differentiated）、主動性（active）、開放性（open-ended）、彈性（flexible），分述如下（張清濱，2008，頁 158）。

一、個別性

從心理的層面來說，學習者的能力及發展可能在認知發展、語言發展及學習風格方面都有些不同。從生理的層面言之，有些學生可能肢體殘障，有些學生可能生長快速，另有些學生的大腦組織也許特別發達──有些左腦發達，有些右腦發達（Woolever & Scott, 1988）。再從社會層面來看，種族、性別、語言、宗教信仰、社會經濟背景、家庭環境也都有所差異，教師教學時都要考慮到這些差異。

二、人格性

個別化教學又稱為人格化教學（personalized instruction），它格外重視學生的特性及教材的特性。人格化教學就是把兩者合而為一（Cleaf,

1991）。在小組或大班教學中，教師可就選擇的目標及學生所要精熟的程度，做一決定。教學時間、教室安排、教材選擇、教學活動的類型都要考慮人格化的特性。

三、區別性

個別化教學的另一特性是區別性，所以它也可稱為區別性或分化性教學（differentiated instruction）。在能力混合編班的班級中，教師可反省思考學校及教師的特性與需求，並針對學校行政、課程與教學的改變做出反應，正如同在課堂一樣。Tomlinson（2000）指出，分化性教學不是一種策略，而是對學校、教師、學生做一完整思考的方式。在異質性（heterogeneous）的班級中，教師針對不同的學習需求，進行適性教學的活動乃是分化性教學的目的。

四、主動性

自動自發與積極參與乃是學習成功的不二法門。個別化教學讓學生體會到學習的責任，因而產生一股自動感與參與感。這種主動的學習是有其目的的。Capel、Leask 與 Turner（1999）即認為，主動學習係與理念、概念及現象產生有目的的互動（purposeful interaction）。教師教學時能尊重學生的個別差異，較能引起學習動機，激發學習的興趣而能自動自發、樂於學習。

五、開放性

教師採用個別化教學，要有開闊的胸襟。對於學生的學習不宜過度干涉、限制或禁止，以免抹煞個性的發展。但這不是說教師可以讓學生予取予求，為所欲為，而是給予知識和身體方面的求知自由，去除不必要的約束及人為的限制（Jarolimek, 1986），例如：教師發問，就讓學生盡量發表意見，暢所欲言，提出自己的看法，然後再作歸納整理。答案最好是開放性的，沒有固定標準的答案，以激發學生的創造力。

六、彈性

彈性是個別化教學的主要特性。教師在擬定教學目標、選用教材、教學評量、處理學生的行為問題時，往往忽略了彈性。權威式的教育方式過分主張一致性，往往適得其反，造成許多學生適應不良。教師如果教導學生要能因材施教，因勢利導，就要保持若干彈性。

第二節　實施方式

要了解個別化教學的方式，不妨先比較傳統式教學與個別化教學有何差異。同一位廚師在大飯店掌廚與在自家掌廚，他（她）的烹調方式可能有些不同。在大飯店裡，服務的對象是大眾化；而在自家裡，服務的對象是個別化。廚師對於家人的飲食習慣及偏好，瞭若指掌，何人喜歡吃辛辣的食物，何人不吃油膩的食物，廚師知之甚詳。因此，廚師在自家的烹調較能適合家人的口味，在飯店裡烹調的食物則較難滿足大眾的口味（Zahorik, 1999）。同樣地，同一位教師在傳統班級教閱讀，他（她）可能要求全班學生一起讀；而在個別化教學的班級中，他（她）可能要求學生分組，然後各組分別進行閱讀。

個別化教學的方式不勝枚舉，茲舉一些常用的方式如下（張清濱，2008，頁160）：

壹　改編教材（迷你教材）

教師視學生的程度或需要，可以改編教材使其淺化、簡化，易於學習；也可以補充教材，以加深、加廣教材，提升學生的能力水準。對於重要的主題，例如：生命教育、民主法治教育、性別平等教育、鄉土教育、環境教育，以及生涯教育等，學校課程發展委員會及各領域教學研究會可研究編印講義、迷你教材（mini-courses）或學習資料袋（learning packages），適應不同能力的學生學習。

貳　課程選修（分組選修）

　　學校課程除了共同必修科目外，應開設選修課程供學生選修。一些學術性向偏低及低成就的學生可選修職業技術課程。對於有藝能科性向的學生，學校宜設置體育班、美術班、音樂班，以發展其潛能。國民中學及高級中等學校宜增加選修課程，適應個別差異。

參　聯課活動（社團活動）

　　聯課活動是課程的一部分，也是課程的延伸。聯課活動大都依據學生的興趣、能力分組進行。一些對於功課沒有興趣、考試成績「滿江紅」的學生，可能對某些社團很有興趣並有發展潛力。往往聽到有些教師抱怨自己的學生說：「你什麼都不會，只會打架！」《禮記‧學記篇》說：「教也者，長善而救其失者也。」教師應該了解學生的長處與短處。既然這個學生很會打架，則其體能、體力一定很行，學校就應該設法提供機會發展他的潛能，改正他的不良行為。學校可輔導他上體育班，或鼓勵他參加社團活動如拳擊社、柔道社、跆拳道社，並輔導他不可暴力相向、動手打人。希望有朝一日，學生能在競技場上揚眉吐氣、擊敗群雄，為校爭光。

肆　電腦化教學

　　21 世紀是資訊科技（information technology）的時代。教學走向資訊化、電腦化、網路化、數位化乃是必然的趨勢。電腦輔助教學（CAI）可依據學生的能力、程度、興趣，提供適當的軟體設備，供學生學習，使個別化教學更有效。教師也可透過電腦化教學（computer-based instruction, CBI）指導學生使用網際網路（internet）及電子郵件（e-mail）進行溝通、

互動及學習。電腦化教學可適應學生的個別差異如學習速度、教材的難易度等。小班教學教室應有電腦設備，班班有電腦，可以連上網際網路及收發電子郵件，例如：英語教學，學生可從網際網路找到需要的資料，自我學習，也可透過通訊軟體或應用程式等與其他同學、朋友互動、溝通、練習英語。

伍　獨立學習

獨立學習（independent study）可解釋為：「當教師不叮嚀時，學生所從事的學習活動」（Trump & Miller, 1979）或「個體很少接受或不在教師的輔導之下，完成教育的活動」（Moore, 2009, p. 213）。基本上，獨立學習是一種純粹的自我導向學習。它不限於單人的學習活動，它可能是一種個別學習的活動，也可能涉及兩個或兩個以上學生共同進行的活動。一群具有共同需要的學生可能聚集在一間裝有特殊設備的實驗室裡共同學習，或者一群具有特殊興趣的資優生共同設計一項計畫。無論如何，獨立學習強調個性的發展。在這種學習的情境中，學生都能自發自動，發展自己的興趣與潛能，可以獲得成功的滿足。這種情境也有助於人格健全的發展，減少問題行為的產生。

但是，獨立學習絕不是放任的學習，而是有計畫、有目的的學習。教師必須事先辨認學生的能力和興趣，擬訂學生的學習目標，選擇合適的教材，協助學生進行獨立學習。因此，獨立學習不是盲目的，它加重學生的責任感，學習不依賴教師而要靠自己，例如：以「臺灣地區九二一地震」為例，地球科學教師可指導學生進行獨立學習，要求學生分組，探求下列問題：(1)地震的原因；(2)地震發生時，如何躲避；(3)建築物如何防震；(4)地震傷亡，如何處理善後。學生可從圖書館、網際網路、報章雜誌找資料，就其中一項尋求答案，提出報告。各組提出報告後，學生就可以獲得有關地震的完整知識和技能。

陸　精熟學習（補救教學）

Bloom（1984）指出，任何學生只要給予適當的時間及適當的教學資源，就可以學會教材。他主張學生在測量預定教學目標的測驗中，能夠表現得很好，就算是精熟了教材。Guskey（1985）認為精熟的標準通常是指答對 85%。

精熟學習（mastery learning）的三個步驟是：選定教學目標，然後進行全班教學，再施以測驗（Woolever & Scott, 1988）。如果學生沒有達到精熟的程度，就要給予他們額外的學習活動或練習，施以補救教學（remedial or corrective activities）。學習緩慢的學生每週只要增加一小時的補救教學，就可以精熟教材。精熟學習是否成功大部分有賴於小老師、教學助理、補充教材、家長的協助。學習快速的學生要給予加深、加廣的課程，以免浪費時間。學生可利用額外的時間，進行深化的活動。功課忙碌不見得是加深的學習，有時往往適得其反，剝奪學生的休閒時間。因此，深化的學習活動必須是富有挑戰性及刺激性並有回饋性的學習活動，例如：製作視聽媒體器材、協助學習速度緩慢的同學、從事專案研究，以及針對資優學生的個別化學習等。

柒　學習檔案紀錄

學習歷程檔案紀錄（portfolios）或學習檔案紀錄可以適應學生的個別差異。它具有多元化、個別化、適性化、生活化、彈性化等特性。學期開始，教師即可要求學生準備一本個人學習檔案紀錄簿，記錄課堂裡學習的情形，包括：(1)知（knowing）：上了這堂課之後，我知道了什麼？(2)行（doing）：上了這堂課之後，我會做了什麼？(3)思（thinking）：上了這堂課之後，我想到了什麼？鉅細靡遺，盡可能把它們寫在學習檔案紀錄簿裡。教師不定期檢查學生學習的情形及進步的實況。學期結束，學生就一

學期所蒐集的一切資料，加以整理，篩選重要的部分作為學習的證據，再寫出一篇感言作為紀錄的結束。然後裝訂成冊，加封面、編目錄及頁碼，可能的話，用電腦打字及加上美工插畫，學習檔案紀錄簿就算完成。

學習檔案紀錄的內容無所不包，包括各式各樣的學習紀錄，諸如：筆記、實驗紀錄、日記、作品、心得報告、研究報告、成績單、圖片、海報、照片、影音資料、訪談紀錄等。大體言之，它包括認知領域、情意領域、技能領域，也兼顧過程與結果，絕不是智育掛帥的產物。它是一部重要的學習實錄，也是學生學習的寫真集。教學評量時，教師可讓先學生自我評量（self-evaluation），以便了解自己學習的情形；然後由學生相互評量（peer evaluation），俾能見賢思齊；最後再由教師評量，作為平時成績的一部分。

捌 學習活動卡（學習單）

學習活動卡（activity cards）提供學生選擇的機會。每張卡片指出學生必須完成的課業項目。通常一套活動卡針對一個教學目標，同套的每張活動卡都與目標相結合。學生得從一套活動卡裡，選擇其中一張。如果好幾位學生選擇同一張活動卡，他們就組成小組，共同完成活動卡裡所要完成的工作。工作一旦完成，教師隨即檢查每位學生完成的情形（Savage & Armstrong, 1992）。活動卡容易製作及存放，有些活動卡尚可放在紙箱或檔案盒裡，要用時再拿出來。

活動卡應由任課教師製作或由各科教學研究會共同製作，例如：鄉土教材，教師可製作如圖 12.1 所示的卡片。

學習活動卡

主題：鄉土教材

年級：小學中、高年級

目標：學生能了解當地的名勝古蹟

活動：1. 請挑選一處當地的名勝古蹟，前往參觀，並寫下它的來龍去脈。
與當地人士交談，找出一些有關古蹟記載的事蹟。

2. 一旦你蒐集了有關古蹟的資料，請完成下列任一件工作：

(1) 準備一篇有關古蹟的口頭報告。

(2) 畫一張古蹟的風景。

(3) 寫出有關古蹟的劇本，並且在班上表演。

圖 12.1　學習活動卡

資料來源：Savage 與 Armstrong（1992, p. 136）

從上述活動卡，可以看出鄉土教育可結合歷史、地理、美術、建築、戲劇、語文等科進行合科教學，並且依據學生的興趣及能力，實施個別化教學。

玖　學習契約

學習契約（learning contracts）是師生共同約定的協議，明訂學生應該努力的目標及要件。學習契約有兩種基本類型：開放型及封閉型。開放型允許學生相當多的選擇自由，他們可以選擇所要完成的目標、指定作業、學習活動、評量方式。開放型適用於能自動自發學習、獨立性強、成熟的學生。封閉型學習契約相當普遍，是由教師扮演指導者的角色，決定契約的內容。根據教師的專業判斷，教師要確認學生學習的目標、決定學習的活動、指定作業，以及訂出評量的等級（Savage & Armstrong, 1992）。

學習契約要用非常明確、具體的文字書寫。一般都包括下列各項敘述（Savage & Armstrong, 1992, p. 135）：

1. 學生要做什麼。
2. 要使用什麼資源。
3. 學生要準備何種學習「產品」。
4. 要遵循何種評量程序。
5. 完成學習的期限。

　　學習契約是一種標準參照評量（criterion-referenced evaluation）。通常任課教師在學期開始時，即明確擬訂學生一些基本目標，另外加上一些高層次的目標。學生在開學時必須按照自己的能力，會同任課教師，就 A、B、C 三個等級，任選其一，簽訂契約，以為該生努力的目標（如圖 12.2 所示）。值得注意的是：此法沒有 D 和 F 級，因為教師不鼓勵學生失敗。如果某生簽訂契約 C，學期結束，只要他（她）達成最基本的目標，即可獲得 C 等級成績。如果某生簽訂契約 B，則他（她）除了完成最基本的目標外，尚須完成一部分高層次的目標。又如某生簽訂契約 A，則他（她）必須完成基本的目標及所有高層次的目標。此法具有下列若干優點（張清濱，1988，頁 107；Partin, 1979, p. 134）：

1. 每位學生只要努力用功，均有機會得到 A 的成績。
2. 學生學習的動機是自我導向。
3. 教師必須明確訂定教學目標，並對學生的學習能力要有通盤的了解。
4. 履行契約是學生的責任。
5. 提供個別化的學習機會。
6. 學生與自己競爭，不與同學競爭。
7. 驅除學生對考試所產生的壓力及恐懼，建立自信心。

學習契約

主題：＿＿＿＿＿＿＿　　等級：＿＿＿＿＿＿＿級

我＿＿＿＿＿＿＿同意履行下列工作：

　　1.

　　2.

　　3.

　　4.

評量學習活動及成果，採用下列準則：

　　1.

　　2.

　　3.

我同意於＿＿＿＿＿＿前完成學習活動。

學生簽名：＿＿＿＿＿　　教師簽名：＿＿＿＿＿　　日期：＿＿＿＿＿

圖 12.2　學習契約

資料來源：Savage 與 Armstrong（1992, p. 137）

拾　指定作業

　　寫作業是個別化教學的一種策略。一般而言，作業是教學的延伸，旨在溫習學過的教材，增強學習的效果，不一定是學習新教材。作業可分為指定作業（assignment）及家庭作業（homework）。指定作業最好在課堂上開始做，不懂的地方可以問老師或同學，做不完的部分帶回家做，就成為家庭作業。作業不可當作處罰的工具，以免產生痛苦的學習，遭致反效果。作業要顧及個別化，要符合學生的能力、程度與需要。因此，作業的難易度、內容的多寡、花費時間的長短都要適應學生的個別差異。有些教師給學生太多的家庭作業，晚上做不完，只好請他人代勞，往往成為「親職作業」，就失去意義。教師不宜要求全班學生都做相同的作業，程度高

的學生可給予富有挑戰性及創造性的作業；程度不佳的學生則可給予難度較低的作業，甚至減少作業的分量。

作業可區分為三種類型：以當天教過的教材為主、以新教材為主、以超越課堂學習的範圍為主，分述如下（O'Donell, Reeve, & Smith, 2009, p. 59）。

一、以當天教過的教材為主

此類作業以強化教師教過的教材為主，讓學生溫故知新，增進學習效果。作業採用溫習、練習、演練等方式。教師可準備作業單、測驗題供學生練習。技能課程如音樂、舞蹈、體育、職業類科等，教師可要求學生課後加強演練。

二、以新教材為主

第二種作業類型旨在要求學生作課前的準備，例如：下週要上自然科學，教師可要求學生先蒐集有關資料或準備教具、實驗樣本等。學生也可準備一些問題，上課時帶到班上提出討論。

三、以超越課堂學習的範圍為主

此類作業不太強調對與錯的答案。主要以探究的方式，讓學生探求與課程有關的新知識、不同的經驗，產生新的資訊。

第三節　實務演練

教師只要把握個別化教學的特性，採取適當的策略及方式，出神入化，就可以展現個別化教學的面貌，讓學生的潛能獲得充分的發展。本節以英文科獨立學習、歷史科個別化教學、學習障礙學生的教學、過動症學生的教學，以及資賦優異學生的教學為例，敘述如下。

壹 英文科獨立學習

基本上，獨立學習是一種自我導向學習，它是一種適應個別差異的活動。在這種學習的情境中，學生都能自發自動，發展自己的興趣與潛能。這種情境也有助於人格健全的發展，減少問題行為的產生。

獨立學習絕不是放任的學習，而是有計畫、有目的的學習。它可以加深、加廣課程，彌補上課之不足。因此，獨立學習不是盲目的，它加重學生的責任感，學習不依賴教師而要靠自己，例如：以「端午節」（Dragon-Boat Festival）為例，英文科教師可指導學生進行獨立學習，要求學生分組，任選下列題目之一，進行獨立學習：(1)端午節的起源；(2)端午節的故事；(3)端午節的習俗；(4)端午節的活動。

學生可從圖書館、網際網路、報章雜誌找資料，就其中一項尋求答案，在班上提出報告或表演。各組提出報告或表演後，學生就可以獲得有關端午節的完整知識、技能。

現在請你思考下列問題：

1. 獨立學習有何優點與缺點？
2. 獨立學習的基本要件為何？
3. 獨立學習有何限制？

貳 歷史科個別化教學（改編自 Tomlinson, 1999, pp. 12-16）

美國學校歷史科教師 Mary 老師教古羅馬史。她給學生一份組織概念圖（graphic organizer）作為閱讀課文之用。她帶了古羅馬時期的藝術及建築物照片，並且告訴學生羅馬人在當時塑造的建築、語言及法律何等重要。她邀請一些學生穿古羅馬服飾，有人建議帶食物來享受一頓羅馬大餐而學生們也辦到了。有一天，學生玩有關羅馬的字謎遊戲；另有一天，他們觀賞電影剪輯，談論當時羅馬人喜愛的娛樂。教師大聲朗讀一些神話，

學生討論他們記得的神話。考試時間一到,教師讓學生一起溫習。

為了引起學生學習的興趣,她提出八項研究計畫,供學生選擇。其中包括:(1)製作海報,列出羅馬時期重要的眾神名稱、角色及象徵;(2)設計旅遊手冊,提供羅馬一日遊;(3)寫一首有關羅馬時期生活的詩;(4)製作看起來像羅馬市民的布偶;(5)畫出當時流行的服飾;(6)製作羅馬時期重要建築或羅馬別墅的模型;(7)畫一張古羅馬時期的地圖;(8)學生亦得自訂主題,提出計畫,進行探究活動。

現在請你思考下列問題:

1. 歷史老師的教學設計與活動有何特徵?
2. 歷史老師為何列出八項研究題目供學生選擇與學習?
3. 歷史老師的預期教學成果為何?

參 學習障礙學生的個別化教學

學習障礙可分為三種類型:發展性的說話與語言障礙、學術性的障礙,以及其他障礙(National Institute of Mental Health, 2004)。學業成績低落可能是學習障礙的信號。學習障礙的學生並不全是一樣,最普遍的特徵是在一個或一個以上的學習領域有困難,例如:閱讀的困難、行為過動與衝動、身心機能不協調、注意力不集中、視覺與聽覺資訊的組織與解析不佳、學習動機缺乏、交友困難等問題。然而,學習障礙的學生不見得都有這些問題,同一位學生可能閱讀落後三年而數學超出班上同學水準(Hallahan & Kauffman, 2006)。

對於身心障礙學生,學校應該訂定「個別化教育計畫」(Individualized Education Program, IEP),通常包括:(1)敘明學生當前的學習狀況;(2)訂定可測量的年度工作目標;(3)敘述學生如何配合這些目標;(4)陳述有關服務項目;(5)描述學生參與學校定期計畫實況;(6)因應學生特殊需求而採取的措施;(7)設計合適課程,採取個別化教學,因材施教。

　　針對學習障礙學生，Friend（2011）提出兩個有效的途徑，最好同時使用。第一個途徑是直接教學法，教師教導學生要把教材分成細小單元，每一小步都要學生練習，然後立即回饋，教師並給予輔導與協助。第二個途徑是策略教學法。策略是具體的規則，著重在注意與完成課業，例如：TREE 的教學策略，可用來協助小學生寫作「說服」主題的文章，這些策略必須使用直接教學法——說明、舉例、練習、回饋等步驟來教導學生，說明如下：

　　T——主題句（*Topic sentence*）：說出你所相信的。

　　R——理由（*Reasons*）：說出三個以上你為何相信這個的理由。讀者相信嗎？

　　E——結尾（*Ending*）：結束！

　　E——檢驗（*Examine*）：檢查三段文章。

　　現在請你思考下列問題：

1. 學習障礙學生的行為有何特徵？你任教的班級有學習障礙學生嗎？
2. 請以任教的學科，說明如何輔導學習障礙學生的學習。

肆　過動症學生的個別化教學

　　美國精神醫學學會（American Psychiatric Association [APA], 2013）建立精神疾病診斷的類別，稱過動症為「注意力缺陷過動症」（ADHD），其指標是：

1. 不專注：例如不能密切注意班級的活動、功課的細節、教師的指示，以及班級討論；不能專心寫功課、筆記、指定作業；容易分心、遺忘。
2. 過動：叛逆，並且侷促不安；不能待在指定的座位；不能緩慢移動；像是汽機車疾駛而過；喋喋不休。
3. 衝動：不加思索回答問題；爭先恐後；打斷他人說話及活動。

對於過動症的學生，要尋求醫師的協助，如必要醫師會給予藥物治療，以控制過動的行為。但藥物通常有副作用，例如：心跳加速、血壓升高、失眠，以及嘔吐等。比較正確的處理方式是雙管齊下：先由專業醫師協助，給予診斷與治療，並由學校專業輔導教師介入，給予學習方面的協助。

教師在教學方面給予學生的作業分量不宜過多，時間不宜過長。問題要簡短，做完要有明確的結果。另一個可行途徑是把學習與記憶結合動機的訓練，目標是協助學生培養「技巧與意志」（skill and will）。

現在請回答下列問題：

1. 過動症學生的行為有何特徵？你任教的班級有過動症學生嗎？
2. 請以任教的學科，說明如何輔導過動症學生的學習。

伍 資賦優異學生的個別化教學

資賦優異學生包括一般智能資賦優異、學術性向資賦優異、藝術才能（音樂、美術、體育）資賦優異、創造能力資賦優異、領導能力資賦優異，以及其他特殊才能資賦優異學生。

Weiner（1996）指出，資優學生鑑定的規準有三個：(1)早熟（precocity）；(2)依照自己的節拍前進（marching to their own drummer）；(3)無師自通、熱愛學習（passion to master）。除了這三個規準之外，研究人員發現第四個規準就是資訊處理的能力，資優生處理資訊快速，推理能力較強，使用更好的策略，更能監控了解（Santrock, 2001, p. 218）。

對於有資賦優異傾向的學生，學校應送請主管機關鑑定。如果確認為資優生，學校應訂定「資賦優異學生個別輔導計畫」，教學可以加速進行，以增加深度、廣度的方式，給學生額外的、更高深的、更有挑戰性的課業。國小、國中、高中可縮短修業年限；高中資優生可到大學選修大學課程，一旦考取大學則可免修這些學科，將有更多的時間，選修喜愛的學科，發展專長。

　　教學方法方面，教師應該鼓勵抽象思考、創造力的培養、閱讀高層次的課外讀物，並且獨立研究。資賦優異的學生最好採用能力分組，高能力的學生集聚一堂，集思廣益，腦力激盪，可以學得更多。此外，教師應該要有想像力、彈性、容忍力，以及不受這些學生能力的威脅。

　　現在請回答下列問題：

1. 你任教的班級有否資賦優異的學生？教師如何分辨「真資優」與「假資優」？資賦優異學生的行為有何特徵？

2. 假設你是八年級的英語教師，班上有一位英語能力資優的學生，英語檢定達到中高級程度。你如何指導該生學習英語？

3. 請以任教的學科，說明如何輔導資賦優異學生的學習。

參考文獻

中文部分

林生傳（1990）。新教學理論與策略。臺北市：五南。

張清濱（1988）。學校行政。臺北市：臺灣書店。

張清濱（2008）。學校教育改革：課程與教學。臺北市：五南。

教育部（1998）。發展小班教學精神計畫。臺北市：作者。

英文部分

American Psychiatric Association [APA] (2013). *Diagnostic and statistical manual of mental disorders* (5th ed.) (DSM-5). Washington, DC: Author.

Bloom, B. (1984). The 2-sigma problem: The search for methods of group instruction as effective as one-to-one tutoring. *Educational Researcher, 13*(6), 4-16.

Buckler, S., & Castle, P. (2014). *Psychology for teachers.* London, UK: Sage.

Capel, S., Leask, M., & Turner, T. (1999). *Learning to teach in the secondary school* (2nd ed.). New York, NY: Routledge.

Cleaf, D. W. V. (1991). *Action in elementary social studies*. Boston, MA: Allyn & Bacon.

Friend, M. (2011). *Special education: Contemporary perspectives for school professionals* (3rd ed.). Boston, MA: Allyn & Bacon.

Guskey, T. (1985). *Implementing mastery learning*. Belmont, CA: Wadsworth.

Hallahan, D. P., & Kauffman, J. M. (2006). *Exceptional learners: Introduction to special education* (10th ed.). Boston, MA: Allyn & Bacon.

Jarolimek, J. (1986). *Social studies in elementary education* (7th ed.). New York, NY: Macmillan.

Moore, K. (2009). *Effective instructional strategies: From theory to practice* (2nd ed.). Los Angeles, CA: Sage.

National Institute of Mental Health. (2004). *Attention deficit/hyperactivity disorder.*

Bethesda, MD: Author.

O'Donell, A. M., Reeve, J., & Smith, J. K. (2009). *Educational psychology: Reflection for action* (2nd ed.). Hoboken, NJ: John Wiley & Sons.

Partin, R. L. (1979). Multiple option grade contracts. *The Clearing House*, November, 133-135.

Santrock, J. W. (2001). *Educational psychology*. Boston, MA: Allyn & Bacon.

Savage, T. V., & Armstrong, D. G. (1992). *Effective teaching in elementary social studies* (2nd ed.). New York, NY: Macmillan.

Tomlinson, C. A. (1999). Mapping a route toward differentiated instruction. *Educational Leadership, 57*(1), 12-16.

Tomlinson, C. A. (2000). Differentiated instruction: Can it work? *The Education Digest,* August, 25-31.

Trump, J. L., & Miller, D. F. (1979). *Secondary school curriculum improvement: Meeting challenges of the times* (3rd ed.). Boston, MA: Allyn & Bacon.

Weiner, E. (1996). *Gifted children: Myths and realities*. New York, NY: Basic Books.

Woolever, R. M., & Scott, K. P. (1988). *Active learning in social studies promoting cognitive and social growth*. London, UK: Scott, Foresman and Company.

Zahorik, J. A. (1999). Reducing class size leads to individualized instruction. *Educational Leadership, 57*(1), 50-53.

Chapter 13

小組合作學習

　　日本於 1970 年代躍居世界的經濟強國,並且擁有優越的教育表現。因之,日本的教育制度頗引起美國的興趣與重視。有些分析家們認為美國經濟面臨的挑戰不在工廠,而在課堂(Duke, 1986; Yang, 1994)。

　　觀察家們解析日本的學生何以擁有較高的學業成就水準時,發現日本學校具有較佳的內在因素,諸如課程內容、課堂教學的安排、父母的態度或家庭背景,以及課後的學習等(Rohlem, 1983)。這些都是重要因素,但它們都不能單獨解說美國與日本學校教育成就差異之所在。

　　這可從美、日兩國在文化背景與組織結構的層面探討。美國與日本在政治與經濟制度上有許多相似之處,但也有不同的傳統文化與社會規範,例如:美國的社會信念(social belief)顯示出個人主義。美國人一向相信社會乃是由自由與平等的個體所組成。他們應對其生活的情境與命運負責,而對社會所提供的條件極為自主。相反地,日本人的信念強調人際關係、個人對社區的承諾(commitments)、團體的認同,以及其對職責的忠誠等(Yang, 1994)。

　　社會信念塑造社會對學校教育的覺醒,也提供了指引教育措施的方向。美國人認為教育是促使個人發展潛能與能力的工具,而日本人則認為教育的目的乃是人格的充分發展、身心健全的孕育,以及和諧社會的培養

（Tsukuba University, 1985）。

社會信念、教育制度，以及組織結構交互影響，顯現在家庭、社會、工商企業，以及學校層面，例如：日本的工商企業一向注重團隊精神。日本人在日常生活中顯示強烈的愛國心——提倡國貨。此即日本工商業產品稱霸世界的原因之一。

反觀臺灣當前的社會普遍缺乏團隊精神。學校教育長期籠罩升學主義的風氣，個人主義抬頭，功利主義盛行，價值觀念混淆，以致群性不彰。教育部（1998，2014）有鑑於此，在「國民教育階段九年一貫課程綱要總綱」揭示「發展尊重他人、關懷社會、增進團隊合作」的目標；另在「十二年國民基本教育課程綱要總綱」強調「陶養生活知能」，其中便提到「重視人際包容、團隊合作、社會互動，以適應社會生活」等課程目標。欲達此目標，除了教科用書必須配合外，教師應善用小組教學（small group instruction）與合作學習（cooperative learning）。

本章就小組教學法、合作學習法，以及實務演練，分述如下。

第一節　小組教學法

小組教學法不是新的教學方式。遠在中國古代，私塾或私人講學中，學生三五成群一起讀書就有小組教學的形式。到了現代，小組教學法逐漸廣為使用。尤其九年一貫課程及小班教學理念的實施，小組教學法更有利用的價值。但是，不見得教師們都行之有效，蓋因有些教師不得要領，教學前沒有妥善安排，教學時也沒有充分把握分組的方式，教學後無法達成教學目標，教學效果自不理想。任何教學方法及策略幾乎都有其優點與缺點。教學的藝術貴在於取長補短，因人、因時、因地、因事而制宜。

近年來，小組教學法普遍受到重視，原因之一是教師們對於學習歷程比從前了解得更多。一些學習心理學家深信：當學生積極參與學習的活動，把新經驗與舊經驗連結起來時，學習就更可能發生（Winitzky, 1994）。如果小組教學法妥當地使用，就可帶動學生積極地學習。另一個原因是小

組教學時，學生可以和不同學習型態的學生互相學習（Jarolimek & Foster, 1993），也可以和不同性別、族群、文化背景的學生一同學習，增加互動的機會，增進彼此了解，從而培養學生互相尊重、互相接納、互相欣賞的美德。

壹　小組教學法的類型

小組教學法約可分為五種類型，茲列舉說明如下（張清濱，2008，頁189；Hauge, 1980; Lordon, 1981）。

一、腦力激盪小組（brainstorming group）

教師提出問題，讓學生思考，相互腦力激盪，例如：在這一堆各種不同的水果中，可用哪些方法把它們分成兩類？各組學生經過充分的討論及腦力激盪後，發現可以形狀、大小、顏色、酸甜、生產季節、土產或進口等方式分為兩類。

二、教學小組（didactic group）

這是師生互動的方式，也是教學常見的方式之一。教師問學生，另外學生也問教師，師生彼此互動，例如教師問學生說：「吃豬肝可以補肝，你們相信嗎？」另一學生則問教師說：「豬肝裡有抗生素，有害人體健康，真的嗎？」

三、探究小組（inquiry group）

這是針對教學目標，尤其是自然科學教師常用的方式。其目的是要讓學生發現新事物或探求事實的真相，例如：育才國民小學自然科教學，李老師把班上學生分組，進行校園內植物的探究活動。各組提出探究的結果與發現。

四、討論小組（discussion group）

一般分組教學時，採用此種方式。教師提出問題，讓各組學生去討論，例如：國民中學學生該不該談戀愛？經過分組充分討論後，發現班上同學大都認為：友情、親情、愛情、師生情的定義必須釐清。人際關係涉及朋友、親人、戀人、師長，彼此都會產生不同的感情。同學之間本來就應該互相學習、互相照顧、互相友愛。此種純粹的友情，也是理所當然，但是國中生心智尚未成熟，理性與感性不易平衡，不宜談及愛情。

五、工作小組（task group）

教師依教學的需要，把班上同學分成數組，分配工作任務。例如：工藝課，每一工作小組都要完成一件作品。A 組做飛機模型，B 組做輪船模型，C 組做火車模型。各組成員彼此分工，有些同學負責設計，有些同學負責準備材料，大家同心協力，完成工作目標。

貳 小組教學法的原則

教師使用小組教學法時，宜把握下列六項要點（張清濱，2008，頁191）：

一、異質性分組

最好在常態編班的基礎上，採異質性分組，實施小組教學法。異質性分組至少應考慮下列三方面的不同屬性：

1. 能力

組內同學的能力不一樣。有些同學擅長國文，有些同學擅長英語，有些同學擅長電腦，各有所長，也各有所短。即使同一學科，有些學生成績很好，有些平庸，有些低劣。不同能力的組合，學生心理較能平衡，也可

以互相學習。學生不易造成自卑感、優越感、挫折感、疏離感。

2. 性別

組內同學應該男女生都有，這樣可以配合性別平等教育，促進男女兩性互動。男女生可以一同學習如何尊重異性、接納異性、包容他人。

3. 多元文化

組內同學來自各種文化背景，例如：班上同學有些來自閩南語背景，有些來自客家語背景，亦有些來自原住民或其他文化背景。各組都由各種文化背景的人組成，大家可以互相學習，更可促進族群的融合。上公民課時，教師宜注意分組時，要考慮宗教及政黨的多元性，千萬避免同質性的分組。最好各組成員來自各種信仰及政治背景的家庭，避免相同背景的學生都聚在同一組。

二、每組 4 至 6 人

每組人數到底多少人最恰當？依據 Johnson 與 Johnson（1991）的研究，每組人數以 4 至 6 人效果最好。人數太少及人數過多都不適當，反而缺乏互動的機會。如果每組都是一個人，就會淪為「獨學而無友，則孤陋而寡聞」的地步。又若每組 10 人，甚至 20 人以上，必變成「菜市場」或「演講廳」，秩序大亂，聊天者有之，打瞌睡者有之。

三、教師掌控分組

分組的時候不宜任由學生自行分組，以免同類相聚，宜由教師掌控，分配組別、人數，以符合異質性。班上學生如有「英雄好漢」，最好把他們拆散到各組，讓他們孤掌難鳴，無法起兵作亂，也有助於班級秩序的維護。班上如有自閉症或過度內向的學生，亦可安排與較為親近的學生同組，以適應學生的個別差異。

四、小組長輪流擔任

分組時，每組應有一位小組長。但是小組長究竟如何產生？教師指定專人擔任好呢？或由同學互相推選？還是由組內同學輪流擔任？三種方式各有利弊。從教育的觀點言之，似以輪流擔任為宜。此種方式具有下列優點：

1. 教育機會均等：大家都有機會擔任小組長，不致淪為少數人的專利，較能兼顧學生的受教權。
2. 培養領導能力：小組長也是班級領導人物之一，每位學生都可從最基本的小組長做起，培養領導能力。
3. 培養說話的能力：小組長要代表組內同學，提出口頭報告，無形中培養說話的能力。
4. 培養傾聽的能力：小組長要注意聽取別人的意見，培養專心一致的習慣，也學會尊重別人的意見。
5. 培養分析、歸納、組織、統整的能力：小組討論時，同學七嘴八舌，各說各話，小組長必須歸納、統整組內的意見，成為小組的意見。

五、不固定分組

不固定分組係指一學期或一學年中，經常更動組別，讓學生有更多互動的機會。在固定分組的班級中，學生的互動大都侷限於同組的同學中。不固定分組可擴展互動的空間，延伸到整個班級。班上的同學都能與任何其他同學同組學習，更可促進班級的互動。如果每位同學都能見賢思齊，則班上的同學都是集大成者。

六、多元評量

小組教學時，教師宜採用多元化教學評量，兼顧個人表現與小組表現。教師可用觀察法，觀察成績不錯的學生，是否肯幫助成績較差的同

學？如果學生仍然勾心鬥角、我行我素，教學評量時就應降低情意領域的成績，以矯正自私自利的心態，引導他們培養良好的群己關係及互助合作的美德。

第二節　合作學習法

合作學習係指學生互相合作、共同討論課業，通常以小組的方式，學會的學生教導不會的學生，彼此照顧，充分發揮團隊的精神。在合作學習的過程中，教師充當諮詢者。每一位學生都要為小組盡到一份心力，所有小組成員必須學會進行中的課業。個人的績效責任觀念（individual accountability）乃是合作學習的主要特徵（Moore, 2009, p. 203）。通常小組的每一位成員都得到共同的分數。偷懶的學生對小組沒有貢獻將遭受到同儕的壓力，遠比來自教師的壓力更有效，因為小組的成功有賴於團體成員的共同努力。研究顯示，合作學習造成更好的學習效果，增進自尊心，並改進對教師、同學、學校的態度（Johnson & Johnson, 1991）。

壹　理論基礎

合作學習法受到資訊處理理論與認知學習理論的支持（Estes, Mintz, & Gunter, 2011, p. 259）。資訊處理強調學習者的編碼歷程，讓新資訊與儲存在長期記憶中的理念或概念產生關聯。編碼的策略可以直接教給學生，但並非每位學生都能獲益。如果學生透過小組互相學習，將可增進知能。依據認知學習理論家的研究，活動是人類學習的核心，同儕互動是認知發展的關鍵。合作學習法建立在這兩種理論的基礎上。學生在合作小組互相分享文化經驗，提供增進學習的機會，因為高層次的心理歷程是透過社會的互動而產生。合作學習增進友誼與彼此尊重，個人的自尊心增強，因而激勵參與學習的動機，有助於學業成就的達成（Carjuzaa & Kellough, 2013, p. 230）。

Slavin（1983）認為，合作學習的歷程乃是傳統教學的一種變通方式。更具體地說，學生在異質性分組（通常 4 至 6 人）的小組中一起學習，共同分享經驗，接受肯定與獎賞，有時以團體的表現獲得學業成績。合作學習也就因應進行程序、預期結果，以及獎賞結構之不同，而有不同的學習方法。

　　社會學家 Sherif 與 Sherif（1956）即曾指出，人們互相幫助，互相學習，邁向共同的目標一起工作，通常都會有相依為命的感覺。合作學習證實了 Sherif 等人「學習共同體」的信念，因為方法、預測的結果、獎賞的結構伴隨著團體的共同目標，改善了團體的關係。

　　Allport（1954）提倡族群關係的接觸理論（contact theory of interracial relations），主張各種不同族群的人要發展正面的、積極的關係，必須基於平等的立場，經常從事合作的活動。在合作學習的情境中，多元文化的學生在各小組中得到平等的認同，朝著共同的目標學習，相互溝通，終能導致正面的情感。這在倡導族群融合的今天，合作學習更有實施的必要。

　　Singh（1991）進一步研究 Allport 的族群接觸理論，發現有效的教學包括一種氣氛──每位學生都感覺受到其他同學喜愛、協助及接納的氣氛。

　　Manning 與 Lucking（1991）的研究也發現：合作學習有助於改善族群與人際關係，並且增進多元文化學生的自尊與學業成就。在這升學競爭、能力分班、傳統教學遭受批評之際，合作學習法提供了一種可行的變通方式。學生可以互相切磋，一起學習，完成小組的學習目標。合作學習法不僅促進學業的進步，也增進了良性的社會互動。

　　Johnson 與 Johnson（1995）指出：學生的過度競爭容易引起緊張與不安。長期處於競爭的環境中，學生學會如何攻擊他人、打敗別人，企圖保持名列前茅。此類學生往往以己度人，低估別人的表現，甚少與人溝通，懷疑心特別重。要扭轉此一情勢，教師應採用合作學習法，培養互助合作的美德，增進良好的人際關係。研究顯示，合作學習教導學生分享經驗及協助他人，可以降低校園暴力事件。學生參與合作學習的機會愈多，他們

的心理健康、自尊、社交能力，以及面對逆境、壓力時的恢復力都較為良好。

Borich（2011, p. 364）認為，合作學習透過社會互動（social interaction）可以培養學生正確的態度與價值觀念、養成良好的人際關係、擴大視野與見解、塑造完整的人格，以及增進學業成就。在合作學習歷程中，學生得以改進批判思考、推理，以及問題解決的能力。這些高層次的思考歷程需要學會分析、綜合，以及做決定等能力。小組合作學習更能激發這些能力。

貳　合作學習法的類型

合作學習法使用於各行各業中，包括企業、教育、醫學、法律界等，諸如讀書會、辯論會、科學研究、戲劇製作、校刊編輯、體育球隊等。但並非所有的小組都是合作性。它是一連串的教學歷程，透過教學，營造互動的氣氛，共同完成特定的目標，通常是教師指定的教學目標（Estes et al., 2011, p. 259）。

合作學習法的形式很多，通常都以小組或小隊的方式互相學習。不論何種方式都具備五個要素：積極的相互依存性、個別的績效責任、面對面的互動、社交技巧的培養，以及團體的討論等。合作學習法的類型大約可歸納成九種，茲分別敘述如下（Borich, 2011; Estes et al., 2011; Moore, 2009; Slavin, 1999）。

一、學生小組成就區分法（student teams-achievement divisions, STAD）

此法係美國約翰霍普金斯大學（Johns Hopkins University）研發而成，適用於教學目標明確的學科。此一類型 4 至 5 人一組，可依能力、性別、家庭背景，以及教師認為重要的屬性予以異質性分組。教學時，教師先呈現課文教材的內容，確定小組成員都了解教師所呈現的訊息後，施以個別

測驗，並與以往施測成績做比較。個別成績有進步者予以獎勵，這些成績累計成為小組分數。累計的小組分數達到某一水準者，可得到證書或其他獎賞。小組成員必須學會教材，並盡可能協助組內其他成員以達共同的目標。此種合作學習法在教導單一觀念及測驗題目只有一個答案時，最為有效。

二、小組遊戲競賽法（team-games-tournament, TGT）

此法頗類似於STAD。最主要的區別乃在於每週的測驗改為每週競賽。每一小組能與能力相同的小組互相比賽，成績高者給予獎狀或其他獎勵。

三、小組協力個別化法（team-assisted individualization, TAI）

此法亦頗類似於 STAD。採用本法時，同一小組的同學互相檢查同學的作業及測驗。小組掌理家庭作業、學習單及測驗等。進步的學生給予適當的獎勵。

四、合作式的統整閱讀及寫作（cooperative integrated reading and composition, CIRC）

這是一種較為新穎的合作學習法。此法需要異質性的閱讀小組，通常從不同的小組中，兩人一組，互相學習。在語言課中，小組也一起學習，共同完成合作式的寫作作業。其程序先由教師教學，然後小組練習寫作技巧，並且準備小組測驗。以小組所有成員的平均表現作為獎勵的依據。

五、拼圖法（jigsaw）

這是 Aronson、Blaney、Stephan、Sikes 與 Snapes（1978）研發的方式。他們把學生分成幾個小組，並給小組每個成員一份資料，為了達成教學目標，每組必須共同認領一份任務。除非每組成員負責自己的那一部分資料，否則拼圖無法完成。教師使用拼圖法時，可把預先擬定的作業分成

六個不同且獨特的部分。小組成員就整個問題蒐集他們所負責的那一部分的資料，然後回報小組，最後的作品（業）即告完成。這是透過合作的歷程，小組成員蒐集必要的資訊，共同完成小組的作品（業），例如：地理科加拿大單元或健康教育的人體器官單元，小組成員可以分配主題的某一部分，負責這一部分的研究。相同主題的不同組別成員，互相研究討論，然後回到原來組別，輪流教導組內的其他組員。期望所有的學生都學會本主題的所有資訊，並使用綜合測驗以輔助小組的報告。

六、第二代拼圖法（jigsaw II）

每組成員 4 至 6 人，各組給予整個問題，並按照其計畫，細分每人指定的工作。學生蒐集的資訊予以累計。最後的步驟是個別測驗，算出小組的分數，化為點數。優異者給予獎狀或獎品。

七、共同學習（learning together）

此一方式，每組 4 至 6 人，就單一的作業或活動共同學習。單一的作品當作小組學習活動的成績。

八、同儕教導（peer tutoring）

這是最簡單的合作學習形式之一，在基本的技能領域當中，利用學生當作輔助教師（supplementary instructors）。任課教師則如同平常提示教材。學生兩人一組使用結構式練習及附有答案紙的作業單，以強化新教材。學生輪流當輔助教師並互相訂正答案，提供立即的、一對一的回饋（Miller, Barbetta, & Heron, 1994）。

九、小組調查（group investigation）

Sharan 與 Hertz-Lazarowitz（1980）共同研發的合作學習法稱為小組調查。它的主要元素是互動、調查、解析，以及內在動機。小組調查涉及獨立學習及小組研究，可用來促進高層次的學習。通常它把學生分成 3 至 6

人一組，調查或解決某些普遍的問題，包括社會學科或科學實驗、社區專題研究，或建構藝術的剪貼作品。學生負責訂定小組目標、分配工作任務，並完成專題研究。透過共同的小組目標，小組成員激發合作精神。小組調查的設計者在實施小組調查時，要確認六個步驟：(1)選擇主題；(2)共同計畫；(3)實施；(4)分析並綜合；(5)提出研究成果；(6)評量。為了適應多元化，教師應該確保小組成員的異質性及不同組別的成員，為共同的目標及成果而奮鬥不懈。教師的角色是促進小組的調查及維護小組的努力（Moore, 2009, p. 206）。

參 合作學習法的實施

教師安排合作學習活動，要先考慮四個重點：教師與學生互動的類型、學生與學生互動的類型、教師使用的教材、教師指定的角色期望與責任（Borich, 2011, p. 365）。

雖然合作學習法有多種類型，各種類型有其共同的要素。合作學習法的兩位倡導者Johnson與Johnson（1991）主張合作是學習的重要課題。教師實施合作學習法時，應該強調個人的努力及團隊的表現，學生才能產生良好的互動及與他人合作學習。合作學習法能否成功端賴班級組織的兩個層面：課業的結構與獎賞的結構（Slavin, 1995）。小組成員的角色任務分配不當，小組長唱獨角戲，其他成員袖手旁觀；獎賞不當，好壞不分，小組成員也會得過且過，敷衍塞責。因此，教師實施合作學習法時，要把握下列要領（張清濱，2008，頁223）：

一、教師安排分組

合作學習法要求學生分組，通常4至6人為一組。分組有三種不同的方法，最常見的是由教師隨機分組，合作學習要採異質性分組，但是，教師不一定能夠決定採取何種方式分組。第二種方法是固定分組，教師在學年開始時，即分派學生至各組，一直保持至學年結束。唯此法顯然未能考慮到學生

在一學年中會有改變的事實。上學期適合張生，下學期未必適合該生。固定分組也限制了小組之間的互動，未能與其他組別的學生互動。第三種方法是依需要分組，在合作學習的活動中，教師可依需要創立新的組別。

二、分配小組作業

大部分的合作學習法都基於單一的觀念或應用。小組成員接受教師所呈現的資訊加以討論後，分配工作任務，再完成學習的目標。

三、評估小組表現

小組成員一起學習以獲得獎賞，成績的評量通常採取單一小組的分數，整組只打出一個分數。其測驗是共同合作完成，小組分數係來自每一小組成員所得分數的平均數。

四、避免誤用

有些教師在實施合作學習法時，常犯一些毛病，應予避免。Vermette（1994）提出下列建議，可供參考。

（一）合作學習宜採異質性分組

合作學習最好依教師指示，採異質性分組，不可由學生依意願自行分組。如果放手讓學生自行分組，可能趨向同質性分組，容易造成特定族群，較難分享不同的經驗。若採異質性分組，則可依學生專長、個性、性別、志趣、文化背景混合分組，可促進團體間成員的互動與學習。

（二）分組宜由教師安排

分組不在強迫友誼，乃在運用人際之間的多樣性作為互補，以完成小組的任務。這種小組應該是工作小組，不是遊戲小組。教師安排的小組較容易兼顧各種狀況，可平衡各小組的優缺點，讓每位學生都能獲得成功。

（三）指定的作業宜在短時間內完成

　　小組作業應讓每一位學生參與，並要有成功的可能。作業應簡短，並由教師提示綱要，例如：(1)同學間互相探詢對方的意見或觀念，此類訪談可著重在名稱、時事、興趣、特殊的知識領域等方面的意義；(2)學生列舉一系列的事物，挑出一項班上學生未曾做過的工作，如組織班級的方式；(3)同學間相互比較其他同學對某一主題的了解或感受。

（四）合作學習的課業宜在課堂內完成

　　有些教師認為合作學習的課業屬於課外的事，他們擔心如果在課堂討論，家長們就沒有機會討論學校指定的課業。事實上，合作學習的課業應在課堂內進行，不宜在課外完成。這樣，教師可以看到學生進行的一切狀況，提供學生若干建議。

（五）合作學習適用的範圍

　　合作學習法適用於問題解決、調查、意見調查、實驗、檢核、專題研究、編擬試題或其他教學的目的，但不宜過度使用（Carjuzaa & Kellough, 2013, p. 231）。

（六）合作學習的多元評量

　　教師實施合作學習法時，要觀察並監控學生的學習表現。監控的主要目的是提醒學生朝向團體的目標共同努力。有些學生袖手旁觀，另有學生自私自利不肯與他人分享經驗，教師應及時出面，糾正不當的學習態度，否則就失去合作學習的本意。

　　合作學習要求學生一起學習，學習結果的評量可個別施測，也可要求學生共同討論，小組長提出口頭報告，或每組完成一項作品，給予各組團體的成績。

（七）合作學習遭遇的困難

有時候，教師實施合作學習法時面臨困難，不是企圖放棄使用，就是只有告訴學生分組學習而已，徒有合作學習之名，卻無合作學習之實。合作學習要行之有效，教師要精心設計。小組成員都要分配任務，以免忙者更忙，閒者更閒。

第三節　實務演練

本節以生物科的小組合作學習、英文科的小組合作學習、社交關係測量，以及社交能力的培養為例，敘述如下。

壹　生物科的小組合作學習

李老師是國民小學自然科教師，當她教到「竹子的功用」時，採用小組合作學習。班上同學共有 35 人，男生 18 人，女生 17 人。她要求學生分組，每組 5 人，採取異質性分組。討論的主題是「竹子的功用」。隨後李老師向同學說：「每組要有一人當組長，另一人做紀錄。大家盡量努力去想，看看哪一組提出的用途最多、最有創意、反應最快，組內同學就可以加分。」大約 10 分鐘的光景，每組同學絞盡腦汁、集思廣益，紛紛把答案寫在小白板上。

小組討論結束，李老師向同學宣布：「現在各組小組長要提出討論的結果報告。每組報告時間不得超過 3 分鐘，而且不可以重複前面各組相同的答案。看看哪一組要先發言？」結果各組迫不及待、爭先恐後，搶先要發言。

最後，李老師綜合各組的答案，發現竹子有很多用途，諸如：製作筆筒、斗笠、畚箕、桌子、椅子、籃子、教鞭、包粽子、造橋、建造房子、當做燃料、製作衣服、藝術品等，不勝枚舉。報告結束，李老師再問學

生：「還有沒有其他不同的答案？」以激發創造思考。

　　現在請就下列各項問題，提出你的看法。

1. 李老師為何要規定小組長報告時間不可超過 3 分鐘？

2. 李老師為何要規定每組報告不可重複前面各組相同的答案？

3. 李老師為何宣布表現最好的小組，組內同學可以加分？

4. 各組學生為何迫不及待、爭先恐後，搶先要發言？

5. 你認為合作學習有何優點與缺點？為什麼？如何改良？

6. 你認為教師實施小組合作學習時，要注意哪些原則？（複選題）(1)每組人數 4 到 6 人；(2)採異質性分組；(3)小組長輪流擔任；(4)兼顧個人表現與團體表現。

7. 學校教育常因升學過度競爭，學生容易養成自私的心態。面對此種情境，教師應多採用何種教學法？(1)協同教學法；(2)問題解決教學法；(3)探究教學法；(4)合作學習法。

貳 英文科的小組合作學習

　　嘉文高中英文科董老師配合「聖誕節」（Christmas Day）課文，實施小組合作學習。她首先把班上學生分成 5 組，每組 6 人，採取異質性分組，同組學生的成績皆相同。然後她要求各組學生就下列五個主題分別任選一題進行分組學習，並在兩星期後的上課時間，以英文口頭提出 10 分鐘的成果報告或表演活動：

1. 聖誕節由來。

2. 聖誕節歌曲。

3. 聖誕節故事。

4. 聖誕節慶祝方式。

5. 聖誕節話劇表演。

　　學習結束，董老師發現學生的學習成果至為豐碩，證明「三個臭皮

匠，勝過一個諸葛亮」，全班學生共同分享聖誕節的喜樂氣氛，也了解世界各地的文化，擴大國際視野。

現在請你回答下列問題：

1. 小組合作學習有哪些特徵？請列舉說明。
2. 請以英文科「中秋節」（Mid-Autumn Festival）為主題，設計小組合作學習。
3. 董老師的英文教學採用合作學習的哪一類型？(1)小組調查法；(2)同儕教導法；(3)共同學習法；(4)拼圖法。
4. 小組合作學習同組的學生成績皆相同，董老師的教學評量傾向何種理念？(1)生命共同體；(2)社群共同體；(3)族群共同體；(4)學習共同體。

參　社交關係測量

　　江老師是國民中學八年級的導師，她想要了解班上學生有無小團體的存在並進一步探討群育發展的情形。她採用社交關係圖（sociogram），分析學生的社交關係狀況。社交關係圖是一種社會計量技術（sociometric technique），也稱為社會計量法（sociometry），乃是呈現團體中成員社交關係的一種計量技術，可了解成員在團體是否受歡迎或被排斥的情況。例如：「猜是誰技術」（guess who technique）、「社交關係圖」、「社會計量矩陣」（sociometric）等都屬於社會計量的技術（魏麗敏，2000）。

　　江老師利用班會時段，設計一份問卷調查表，提出下列問題，要班上學生把符合該題同學的座號寫在題下。

1. 你平常與哪些同學一起上學、放學？
   座號：
2. 你平常與哪些同學一起研究功課？
   座號：

3. 你喜歡與哪些同學一起逛街遊玩？

　　座號：

4. 小組合作學習時，你喜歡和哪些同學同一組？

　　座號：

然後，江老師根據學生填寫的答案，統計每位同學互動的頻率，並製作一份社交關係圖，如圖 13.1 所示。

分析圖 13.1 發現，1 號是最受歡迎的人物，人緣最好，是小團體之首，儼然成為領袖人物。10 號似乎被排斥，獨來獨往，沒有同學與他互動，應列入個案輔導的對象。其他如 2 與 3、3 與 4、4 與 5、5 與 6、6 與 7、7 與 8、8 與 9 也都沒有互動，顯示班級互動有待加強。

現在請你回答下列問題：

1. 從社交關係圖，這班學生的社交關係有沒有性別差異的存在？

2. 從這班的社交關係圖，你還發現什麼現象？

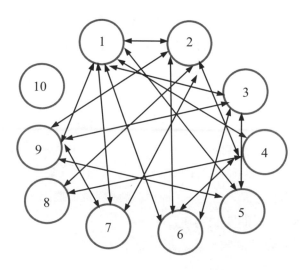

註：數字 5、7、10 代表男性，其他數字代表女性。

圖 13.1　社交關係圖

肆　社交能力的培養

　　小組合作學習可以增進學生的社交能力。教師測量社交能力的一把尺是觀察學生是否被同儕排斥。社交被剝奪的學生會有防衛心態，有時候還會有侵略性，攻擊別人。學生通常喜歡與朋友、同學一同遊戲工作。教師要營造溫馨的學習環境，學生可以無憂無慮、自由自在地表達意見，提供不同的觀點。

　　社交技巧要在真實的情境實施。最好的方法之一是透過團體活動，讓團體的成員集思廣益，貢獻心力。英文教師林老師想出一個辦法，教完下列英文片語後，採異質性分組，將學生分為每組 4 人，用英文做簡短的戲劇表演：

　　1. hard-hearted; soft-hearted; see eye to eye

　　2. be taken in; well-off; under the thumbs; be dead set against

　　3. be taken with a grain of salt; on the go; waste one's breath; tell one

clearly

　　其中一組的成員共同編劇，分配任務，商討擔任劇中人物的角色。他們經過預先演練，然後在班上演出。學生們把學到的片語編成簡短的英文話劇如下：

Act 1　Borrowing a Cellphone（借用手機）

Student A: Hi! May I use your cellphone?

Student B: Sorry, I have to use it.

Student A: You are really <u>hard-hearted</u>!

Student C: You may use my ccllphonc. I don't use it right now.

Student A: Many thanks! You are <u>soft-hearted</u>, indeed. I appreciate a
　　　　　friend like you.

Student D: We <u>see eye to eye</u> on almost everything. I find that some people always want to have their own way. It is necessary for us to help each other.

Act 2 Fraud Rings（詐騙集團）

Student A: Have you ever heard about fraud rings recently?

Student B: Yeah, I was told that some people in China <u>were taken in</u> by fraud rings in Kenya and Malaysia.

Student C: I think most of the people who are deceived may not be <u>well-off</u>, but they may be pushovers. They are always <u>under the thumbs</u> of others.

Student D: I <u>am</u> often <u>dead set against</u> the tricks of fraud rings. They committed crimes and should be punished.

Act 3 Down to Earth（腳踏實地）

Student A: David likes playing jokes at school. What he says must <u>be taken with a grain of salt</u>.

Student B: Yeah, I agree with you. He is a student <u>on the go</u>. He always has a lot of energy.

Student C: I have tried to change his behavior of teasing others, but I think I <u>waste my breath</u>. He never listens to me!

Student D: I <u>tell you clearly</u> that David is a person who boasts of his jokes. He won't be down-to-earth.

現在請你回答下列問題：

1. 你覺得林老師的英文課如何？有何特色？

2. 社交技巧可否融入各科教學？

3. 請以你任教的學科，找出題材，要學生編成劇本，進行小組合作學習，在班上演出。

參考文獻

中文部分

張清濱（2008）。**學校教育改革：課程與教學**（第三版）。臺北市：五南。

教育部（1998）。**國民教育階段九年一貫課程綱要總綱**。臺北市：作者。

教育部（2014）。**十二年國民基本教育課程綱要總綱**。臺北市：作者。

魏麗敏（2000）。社會計量技術。載於**教育大辭書**。臺北市：國家教育研究院。

英文部分

Allport, G. (1954). *The nature of prejudice.* Cambridge, MA: Addison-Wesley.

Aronson, E., Blaney, N., Stephan, C., Sikes, J., & Snapes, M. (1978). *The jigsaw classroom.* Beverly Hills, CA: Sage.

Borich, G. D. (2011). *Effective teaching methods: Research-based practice* (7th ed.). Boston, MA: Pearson.

Carjuzaa, J., & Kellough, R. D. (2013). *Teaching in the middle and secondary schools* (10th ed.). Boston, MA: Pearson.

Duke, B. (1986). *The Japanese school: Lessons for industrial America.* New York, NY: Praeger.

Estes, T. H., Mintz, S. L., & Gunter, M. A. (2011). *Instruction: A models approach* (6th ed.). Boston, MA: Pearson.

Hauge, J. (1980). A second look at small group instruction. *The Clearing House, 53,* 377

Jarolimek, J., & Foster, C. (1993). *Teaching and learning in elementary school* (5th ed.). Englewood Cliffs, NJ: Merrill/Prentice-Hall.

Johnson, D. W., & Johnson, R. T. (1991). *Learning together and alone.* Englewood Cliffs, NJ: Prentice-Hall.

Johnson, D. W., & Johnson, R. T. (1995). Why violence prevention programs don't work and what does. *Educational Leadership, 52*, 63-67.

Lordon, J. (1981). Small group instruction: To make it work. *The Clearing House, 51*, 265-266.

Manning, M. L., & Lucking, R. (1991). The what, why, and how of cooperative learning. *Clearing House, 64*, 152-156.

Miller, A. D., Barbetta, P. M., & Heron, T. E. (1994). START tutoring: Designing, training, implementing, adapting, and evaluating tutoring program for school and home settings. In R. Gardner, D. M. Sainatok, J. O. Cooper, T. E. Heron, W. L. Heward, J. Eshleman, & T. A. Grossi (Eds.), *Behavior analysis in education: Focus on measurably superior instruction* (pp. 265-282). Monterey, CA: Books/Cole.

Moore, K. (2009). *Effective instructional strategies: From theory to practice*(2nd ed.). Los Angeles, CA: Sage.

Rohlem, T. P. (1983). *Japan's high school.* Berkeley, CA: University of California Press.

Sharan, S., & Hertz-Lazarowitz, R. (1980). A group investigation method of cooperative learning in the classroom. In S. Sharan, P. O'Hare, C. Webb, & R. Hertz-Lazarowitz (Eds.), *Cooperation in education* (pp. 14-46). Provo, UT: Brigham Young University Press.

Sherif, M., & Sherif, C. (1956). *An outline of social psychology.* New York, NY: Harper and Brothers.

Singh, B. R. (1991). Teaching methods for reducing prejudice and enhancing academic achievement for all children. *Educational Studies, 17*, 157-171.

Slavin, R. E. (1983). *An introduction to cooperative learning.* New York, NY: Longman.

Slavin, R. E. (1995). *Cooperative learning* (2nd ed.). Boston, MA: Allyn & Bacon.

Slavin, R. E. (1999). Synthesis of research on cooperative learning. In L. C. Ornsstein, & L. S. Behar-Horenstein (Eds), *Contemporary issues in curriculum* (2nd ed.).

Boston, MA: Allyn & Bacon.

Tsukuba University. (1985). *Foundation of modern education*. Tokyo, Japan: Author.

Vermette, P. (1994). The right start for cooperative learning. *Education Digest,* September, 35-38.

Winitzky, N. (1994). Multicultural and mainstreamed classroom. In R. Arends (Ed.), *Learning to teach* (3rd ed.) (pp. 132-170). New York, NY: McGraw-Hill.

Yang, H. (1994). Roles of the middle school teacher in Japan and the United States. *Journal of Curriculum and Supervision, 10*, 77-93.

Chapter **14**

協同教學

　　國民中小學九年一貫課程自 2001 年開始分階段逐年實施，它的課程理念之一是分為八大學習領域並注重課程的統整，進行合科設計，實施協同教學（team teaching）。在符合基本教學節數的原則下，學校得打破學習領域的界限，採取大單元或主題統整，實施協同教學（教育部，1998）。普通高中教育的課程目標之一強調「增進團隊合作與民主法治的精神及責任心」，教師得視課程需要，進行協同教學（教育部，2014）。

　　21 世紀課程發展的趨勢是課程統整（curriculum integration）。Slattery（1995）指出，後現代課程發展的三個原則是合作性、整體性，以及科際性。新課程的理念正符合此一發展趨勢。中小學教師如何進行協同教學，以落實新課程的理念，則是有待深思、探究的課題。

　　本章就協同教學的涵義、類型，以及實施，分別敘述如後。

第一節　協同教學的涵義

　　協同教學與合作學習有別，不能混為一談。前者注重教師教學型態的改變，而後者則著重在學生學習型態的改變。所謂協同教學乃是一群不同的教學人員以一種專業的關係，組成教學團（teaching team），共同計畫、

互相合作，完成某一單元或某些領域的教學活動（方炳林，1988；Schamber, 1999）。

　　教學團的組成分子通常包括資深教師、任課教師、實習教師、視聽教育人員、圖書館人員。這些人員彼此分工，各盡其職，通力合作，共同完成教學活動。從協同教學的意義來看，它具有下列特點（張清濱，2008，頁 179）：

1. 多樣性

　　不同的教師提供學生不同的經驗，學生可從各種不同的角度去面對問題，思考問題。

2. 專業性

　　教師各有所長，依教師的專長排課，擔任最擅長的教材，學生可吸收教師最拿手的部分。

3. 統整性

　　不論單科或跨科，教師可把零星的、片斷的概念或知識，予以整合，成為有系統的、完整的概念或知識。

4. 個別性

　　教學過程可由大班教學到小組教學，再到獨立學習，兼顧群性與個性，適應學生的個別差異。

5. 合作性

　　以往的教學型態大都是任課教師獨立作戰，唱獨角戲。協同教學則不然，它動員有關教學人員，互相搭配，合力完成教學活動，充分發揮教學團隊的精神。

第二節　協同教學的類型

協同教學改變教學的型態，可依據教學的需要，分為下列各種模式（張清濱，2008，頁180）。

壹　單科協同

這是指同一年級、同一科目教師的協同，例如：英語科教材內容有發音、拼音、句子結構與語法、英語歌曲、聽力練習等部分。一年級英語教師有三位，可就其專長，分配工作，李老師負責發音及拼字，林老師負責句子結構與語法，而張老師負責英語歌曲及聽力練習。一年級各班的英語課就由這三位教師協調安排，共同完成。

貳　科際協同

這是兩科之間的協同，例如：國文課有一課文五言絕句選——登鸛雀樓，即可與美術科教師協同教學。國文教師教完五言絕句後，美術教師隨即要求學生把研讀這首詩的心境，用作畫表現，以領悟詩中有畫的意境。當然，美術教師也可以就一幅畫指導學生欣賞，然後國文教師指導學生寫出觀賞心得或寫一首打油詩。

參　多科協同

這是三科或以上的協同，例如：高職以「食品安全」為主題，教師可結合生物、化學、餐飲、食品製造等科教師，組成教學團共同設計教案，分工合作，完成教學活動。學生可以獲得完整的食品安全概念、知識與技能。

肆 跨校協同

協同教學也可跨校實施，例如：偏鄉小型學校師資缺乏，可採取共聘教師方式，相互支援，如甲校沒有音樂科教師，而乙校沒有美術科教師，兩校可彼此協助，互補有無。甲校的美術教師去支援乙校的美術教學，而乙校的音樂教師可協助甲校的音樂教學。

伍 循環式協同

教師的專長不一，對於任教的學科，不見得完全勝任，例如：體育科有很多運動，球類就包括籃球、排球、足球、桌球、棒球、躲避球等。有些教師只擅長其中幾項。因此，學校可請具有這些球類專長的教師組成教學團，採取循環式協同教學，就每位教師專長選項，安排授課時間，依序輪班教學，就可把有關的球類教完。

陸 主題式協同

這是針對某一主題，進行統整的協同方式，例如：臺灣於 1999 年 9 月 21 日發生大地震，教師可以地震為主題，把有關聯的領域或學科統整起來，進行協同教學。國文科可從報章雜誌找出有關地震的文章作為教材。英語科教師可上網或英文雜誌找一些有關地震的短文或英語會話。地理科可講解九二一地震的分布情形及震央的位置。自然科教師可探討地震的原因及地殼的變動。社會科教師可討論地震發生後如何展開社會救濟及人道的關懷。健康教育科教師則應教導學生地震發生時，應如何保護自身及周遭環境的安全；萬一有人發生不幸，應知道如何急救。輔導活動教師可輔導學生正確地面對地震，不致過分恐懼而能臨危不亂。這樣，學生上完這個主題後，更了解有關地震的知識，也增進有關防範地震災害的生活技能。

第三節　協同教學的實施

學校宜就課程的內容與性質，先行評估它的關聯性、意義性、銜接性、需求性、可行性，然後進行下列各項工作（張清濱，2008，頁181）。

壹　組織教學團

學校一旦決定實施協同教學後，應即邀集有關教師及人員組成教學團，商討如何進行該科或該單元的協同教學。

貳　妥善規劃設計

教學團應該由成員推薦一人擔任召集人或聯絡人，負責籌劃及溝通協調等事宜。召集人通常由資深專業人員或最有經驗的人擔任為宜。協同教學首重規劃設計，如果過程安排得宜，就能進行得很順利。

參　研擬教學流程

教學團在規劃設計的時候，應通盤考量各種變項與情境，包括人、時、地、物、事，設身處地，研擬一份教學流程及工作分配表。協同教師可以很清楚自己在什麼時間（when）、在什麼地點（where）、擔任何種工作（what）、採用何種方法（how）、教哪些學生（who），以及要達成哪些目標（why）。

肆　進行教學活動

教學前的準備工作完成，教師就可按照計畫，進行教學活動。協同教

學的方式很多，可概分為：大班教學、小組教學、獨立學習。協同教師宜就教材性質採取適當的方式，進行教學活動。

伍 共同評鑑

協同教學完畢，教學團應進行評鑑，包括學生學習成績的評量及教師協同教學的評鑑。前者可採多元評量的方式，評定學生學習的情形；後者則在注重教學的過程、教學的內容、各項行政工作的配合等，檢討其利弊得失。

第四節　實務演練

本節以英語科跨科協同教學、食品科跨科協同教學、體育科循環式協同教學，以及主題式協同教學為例，說明如下。

壹 英語科跨科協同教學

這是三科或以上的協同教學。裕民國民中學英語科有一課「我去墾丁旅遊」（I Took a Trip to Kenting），英語科教師王老師邀集英語、音樂、地理等科教師組成教學團，共同設計教學活動。他們利用學校春（秋）季旅行，到墾丁進行兩天一夜的戶外教學。第一天學生從學校搭上遊覽車，到墾丁住宿、用餐等就盡量說英語。英語科教師一方面教旅行常用英語，一方面充當導遊用英語介紹臺灣風景。音樂科教師教一些輕鬆的歌曲，也教當地恆春民謠，了解鄉土語言、文化。第二天地理科教師配合地理課程，教臺灣地理——恆春半島的地理景觀及墾丁國家公園。

教學團可視情況擴大協同的範圍，可能的話，請生物科教師介紹墾丁國家公園的稀有植物。如果經費困難，尚可考慮以露營方式辦理，還可安排童子軍活動，各小組到墾丁國家公園尋寶，然後提出報告。這樣的協同

教學，學生必定可學到完整的觀念、知識、技能，以及生活英語。

現在請回答下列問題：

1. 協同教學有何優點與缺點？
2. 協同教學有哪些不同的類型？
3. 偏鄉小型學校師資不足，可否聯合鄰近學校，實施協同教學？如何實施？
4. 學校實施協同教學有哪些配套措施？

貳　食品科跨科協同教學

　　食品安全是大眾關心的焦點。育德高職舉辦食品安全協同教學，王老師是該校食品科教師，擔任教學團的召集人。他邀集學校有關教職人員包括食品科、餐飲科、化學科、生物科與資訊處理科老師組成教學團，共同設計教學計畫，進行跨科的協同教學。

　　王老師首先分配任務。他自己擔任食品科教學，負責食品安全概念的講授；餐飲科李老師負責指導製作餐點；化學科陳老師提供食材的安全檢驗；生物科林老師負責食材的營養分析；資訊處理科張老師負責協同教學當天的錄影、錄音、拍照等事宜。

　　王老師採用小組合作學習，進行協同教學。他採異質性分組讓學生分成5組，每組6人。教學活動先由王老師對全班學生講解食品安全的概念。然後各組學生帶開，李老師教導學生如何製作餐點。製作完畢，共同評鑑餐點的成果，按照食材的營養成分、食品的安全檢驗，以及餐點製作的品質進行評量。

　　現在請你回答下列問題：

1. 市面銷售的各種食品，部分有安全的顧慮，原因何在？
2. 從教育的觀點，如何改進食品的安全？

參　體育科循環式協同教學

張老師擔任駐區督學的時候，發現有些學校體育課未能正常教學，每週都上躲避球。原因之一是學校採取包班制度，缺乏體育科教師。於是，張老師告訴校方可以試行循環式協同教學，以改善體育科教學。今以六年級為例，說明如下。

育群國民中小學六年級共有 5 班，教務處調查教師專長，依體育課程分類，具有體育專長者 5 人。李老師擅長籃球，白老師擅長桌球，王老師擅長排球，林老師擅長網球，洪老師擅長躲避球。五位老師共同組成教學團，設計課程，分別擔任六年級體育課程──球類運動教學。六年級各班課表安排如表 14.1：

表 14.1　體育科循環式協同教學設計

	6-1 班	6-2 班	6-3 班	6-4 班	6-5 班
第 1 週	躲避球	籃　球	桌　球	排　球	網　球
第 2 週	網　球	躲避球	籃　球	桌　球	排　球
第 3 週	排　球	網　球	躲避球	籃　球	桌　球
第 4 週	桌　球	排　球	網　球	躲避球	籃　球
第 5 週	籃　球	桌　球	排　球	網　球	躲避球

第 6 週後的課表可依此類推，安排田徑類方面的課程。

現在請回答下列問題：

1. 循環式協同教學有何優點與缺點？
2. 學校實施循環式協同教學，有哪些配套措施？

肆　主題式協同教學

王老師是群英小學教師，他在教自然科學的時候，帶領學生到附近農

場參觀，觀察南瓜的生態，學習南瓜如何種植成長。參觀結束，每組學生帶一顆南瓜回到教室，南瓜變成活生生的教具。上數學課的時候，王老師要各組學生測量南瓜的大小、重量、長度，數算南瓜種子。上社會科的時候，學生學習南瓜生長的地方與南瓜的產品。他們也從健康教育的觀點，探討南瓜當作中藥的好處。上家政課的時候，王老師教學生做南瓜麵包。上藝術課時，叫學生雕刻南瓜藝術品。上語言課，學生寫一篇有關南瓜的故事與學習（南）瓜有關的成語。這些例子說明王老師在包班制的學校如何以南瓜為主題，把它的概念與知能跨領域統整起來。

中等學校教師採科任制，教師不可能樣樣精通，因此教師進行課程統整時，最好採用協同教學。同樣地，育民中學的林老師則以南瓜為主題，邀集有關學習領域包括自然與科技、語文、藝術與人文、數學等領域教師，組成教學團，共同設計教案（lesson plan），分配任務，統整有關南瓜的概念、知識、技能，完成教學活動。

學校可視人力、物力、財力等資源，斟酌採行。偏鄉小型學校辦理跨領域教學的規模不宜過大，通常至多以三科為宜。

現在請回答下列問題：

1. 課程統整（curriculum integration）與統整課程（integrated curriculum）有何區別？請舉例說明之。

2. 請以任教的學科，找一個主題，進行課程統整，設計主題式協同教學。

參考文獻

中文部分

方炳林（1988）。**普通教學法**。臺北市：三民。

張清濱（2008）。**學校教育改革：課程與教學**。臺北市：五南。

教育部（1998）。**國民教育階段九年一貫課程綱要總綱**。臺北市：作者。

教育部（2014）。**十二年國民基本教育課程綱要總綱**。臺北市：作者。

英文部分

Schamber, S. (1999). Surviving team teaching's good intentions. *The Education Digest, 64(*8), 18-23.

Slattery, P. (1995). *Curriculum development in the postmodern era*. New York, NY: Garland.

Chapter **15**

道德教學

　　近年來由於社會的急速變遷、家庭結構的改變,以及學校教育的缺失,因而功利主義盛行,個人主義抬頭,群己關係淡薄,道德觀念日趨淡薄。影響所及,社會不免衍生若干問題,諸如:投機取巧、急功好利、違法脫序、罔顧倫常等偏差現象。學校的道德教育到底出現了什麼問題?究竟應如何進行道德教育?學校必須徹底檢討現行教育的缺失,謀求改進。

　　兒童和成人怎樣了解是非、善惡、好壞、對錯之間的差異?他們怎樣做道德的判斷?學校如何培養學生成為有道德的國民?兒童的道德發展有哪些方面會影響教師的教學及學生的學習?要解答這些問題,我們先行探討道德發展的原則,再討論道德發展的理論與實踐。

第一節　道德發展原則

　　有些社會行為如分享、協助、安慰等旨在為別人著想,這些行為加上誠信、公平、尊重別人的需要與權利等特質,就成為道德的範疇。

　　學生對於道德與非道德行為的信念——也就是有關善與惡的信念,會影響他們在學校的行動與成就,例如:學生能尊重別人的財物與安全,較不易出現偷竊或侵犯的行為。他們的道德信念可能影響其對於學校課業的

認知及情意的反應。兒童和青少年的道德發展原則如下（Ormrod, 2009, p. 252）。

壹 兒童早期使用內在的標準去評量行為

即使學齡前兒童有某種認知，他們認為造成生理或心理傷害的行為是不當的。不管是否告訴他們，也不管他們的行為是否會帶來嚴重的後果，大部分的兒童在 4 歲前都了解傷害別人是不對的。

貳 兒童漸漸分辨道德的及傳統的犯罪

西方文化的主流反對道德的犯罪（moral transgression）因為這類行為造成損害或傷害，違反人權，或者與平等、自由、正義的原則背道而馳。另一類行為違背傳統善良風俗、倫理者，稱為傳統的犯罪（conventional transgression）。此類行為通常針對特定的文化，例如：吃飯時打嗝在西方文化是會引起對方不悅的，但在某些文化裡，打嗝反而成為對烹調手藝的一種恭維。相形之下，許多道德犯罪在不同的文化裡是不被允許的。

學齡前兒童體會到並非所有的行動都是錯誤的，也體會到違背道德標準比其他的犯罪更嚴重。兒童早期對於社會傳統的認知有限，但到小學時期逐漸增加。然而，兒童及成人對於「何種行為構成道德犯罪、何種行為構成傳統犯罪，以及何種行為只是個人的選擇」的看法並不相同，例如：成人通常認為使用偽藥是道德犯罪，而青少年常常認為只要不傷害別人，它是可以被接受的。

參 兒童對導致別人受傷與苦惱的情緒反應，在小學期間逐漸增強

當你無意中造成別人的不便，或當你傷害到別人的感情，或是當你的

朋友喪失親人時，你感覺如何？也許這些感覺像是罪惡感、羞恥感、同理心會臨到心頭。這些情緒都與道德的發展產生連結。

　　兒童在入學之前，當他們知道自己造成別人受傷或苦惱的時候，開始顯示罪惡的徵候——一種不悅的情緒。到了小學中年級，大部分的兒童也會有羞恥感。當他們無法符合成人設定的道德行為標準時，也會覺得尷尬或羞愧。罪惡感及羞恥感雖然是不愉快的情緒，卻是兒童發展善惡觀念的良好徵候。

　　當兒童相信他們做了一些不能被接納的事情時，就會產生罪惡感及羞恥感。相形之下，即使沒有做錯事，同理心（當某人遭遇不幸時，感同身受）也會產生。在小學階段，同理心繼續發展直至高中階段。在小學低年級階段，學生最先會對認識的人（如朋友、同學）產生同情心。到了高年級，他們會開始對不認識的人（如窮人、無家可歸的人或災民等）產生同情心。

肆　兒童對公平的了解，從兒童早期逐漸開展直至兒童中期

　　與別人分享的情懷端賴兒童的「分配正義感」（sense of distributive justice），即他們對何者構成財物公平分配的信念。兒童的分配正義感隨年齡而改變。學前兒童對於何者構成公平的信念乃基於需求與慾望。在他們的心中，大人給他們大量的糖果而給別人少量的糖果是公平的。在小學低年級，兒童對於公平的判斷基於嚴格的平等概念：每人得到相同的數量。有時候，8歲左右的兒童開始考慮論功行賞及特殊的需求，例如：他們認為對於團體貢獻較多者應得到較多的東西，或者特別可憐者應該分配較多的資源。

伍　隨著年齡增長，道德議題的推理逐漸變得抽象而彈性

　　為了探求人們對於道德議題的推理，研究人員有時採用道德兩難困境

（moral dilemmas）。在此情境中，兩人或以上的權利或需求可能不合乎與沒有明確的對或錯的解決方案。下列例子，請思考其情境：

> 在歐洲，一位婦女罹患罕見的癌症，瀕臨死亡。有一種藥醫師們認為可以救她的命，是同一鎮上的藥商最近發現的一種放射性元素鐳。這位藥商開價美金 2,000 元，是製造價格的 10 倍。這位病人的丈夫 Heinz 去向他認識的人借錢，但僅能湊到一半的藥錢。他告訴藥商說他的太太即將死亡，並請求可否便宜些賣給他或日後再付帳。但是藥商不肯。於是，Heinz 感到很絕望，因而闖入藥房偷藥給他太太。（Kohlberg, 1984, p. 186）

現在請思索下列問題：Heinz 該不該偷藥？如果你是 Heinz，你該怎麼辦？偷別人的東西，以及一個生病的人可以治療卻讓她死掉，哪一種行為較為惡劣？為什麼？

下面是三個解決 Heinz 兩難的方案，各由小學生及中學生提出。姑隱其名，以方便討論：

> James（五年級生）：也許他的太太是一位重要的人士並且經營商店。這位藥商別無他處只好向她採購。警察責備這位藥商見死不救，他沒有營救這位重要人士，猶如持槍或持刀殺人。（Kohlberg, 1981, p. 265）
>
> Jesse（高中生）：如果 Heinz 有充分照顧太太想為她而偷藥，他應該去偷。如果不是這樣，他應該讓她死掉。那要看他的作為如何。（Kohlberg, 1981, p. 132）
>
> Jules（高中生）：在那特殊的情境，Heinz 這樣做是對的。以法律的觀點言之，他沒有做對的事，但以道德法則言之，他做對的事。如果他試過一切可行的辦法，我認為值得去救她的生命。（Kohlberg, 1984, p. 446）

　　每位男生提出不同的理由辯解 Heinz 為何應該偷救命藥。James 的決定只看老闆的需求，但老闆究竟是誰並不明確，但 James 的確不關心 Heinz 的太太瀕臨死亡。Jesse 也採取自我中心的觀點，建議是否該偷藥要看 Heinz 愛他的太太有多深而定。只有 Jules 在辯解 Heinz 為何違法時，考慮到人生的價值。

第二節　Kohlberg 的道德推理階段

　　在獲得無數的道德兩難解決方案的回應之後，美國哈佛大學心理學家 Kohlberg（1975, 1980）提出道德推理階段理論。他認為道德推理如同認知發展，兒童早期的發展是後期的基礎。他認為道德的推理發展可分為三個層次六個階段：循規前期（preconventional level）、循規期（conventional level），以及循規後期（post-conventional, autonomous, or principled level），如表 15.1 所示。

表 15.1　Kohlberg 的道德推理階段

層次與階段	特徵	行為動機	判斷的依據
層次一：循規前期			
階段 1	懲罰—服從導向	逃避懲罰而遵守規範	行為是否受到懲罰
階段 2	個人—報酬導向	為報酬與互利而表現	行為的後果
層次二：循規期			
階段 3	乖乖牌導向	避免他人不悅而守規範	權威人物的讚賞與否
階段 4	法治導向	避免法律制裁	社會法律規定
層次三：循規後期			
階段 5	社會契約導向	為贏得尊敬而守規範	契約的規定與共識
階段 6	普遍的倫理原則導向	避免良心自責而守規範	共通的倫理原則

資料來源：Marlowe 與 Canestrari（2006, pp. 121-122）

壹 層次一：循規前期

這個層次的道德推理符合 Piaget 的道德現實主義（moral realism）階段。幼兒的道德發展以自我為中心，注重自己的利益。幼兒的是非判斷是根據他所做的事情是否合乎自己的利益來決定。對其有利的主要是避免懲罰。如果幼童害怕行為的後果，他們會默許制訂規則者的權力；如果幼童不害怕行為的後果，他們的行為就不受道德控制。本層次分為以下兩個階段。

一、階段 1：懲罰－服從導向（punishment-obedience orientation）

幼童的道德推理屬於這個階段，個體的行為動作僅受限於害怕懲罰。服從規範是為了逃避懲罰。在此階段，幼童判斷是非缺乏任何道德的準則，行為的好壞端視是否受到懲罰以為定。

二、階段 2：個人－報酬導向（personal-reward orientation）

在此階段，互利（reciprocity）的觀念開始出現，例如：「你抓我的背，我也抓你的背。」行為的好壞仍然界定為：「對我有利」便是好，也就是個人需求的滿足。道德觀念變為更切實際。

貳 層次二：循規期

在此層次，道德推理著重社會的觀點，兒童會考慮到別人的看法。行為的結果是他（她）所期待的，盡到自己的責任，做一些讓別人喜悅的事情，並獲得社會的接納。循規期的道德觀念遵循傳統的價值觀、法律與秩序、對別人與社會的忠誠。這個層次符合 Piaget 的相互依存（mutuality）的階段。小學高年級與中學七至八年級學生屬於這個層次。

一、階段 3：乖乖牌導向（good-person orientation）

在這個階段，重點有六個：(1)當好人；(2)受讚許；(3)取悅他人；(4)表現合適的行為；(5)實現共同的期望；(6)順從。這些與忠誠是重要的德行，金科玉律，必須遵守。

二、階段 4：法治導向（law-and-order orientation）

在這個階段，道德觀念傾向：(1)尊重權威；(2)盡自己的責任；(3)為了自己的目的，維持社會秩序。關懷擴大至社會的、國家的、宗教的價值觀，超越近親家族的人。然而仍然保留順從與責任感並相信做好事，法律與規範是用來實現自己的責任以使制度暢行。

參　層次三：循規後期

第三層次也是最高層次，凸顯更抽象的、原則的、個人的觀點直到高中年齡。它符合 Piaget 的自律階段。道德原則界定為權威與團體確認的條件。

一、階段 5：社會契約導向（social-contract orientation）

在這個階段，人們相信法律是需要的，並了解到它們是相對的，而不是絕對的。法律是用來反映社會的共識或協議，以維護社會的標準並保障個人的權利。如果法律不適合人民的需要，可以經過民主的程序予以改變。

二、階段 6：普遍的倫理原則導向（universal-ethical-principle orientation）

很少人到達這個階段。在此階段，人們要有明確的視野、抽象的道德原則，諸如正義與公平。他們不僅教別人這些原則，也犧牲生命，如有需要，挺身護衛他人。權利不是以方便或相互同意來界定，而是以普遍的正

義標準來界定。權利是抽象而符合倫理的觀念（如人類的尊嚴），不是具體而符合道德的觀念。

　　Kohlberg 從心理學的觀點談道德發展。他認為心理的發展有別於行為的改變，要區別兩者的差異有三個規準：(1)發展涉及一般形狀、類型、反應組織的改變，而不是行為發生頻率或強度上的改變，例如：在食物受到剝奪之下，飢餓的行為在頻率及強度上增加，這樣的行為不是發展；(2)發展的改變涉及新穎；在反應方面，呈現量的差異。發展的改變不是突然或突變。新穎涉及質量的差異，相對地涉及形式與內容之間的差異。換言之，內容的改變就是新的。真正新的經驗在形式或組織方面是不同的，不只是在要素或它所組成的資訊不同（Marlowe & Canestrari, 2006, p. 119）；(3)發展是不能逆轉，一旦發展的改變發生，它不會因受到改變的條件及經驗而逆轉。此外發展階段也另有三個規準：(1)發展階段呈普遍、逐步、一成不變的型態發生；(2)發展階段在個體中形成功能性的階層；(3)每一個階段都有區別性並統整前一階段的功能內容（Marlowe & Canestrari, 2006, p. 119）。

　　依據 Piaget 的認知發展理論，幾乎每個人遲早都會到達最後階段──形式運思期：具有抽象思考及推理的能力。然而，Kohlberg 發現道德推理的發展達到最高層級──普遍的倫理原則的美國人不到 25%。準此以觀美國的《人權法案》（*Bill of Rights*），顯示許多公民可能既不知亦不重視美國《人權法案》的基本道德原則（Welton & Mallan, 1999, p. 142）。

　　在 Kohlberg 的道德發展階段中，每一階段都是另一階段的基礎。但他發現年齡與道德推理發展的關係並不明顯。Lickona（1977, p. 39）指出：「一般而論，第一及第二階段主要在小學階段並且持續至以後。第三階段在小學高年級到高中結束。第四階段始於青春期。只有四分之一的人在青春期後期或成人期道德發展到第五階段。」

第三節　Dewey 的道德論

Dewey 的教育理論重視理論與經驗，不尚空談，處處表現出調和的色彩，頗符合儒家思想的中庸之道。他的道德觀乃植基於他的教育理論。舉其犖犖大者列述如後（張清濱，1997，頁 230）。

壹　強調人性可變論：教育與環境可以改變人性

Dewey 的人性論脫離傳統的窠臼，一方面認為人性隨環境而變化，另方面在人性之思想基礎上，摒棄傳統之身心二元論。人不再是由心身截然不同的部分組成，而為一有機整體，身體的活動即所以表現心智之活動。Dewey 認為人性存在而且活動於環境之中，所謂「於其中」非如銀鐵之置於盒中，而「若物之生長於土壤與日光中」。此與儒家「性相近，習相遠」、「近朱者赤，近墨者黑」及「學以變化氣質」等相通。唯 Dewey 不承認人性善惡之先天觀念，善惡乃起於人與環境之交互影響；要改變人性，須藉助教育的力量或環境薰陶的功能。此一理念益加彰顯教育的可能性。教育絕非無能或萬能，而是可能。

貳　調和內外合一論：動機與結果並重

傳統的道德觀念分成兩個對立的因素，即內在和外在，或精神與身體。這個分法是心靈與世界、靈魂與身體、目的與手段二元論的極致。在道德論上，它將行為的動機和結果、品德和行為分開。動機和品德被認為是「內在的」，只存於意識中，而結果和行為被認為是心靈之外，「行為」只與執行此一行為的動機有關；「結果」是指實際發生的。

Dewey 則認為，內在與外在互為表裡。道德行為乃是一串連續的活動，它包括行為的內在動機及外在結果。道德的行為必須真正出於興趣或

充分反省過，因為只有在那種情況下，個人慾求和思考的特質才會以有機體的方式表現於行為中（林寶山譯，1990）。

Dewey 認為，善即幸福，善即慾望之滿足。他以連續的觀念將行為之動機與結果統一於活動的歷程中。Dewey 所謂的「善」，既非 Kant 之所謂「服從規律」，亦非快樂主義之所謂「快樂」。他以為服從規律，本身無所謂善，其所以為善乃因其可生善之結果。因之，判斷行為之善或不善，不僅須注意存心之善惡，亦應顧及存心而行所預見之結果。行為之善惡端視動機與結果，始能判斷（如表 15.2 所示）。

表 15.2　道德行為的判斷

動機	結果	道德（行為）判斷	等級
善	惡	微罪	2
善	善	至善	1
惡	善	偽善	3
惡	惡	罪大惡極	4

參　主張智德合一論：道德貴乎實踐

Dewey 認為，道德知識和一般的知識沒有兩樣，學校的教育與品德的修養息息相關。但是，他更進一步指出：善的知識不是從書本或別人身上可學到，而是經由長期的教育，那是生活中成熟經驗的結晶（林寶山譯，1990）。

符號的知識不能付諸行為，未能深入影響品德。真正的知識是指從實際試驗中得來的體驗，在環境中有實際的效用，能從經驗中得到滿足。親身經歷的第一手知識才能真正影響行為。若只把知識當作學校裡的科目來看，則獲得這些知識只有技術價值。具有社會意義的情境中所獲得的知識才有道德意義，才能啟發道德的智慧。道德智慧的本身就是道德特質，例如：與人合作相處、開放的胸襟、真誠、負責等特質（林寶山譯，1990）。

Dewey 指出，人要有「道德的理想」，這是知的問題；然後要表現出「道德的生活」，這是行為的問題。道德貴乎實踐，唯有知與行合而為一，才能表現出道德的行為。有些人學歷雖高，卻依然違法亂紀、作姦犯科，顯示學問不夠好，或知行不合一所致。

肆　兼顧義務與興趣：利己與利他並行

在道德的爭論中，有依「原則」行事和依「興趣」行事的兩種論點。依原則行事就不能夠參雜個人的利害關係，要依一般法則（law）為準，超越所有個人因素的考慮。依「興趣」行事，就是自私，以個人的利益為主。

Dewey 認為，一個人必定對他所做的有興趣，否則他就不會去做，興趣引發行為的動機。一個醫生不顧生命危險，繼續在流行病的疫區為病患服務，必定是對他所從事的行業有相當的興趣，其興趣比對自身的安全還高。興趣與自我名異而實同，自我並不是現成、固定的，而是不斷在行為的選擇中形成（林寶山譯，1990）。

醫生的行為原則是要維持人們的健康，照顧病人，但這個原則並不保證這樣做都對。如果行為的結果證明是不當的，那根據原則只會加重罪惡。一個只會按原則行事的人，可能會堅持己見，而未能從經驗中去找尋好的方法。

Dewey 主張由利己動機逐漸導引自我之擴張，自我與本身之動機合一，養成其利人的行為。Dewey 認為，人有私心，利己心乃極為自然之衝動，若無利己心，則人類一切之行為將缺乏原始之衝動力。人為社會之一分子，營共同生活，彼此之間，影響極為密切。個人之利益即為全體之利益，全體之利益亦所以增進個人之利益，故行為之出發點，利己亦須利他。個人之道德必須促進社會之道德，個人之幸福必須促進社會之幸福。

伍 結合校內的學習與校外的生活：提供社會的情境

Dewey 認為，一般人把道德看得狹隘，假道學把道德視為好意，而未能顧及在社會情境中所需要的行為。另一方面，卻過分注重傳統，把道德侷限於一些常規行為。他指出，道德的範圍包括我們與他人有關的所有行為。道德與全人格有關，而全人格就是人所有具體的行為和表現。因此，他認為學校必須具有社區生活的特質。其目的即在希望能提供一個社會情境，再此經由共同的經驗來學習、成長。遊樂場、店鋪、工作室、實驗室不只是年輕人自由活動的直接場所，也是他們交往、溝通及合作之處（林寶山譯，1990）。

其次，他認為學校內的學習應繼續延伸到校外，兩者之間應有充分的交互作用。社會各種不同目的的人之間，要有許多接觸的機會，讓學生所學到的知識用於生活當中。

陸 重視道德的實用性：不只培養「好人」，更要培養「有用的好人」

Dewey 採實用主義與工具主義的觀點，認為道德的目的在改造自然與社會之環境，促進人類之幸福。道德以實用為主，不只培養「好人」，更要重視培養「有用的好人」。所謂「有用」係指作為社會一分子的能力，他所貢獻和所獲得的要相稱（林寶山譯，1990）。

道德的觀念不斷重組、改造。Dewey 認為，道德即生活，生活無時無刻不在變，道德亦應經常不斷改造（高廣孚，1991）。道德之改造必須與社會之改造互相配合。Dewey 自實用之觀點以論行為，並注意道德之繼續改造等觀念，誠為 Dewey 在倫理學理論上之一大貢獻。

柒 強調道德教育即生活教育：道德教育不是靠固定的德目來訓練學生

Dewey 不贊成設立道德教育專門學科和教材，而主張道德教育應注入於各科教材中。個人也應參與社會活動，使學校生活與社會打成一片，由共同生活中培養個人之互助合作、同情、友愛等社會道德。Dewey 認為，最有效之道德教育是把學校生活過程與學生生活過程聯繫起來（葉學志，1990）。學校如與社會隔離，則學生在學校所學的知識不但不能實用於生活，也無益於品性的養成。

捌 注重反省的工夫與道德的判斷

依 Dewey 之意，道德教育著重於反省的工夫與道德的判斷。他不贊成功利主義的外在制裁，而主張另立道德陶冶之方案（高廣孚，1991）。Dewey 認為，知識必須時時訓練，始能判斷，判斷在人生行為最為重要。判斷須由自己，絕非他人所能養成。學生之判斷力在分辨輕重緩急、是非善惡之間，個人自有一種度量衡。此種道德判斷力可在任何學科中傳授。

Dewey 認為，道德教育應在實際經驗中學習，而學習則應在培養個人道德判斷，不應盲從習俗的道德，而應用反省方法來鑑定在一定時間與空間是否可行。學校推行道德教育，要有連續的觀念，統整各類教育功能，務必「道德觀念內在化」、「道德實踐生活化」，才能產生道德的行為。

道德行為的判斷通常會受到道德認知的影響，而道德的認知也會受道德觀念及社會價值觀念的影響。例如：美國在韓戰及越戰期間，個人主義（personalism）抬頭，影響所及，人們強調個人的權利與自由（Lickona, 1991）。美國前總統 T. Roosevelt 曾說：「教育一個有心而無德的人，就是教出對社會的一種威脅。」（To educate a person in mind and not in morals is to educate a menace to society）（Welton & Mallan, 1999, p. 129）教育不

僅傳授知識，也要教出行善的人。如果人們徒有豐富的知識而無良好的德行，簡直就是社會的一大威脅。Lickona（1993, p. 9）指出，良好的品格在於知善、求善及行善。他的觀點凸顯品格與知識本位的學科有很大的差異。知善與求善之間必須有正確的道德判斷，然後才可能行善。如果判斷錯誤，誤入歧途，則表現出來的行為就不是善行，甚至變成反社會的行為。品格不僅包含認知領域的行為，也有情意領域及技能領域的行為，例如：許多學生早已經知道誠實與信任的價值觀，但仍然有許多學生及成人表現不誠實、說謊及詐騙的行為。知善、求善，以及行善之間產生了極大的落差。

Kohlberg 的道德發展論主張高階的道德推理優於低階的道德推理，頗受質疑。哈佛大學心理學家 Gilligan（1977, 1982）發現，婦女在 Kohlberg 的道德評定量表上的分數低於男性的分數，不是因為婦女的道德推理的落差，而是因為婦女常常使用不同的基準——以人際關懷為基礎的倫理——作為道德判斷的基準。她也發現女性的道德觀念是建立在責任與人際關係的了解，而男性的道德觀念是建立在權利與規範（Parkay, Anctil, & Hass, 2014, p. 129）。

公平（fairness）與正義（justice）常常是道德推理的唯一法則，可以用來解決道德的兩難困境，如下列這則兩難困境反映出關懷的固有要素：

> Bob 是一位高中的游泳健將，被要求去教殘障幼童游泳。游泳可以強化他們的腿力，幫助他們走路。Bob 是鎮上唯一有救生及教學經驗、能做好這件工作的人。但是幫助這些幼童將會花費 Bob 放學後的大部分空閒時間，影響他練習游泳比賽的時間。如果 Bob 不利用他的空閒時間去練習，他的得獎機會及獲得大學獎學金的機會將會大大降低。Bob 該不該同意去教殘障幼童游泳？為什麼？（改編自 Mussen & Eisenberg-Berg, 1977, p. 121）

　　這則案例是一種符合社會的行為，也就是說，一種幫助別人不期待直接報答的行動。這種行為有時候牽涉到個人的代價或犧牲。此類行為諸如分享、協助、犧牲、施捨等，常會受到同情、利他主義、尊敬、敏感性、教養、關懷所鼓舞（Welton & Mallan, 1999, p. 147）。

　　價值分析（values analysis）有助於道德的判斷，它強調謹言慎行、明辨是非、分別善惡。此種理念是要盡可能以理性及非情緒性的方式檢討行為的價值，然後做出明智的決定。在道德的推理過程中，學生採取一個立場，然後證明其為正當。價值分析則用不著學生採取立場直到把問題分析完畢。

第四節　道德教學的實施

　　Niemczynski（1996）認為：道德教育做得不夠良善是因教育不夠道德（Moral education is not good enough because education is not moral enough）。他從道德教育的目的及手段兩個觀點，強調教育要有道德的觀念。教育就它的目的而言，應該培養有道德的人——願意並能夠平等對待別人，也能夠互相感受到對方給予的同情。道德教育的手段就要權衡各階層人士，包括學生、教師、家長及社會人士，都能為其他不同階層的人謀幸福。

　　價值與道德的教學一般稱為「品格教育」（character education），有時也稱為「價值觀教育」（values education），或「道德教育」（moral education）。這三個術語都是指學校為幫助學生成為有德性的人，能夠進行道德判斷及道德實踐而施行的教育。教導品格是比教課程內容更為複雜，例如：你要學生尊敬別人，你要如何進行道德教學？你可能訴諸於傳統的教條：「對待別人要友善。」但研究顯示此種教條對於學生的品格不太可能有持久的效果（Leming, 1993）。要改進道德教育，學校可透過各種途徑實施道德教學，分述如下（張清濱，2016，頁 310-315；Stevens & Allen, 1996）。

壹 從生活教育著手

道德教育應從生活教育開始。道德教育應該生活化，表現在日常生活當中。生活教育涉及生活的各層面，包括食、衣、住、行、育、樂等。習慣是人類的第二天性，習慣久而久之必成為自然。因此，生活教育首在良好生活習慣的養成。目前社會上出現一些不道德的行為，有待檢討。事實上，生活習慣大都在家庭中即已養成，如果家庭教育健全，學校的生活教育就容易推展。學校畢竟是教育的場所，學校教育應把生活教育與道德教育結合起來。今後，各級學校生活教育應特別注重下列習慣的養成，轉移社會風氣：

1. 勤儉的習慣

學生要養成黎明即起、早睡早起的習慣，也要養成勤儉、樸實的習慣。自古「由儉入奢易，由奢入儉難」，在經濟不景氣的年代，更應厲行儉樸的生活。

2. 整潔的習慣

學生要有環保的意識，不亂丟紙屑、垃圾，不製造環境的汙染。

3. 禮貌的習慣

要增進和諧，促進人際關係，學校應推廣禮貌十道活動，包括：道早、道好、道謝、道安、道請、道賀、道候、道別、道歉及道誠等打招呼用語。如果每一個人都能把打招呼用語時常掛在嘴邊，取代不堪入耳的髒話，國民的素質就可提高。

4. 守法的習慣

學校實施民主法治教育，要注重實踐，身體力行，教師更要以身作則，避免反教育的行為。班規的訂定與執行便是讓學生演練立法與執法的過程，進而培養守法的習慣。

貳　運用文學，尤其是戲劇

文學對於品格的養成具有潛移默化的作用，尤其在培養有用的公民方面，具有互補的作用。Bettleheim（1997）指出，在兒童養育方面，最重要而又最困難的工作就是協助小孩發現生命的意義。要發現意義，就必須超越自己狹隘觀念的設限而深信自己將對生命作出重大的貢獻。文化遺產的傳遞乃是尋找生命意義的要素。文學就是一種很好的工具，透過文學的薰陶，可以達成此一目標。Kilpatrick（1992）舉出故事可當作道德教育的理由。在英雄式的故事中，每一情節都隨著故事的主角——英雄而起舞。英雄對於團體的忠誠及其道德原則，發揮得淋漓盡致，達到最高點。這種道德的情感，常常反映出文化的倫理原則，傳至下一代。

參　運用法院判例

法院的判例樹立了良好的行為典範，法院的判例成為道德行為的最後一道防線。學生可從許多判例中明辨是非、分辨善惡與對錯。學校也可鼓勵學生參加模擬審判，此種學習活動可使學生開始塑造價值觀念的體系，例如：美國最高法院曾判決 Tinker 案例，把言論自由權延伸至學生的身上。最高法院引用尊重的原則，宣判：「要把青年學子當作人（persons）看待，不可把人道精神流落到校門外或其他任何地方。」（Sgrol, 1993）

肆　使用道德兩難困境

此種途徑是把道德的兩難困境採辯論的方式，引導學生分辨是非、善惡。教師可利用一些有趣的話題，如社會問題、環境保護問題、社區紛爭問題、時事問題等，來創造出道德的兩難困境。

例如：《紐約時報》曾刊登一篇文章：如果基因可以預測疾病的話，

該不該告訴小孩（Kolata, 1994；引自 Stevens & Allen, 1996）。依道德的兩難困境，教師可提出下列問題，供學生們討論：

1. 研究人員應否把他們知道的情形告知家長及小孩？
2. 研究人員應否僅告知家長並把告知小孩的問題留給家長？
3. 一般而言，人們是否都有權利去了解自己的醫學訊息？
4. 家長是否有權利了解自己小孩的醫學訊息？
5. 知道基因伴隨著特殊的疾病，有無好處？
6. 基因的認知對於青年人的自尊可能會造成何種衝擊？

　　研究人員利用基因的方法，辨認罹患各種疾病的個體，該不該告知病人，至關重要。醫學界預測某些致命疾病的能力遠超過治癒的能力，而且辨認及預測疾病事故的案例逐漸增加。時至今日，約有九百多種基因被認定會引起遺傳性的疾病（Stevens & Allen, 1996）。以此觀之，科學家可以及早預測疾病。從醫師的專業道德言之，病人的隱私權應予以尊重與保護。當事人理應知道自己的基因狀況，以便有所因應。

伍 進行反省及批判思考

　　道德教育應採反省的途徑，而非教條的途徑。反省的途徑需要批判思考的能力。要培養學生良好的道德及品格，學校應把批判思考列為倫理道德教育的核心（Paul, 1988）。

　　Nielsen（1988）即主張學生應從日常生活經驗中，找出一些案例，加以分析、批判，例如：「我們對於窮人有無責任？」學生們可從理論的觀點討論此一問題。然後在學期中，安排時間訪視貧民，與他們一起工作生活，體會貧民的生活情形。最後讓學生們仔細思考我們到底對於窮人有無道義的責任。

　　這種把實際的生活體驗融入於道德教育中，乃是超越認知的方式，較能兼顧認知與情意的發展。經過實際的體驗後，學生們以更堅強、更明確

的態度，堅持社會有責任去救濟窮人。這種教學方式更能夠把學生們的情感與道德的認知相互結合（Groarke & Scholz, 1996）。

陸　實施價值澄清教學法

在民主多元化的社會中，每個人的家庭背景及教育程度不同，因而生活型態及價值觀念也就隨之而異。在教學上，教師應該盡量利用價值澄清法（values clarification），讓學生做出正確的價值判斷。價值澄清法不是強制灌輸學生一些價值觀念，它的論點是：當人們和環境接觸時，其內心就會產生價值判斷，最後形成自己的價值觀念。價值形成的過程有下列七個階段（Raths, Harmin, & Simon, 1978, pp. 28-38）：

1. 選擇

(1)鼓勵學生自由地做出選擇；(2)協助學生當面臨抉擇時，發現另類的選擇；(3)協助學生徹底地權衡輕重，反省思考每一選擇的後果。

2. 激勵

(4)鼓勵學生思考他們認為值得珍惜的部分；(5)給學生確認其選擇的機會。

3. 行動

(6)鼓勵學生採取行動，表現其認定的行為並符合其選擇；(7)協助學生體會重複的行為或生活的類型。

價值澄清的關鍵性要素是澄清的回應。這是指教師如何去回應學生的價值觀念，協助學生澄清何者是重要的及可要的。職是之故，教師實施價值澄清教學時，應特別注重價值觀念形成的過程，營造互動、安全、尊重的氣氛，協助、矯正學生的價值判斷能力，建立正確的價值觀念體系。

柒 建立班級成為關懷道德的社群

　　學校要把班級建立成為關懷道德的社群，學生彼此尊敬並互相關懷，覺得有隸屬感並且對群體有一份責任。教師應扮演積極的良師角色，以愛與關懷對待學生，以身作則，支持學生正面的社會行為，並且透過一對一的輔導及班級討論，矯正負面的行為。導師更應該重視班級經營，指導學生訂定班規，營造自尊自重、自治自律的美德，以養成知法守法的習性。

　　品格教育注重核心的價值，例如：尊重、個人的尊嚴、個人及公民的責任、誠實、信任、公平、關懷，以及勇氣。學校應該把品格教育的要素，融入課程與教學中。

　　班級透過團體的互動，砥礪言行，把核心價值表現於日常生活當中，成為優質的道德社群。

第五節　實務演練

　　本節以道德認知的判斷、電視劇的人物判斷、知識即道德的思維、師生的情緒管理、教師與家長衝突處理、道德兩難困境，以及價值澄清為例，說明如下。

壹 道德認知的判斷

　　陳老師是育賢高中三年級的導師。有一天，班上李生騎車上學，在途中碰見林生也要上學。於是，李生好意問林生要不要搭便車一同上學。林生盛情難卻，答應搭便車前往學校。但是誰也料想不到，李生騎車不慎，在途中發生車禍，以致林生倒地，左小腿擦撞受傷，到醫院縫了五針。現在請你思考下列問題：

　　1. 依據學校學生獎懲辦法，李生與林生應否受到處分？為什麼？

2. 從道德行為的動機論與結果論的觀點，李生的行為是善、是惡？非善、非惡？

3. 如果你是陳老師，你對於這一班學生如何進行道德教育？

貳　電視劇的人物判斷

你看過電視連續劇《春花望露》或其他喜愛的電視連續劇嗎？如果你長期收看連續劇節目，請你就劇中人物的行為表現，仔細分析他們的行為動機與結果，然後將他們分類，並思考下列問題：

1. 你認為劇中人物，哪些人是好人？哪些人是壞人？他們的行為動機與結果是什麼？

2. 你認為劇中人物，哪一位人物的道德行為最好？哪一位人物的道德行為最惡劣？原因何在？

3. 對於見利忘義或忘恩負義的人物，如何進行道德教育，使其幡然悔悟，改過自新？請提出你的看法。

參　知識即道德的思維

希臘哲學家 Socrates 有一句格言：「知識即德行」（knowledge is virtue），他認為有知識的人，德行就好，知識與德行是一致的。請思考下列問題：

1. 你同意 Socrates 提出「知識即德行」的說法嗎？請提出你的看法。

2. 我們從社會新聞中發現有些人的學歷很高，德行卻不好；但也有一些人的學歷雖然不高，卻默默行善，為善不欲人知。其原因何在？你認為知識與德行有相關嗎？

3. 道德認知、道德判斷，以及道德實踐是否相關？請舉例說明之。

4. 道德行為與宗教信仰是否相關？請舉例說明之。

肆 師生的情緒管理

　　李生是樹人國民中學九年級學生，他剛從一所私立中學國中部轉學進來。有一天，他的數學教師林老師對班上學生說：「下星期一連續放假，大家不要玩過頭，千萬要記得寫家庭作業。下次上課，老師要檢查作業。」隔了一週，開始上課的時候，林老師果然要檢查作業。他要求學生把作業拿出來放在書桌上，個別檢視。正當林老師走到李生的座位旁，要檢查李生作業的時候，李生突然站起來，不讓林老師檢查。於是，林老師勃然大怒，要檢查李生的作業是否放在書包裡。但李生不讓林老師檢查，反而從書包取出鈍器，敲打林老師的腦袋。林老師防不勝防，不支倒地，經檢查有腦震盪現象。現在請各位思考下列問題：

　　1. 如果你是林老師，面對此種情境，你將如何處理？

　　2. 林老師與李生發生衝突的導火線是什麼？能否避免？如何避免？

　　3. 從道德教育的觀點，情緒教育與道德教育是否相關？請提出你的見解。

　　歸納學生的意見，處理方式如下：第一，教師應該先了解該生的背景。原來該生是某私立學校的退學生，在校成績不佳、操行不良，是典型的「高風險群」人物。教師面對此類學生，應該格外謹慎；第二，教師應該洽請導師與輔導教師共同研商輔導對策，切勿單獨行動；第三，教師平常應與學生維持和諧的師生關係，化解敵對的立場；第四，教師也需要學習情緒管理，切勿動輒發怒；第五，教師給學生的作業不宜全班都相同，宜按照學生的能力，給予個別的、適當的作業，使其有成功的滿足。學業有困難的學生，常常會有情緒困擾，有時還會有攻擊的行為。

伍　教師與家長衝突處理

　　阿秀的父親李先生到學校欲見導師王老師，商談女兒阿秀最近的生活狀況。李先生直奔阿秀的教室要見王老師，恰巧王老師不在教室，科任的陳老師正在上課。李先生就直接問陳老師有關阿秀的一些狀況，問東問西，陳老師很不耐煩，就對李先生說：「這不關我的事！你家的事（代誌）！請直接找王老師商談！」李先生覺得陳老師態度很不好，於是引起口角衝突。現在請各位思考下列各項問題：

　　1. 陳老師與李先生發生口角衝突的導火線是什麼？

　　2. 如果你是陳老師，面對此種情境，你將如何處理才能化解衝突？

　　3. 你認為陳老師對於家長來訪有沒有道義的責任，告訴李先生如何找到王老師？

　　4. 你覺得王老師約談學生家長，有哪些地方考慮不周，有待改進？

陸　道德兩難困境（Tuckman & Monetti, 2014, p. 103）

　　有一位消防隊員正在一幢人口密集的大樓打火，聽到他的家也著火。你認為這位消防隊員應該離開現場去救正處於危險之中的家人呢？還是留在現場去救別人？

一、層次一：循規前期

階段1：懲罰─服從導向

　　消防隊員應該留守現場打火，否則會受到懲罰，或遭受消防隊免職。

階段2：個人─報酬導向

　　消防隊員應該回家救火，否則他會擔心家人的安危。

二、層次二：循規期

階段 3：乖乖牌導向

消防隊員最好回家，因為善良的父母親惦念著家人。

階段 4：法治導向

消防隊員應該留守現場打火，因為那是他應該遵守的規範。

三、層次三：循規後期

階段 5：社會契約導向

消防隊員或許應該留守現場打火，因為那是他同意履行的約定，但是如果他聽到家人正處於危險之中，那可能離開現場回家救火。

階段 6：普遍的倫理原則導向

消防隊員應該留守現場打火，因為把多數人的福祉置於少數人之上，是對的也是合乎倫理的。

現在請回答下列問題：

1. 你班上學生（同學）的道德發展屬於哪一階段？
2. 道德發展有無性別差異？
3. 你對於 Kohlberg 的道德發展階段理論有何看法？

柒 價值澄清

國民中小學的教育目標是培養德、智、體、群、美五育均衡發展的國民。這五育同樣重要，但是何者最重要？教師可要求學生依自己的價值觀排序，就可看出每個學生的排法不盡相同。一個經常生病的學生可能會認為身心健康（體育）最重要；一個經常遭竊的學生可能認為品德（德育）最重要；在工作職場求職碰壁的人就認為知識技能（智育）最重要；而生

活環境孤單、沒有人願意與他結交朋友的人就會覺得合群（群育）的重要性；對於生活空虛、缺乏精神生活的人，自然體會美感（美育）的重要性。

　　價值觀的形成顯然受到環境的影響。教師採用價值澄清法，進行道德教育時，要格外謹慎小心。學生的價值體系尚未成形，因此，德、智、體、群、美，何者最重要並沒有標準的答案。學生只要能言之有理，說出它的重要性，就算正確。如果學生的價值觀念明顯偏差，教師應該因勢利導。

　　現在請回答下列問題：

1.　教師採用價值澄清法有何限制？
2.　請以任教的學科，舉出一個問題，進行價值澄清法教學。

<h1 style="text-align:center">參考文獻</h1>

中文部分

林寶山（譯）（1990）。**民主主義與教育**（原作者：J. Dewey）。臺北市：五南。

高廣孚（1991）。**杜威教育思想**。臺北市：水牛。

張清濱（1997）。**學校行政與教育革新**。臺北市：臺灣書店。

張清濱（2016）。**教學原理與實務**。臺北市：五南。

葉學志（1990）。**教育哲學**。臺北市：三民。

英文部分

Bettleheim, B. (1997). *The use of enchantment*. New York, NY: Vintage Books.

Gilligan, C. C. (1977). In a different voice: Women's conceptions of self and morality. *Harvard Educational Psychology, 25*, 509-515.

Gilligan, C. C. (1982). *In a different voice: Psychological theory and women's development.* Cambridge, MA: Harvard University Press.

Groarke, L., & Scholz, S. J. (1996). Seven principles for better practical ethics. *Teaching Philosophy, 19* (4), 347-348.

Kilpatrick, W. (1992). *Why John can't tell right from wrong.* New York, NY: Simon & Schuster.

Kohlberg, L. (1975). The cognitive-developmental approach to moral education. *Phi Beta Kappan, 56*, 271.

Kohlberg, L. (1980). High school democracy and education for a just society. In R. D. Mosher (Ed.), *Moral education: A first generation of research and development.* New York, NY: Praeger.

Kohlberg, L. (1981). *The philosophy of moral development: Moral stages and the idea of justice.* San Francisco, CA: Harper & Row.

Kohlberg, L. (1984). *The psychology of moral development: The nature and validity of moral stages.* San Francisco, CA: Harper & Row.

Leming, J. S. (1993, November). In search of effective character education. *Educational Leadership, 51*, 63-71.

Lickona, T. (1977, March). How to encourage moral development. *Learning, 5*, 37-43.

Lickona, T. (1991). *Educating for character: How our schools can teach respect and responsibility.* New York, NY: Bantam Books.

Lickona, T. (1993). A letter to chacter educators. *Instructional Leadership, 51*, 72-75.

Marlowe, B. A., & Canestrari, A. S. (2006). *Educational psychology in context: Readings for future teachers.* London, UK: Sage.

Mussen, P., & Eisenberg-Berg, N. (1977). *Roots of caring, sharing, and helping: The development of prosocial behavior in children.* New York, NY: Freeman.

Nielsen, R. (1988). Limitations of ethical reasoning as an action (Praxis) strategy. *Journal of Business Ethics, 7*, 731.

Niemczynski, A. (1996). Moral education is not good enough because education is not moral enough. *Journal of Moral Education, 25*(1), 111-116.

Ormrod, J. E. (2009). *Essentials of educational psychology* (2nd ed.). Columbus, OH: Pearson.

Parkay, F. W., Anctil, E. J., & Hass, G. (2014). *Curriculum leadership: Readings for developing quality educational programs* (10th ed.). Boston, MA: Pearson.

Paul, R. W. (1988). Ethics without indoctrination. *Educational Leadership, 48*(8), 10-19.

Raths, L. E., Harmin, M., & Simon, S. B. (1978). *Values and teaching* (2nd ed.). Columbus, OH: Charles E. Merrill.

Sgrol, P. (1993). *Lecture to the writing, reading, and civic education institute.* Cambridge, MA: Harvard Graduate School of Education.

Stevens, R. L., & Allen, M. G. (1996). Teaching public values: Three instructional approaches. *Social Education, 60*(3), 155-158.

Tuckman, B. W., & Monetti, D. M. (2014). *Educational psychology.* Belmont, CA: Wadsworth.

Welton, D. A., & Mallan, J. T. (1999). *Children and their world: Strategies for teaching social studies* (6th ed.). Boston, MA: Houghton Mifflin.

Chapter **16**

教學評量

　　教師的教學與學生的學習是相互影響的歷程,至少涉及教師、學生,以及學校行政人員。因此評鑑(evaluation)一詞,針對不同的對象而有不同的解釋。對於學生而言,它是指教學評量;對於教師而言,它是指教學評鑑或教師評鑑;對於行政人員而言,它是指校務評鑑或人事考核。本章主要討論前者教學結果與學生學習成就的評量,後兩者(教師及行政人員)屬於學校行政的領域,不在討論的範圍。

　　從評量的歷史觀點言之,自 20 世紀以來,評量方法的改變從口試到筆試,從質性到量化,從簡答題到多重選擇題,其目的莫不在增加效率並使評量系統更客觀、更公平、更可行。時至今日,教學評量仍是大眾注目的焦點。教育部宣布自 2014 年實施十二年國民基本教育,活化教學列為重要目標之一,教師得使用各種有效的評量方式,考查學生的學習表現。多元評量更有其利用之價值。本章從教學評量的基本概念、命題的題型、多元評量的涵義、理論基礎、應用、改進的途徑,以及實務演練,分別論述。

第一節　基本概念

　　教師究竟要如何評量教學的結果與學生的學習成就?教師有必要了解

教學評量的基本概念，包括評量的目的、原則，以及特性，分述如下。

壹 教學評量的目的

在教學歷程中，學生想要知道他們學得如何，教師也有必要了解他們教得如何。教學評量本身就是達成目標的一種手段，它的目的大致有下列六點（張清濱，2008b，頁 432）。

一、了解學生的起點行為

教師面對一群未曾教過的學生，不知道他們的準備度（readiness）如何，教師可進行簡單的測驗，即可了解學生的起點行為（entering behavior）。對於新生及未曾教過的學生，學期開始之初，教師更應進行教學評量。

二、診斷學生學習的困難

學習的範圍甚廣，學生學習後到底有何困難？什麼地方有困難？例如：國中、高中一年級學生，有些學生不會英語發音，另有些學生不會拼字，也不懂文法等。教師可透過評量發現問題之所在。

三、協助學生學習

教學評量最主要的目的是要幫助學生學得更好。從評量的過程中，教師可發現學生學習的優缺點，重新建構課程與教學，設計合適的教學活動，讓學生更容易學習。

四、評定學生的學習表現

教學告一段落，教師應就教學的範圍施以評量，以了解學生的學習結果及表現。學習表現包括知識、技能、態度、理想、情操、勤惰等。教師應就其學習的程度，評定其等第或分數。

五、檢討教學的得失

從學生的學習表現，教師應就評量的結果，檢驗教學目標是否達成，檢討教學的得失。在教學的過程中，教師的教學有何優點？有哪些缺點？評量的難易度是否適當？哪些學生學會？哪些學生還不會？原因何在？都應加以分析，以作為改進教學之參考。

六、提升教學的品質

評量的最終目的是改進教學，提升教學的品質。評量的本身是一種手段，改進教學才是目的。評量的結果應當告知學生本人及家長，給予回饋。對於成績較差的學生，教師應施以補救教學，提升其能力與水準。

貳 教學評量的原則

教學評量時，教師要先考慮命題方式為何？包括哪些範圍？評量的對象是誰？評量的工具如何完成？如何評分？下列十個原則可供教師們參考（張清濱，2008b，頁434）。

一、評量要依據教學目標

評量的主要功能在於判斷教學目標是否達成。在評量的過程中，不論是教師評量學生或學生自我評量，目標必須具體、明確。因之，教學目標應以行為目標（behavioral objectives）的方式敘述，評量應根據教學目標轉化成評量的試題。

二、評量要兼顧認知領域、技能領域、情意領域

教師的觀點往往左右評量的內容。如果教師注重態度與價值觀念的培養，則評量將著重於學生在課堂上發展這些態度與價值的程度。如果教師注重於認知領域，則評量注重於學習單元中知識的獲得。但是，學習是完

整的活動，知識、思考的歷程、技巧、態度、價值及行為的改變一樣重要，不分軒輊。雖然，某些學科的教學目標有輕重緩急之分，但在教學評量時，認知、技能及情意領域宜兼籌並顧，不宜有所偏廢。

三、評量要適應學生的個別差異

評量的題目要顧及學生的程度。如果評量是針對同一年級的學生，試題的難易度要適中，應以大多數的學生程度為準。如果評量是針對資賦優異的學生，試題就要有挑戰性。如果評量是針對智能不足的學生，試題難易度就要淺顯易懂。

四、評量是繼續不斷的歷程

教師應經常考查學生，教學前、教學中、教學後都可以評量學生。診斷性評量（diagnostic evaluation）可辨別學生個人及團體的需要。形成性評量（formative evaluation）可看出學生每天進步的實況。單元結束所做的總結性評量（summative evaluation）則可了解單元目標是否達成。這三種評量方式，教師教學時應斟酌採用。

五、評量是師生共同合作的歷程

教師、學校行政人員、學生，甚至學生家長都應參與評量的工作，因為他們與學校計畫均有密切的關係。教師與學生共同評量有助於目標的澄清。團體評量與自我評量有賴於教師的指導及學生的合作。家長應多參與討論其子女的學習情況。教學視導人員與其他有關的學校行政人員亦應提供協助，並與教師合作，設計有效的評量工具。

六、評量應在各種不同的情境實施

學生的態度、興趣、觀念的改變、技能的增進，在團體設計、討論、報告中可予以評估。學生在各項活動、角色扮演所表現的行為，也可顯示其學習增長的情形。在各種不同的場合評量學生，始能正確判定學習是否

改變其行為。

七、評量應利用各種不同的方法

　　教師可利用許多不同的工具及評量的技術，以蒐集有關教學結果的資料。常用的評量方式有觀察、討論、面談、個案會商、個案研究、教師自編測驗、師生合編測驗、標準化測驗、問卷、社交距離測驗、查核法、學習日誌、日記、軼事紀錄等。教師使用何種方式評量，要看評量的目標如何以為定。教師不可僅使用一種方式去評量某一目標。即使教師使用查核表、等級量表或測驗，也可同時使用觀察法。混合使用各種方法比單獨使用一種方法要好些。

八、教師應提供學生自我評量的機會

　　透過自我評量，學生可分析自己的技能、態度，以及行為的優、缺點與需要。當他們評估個人與團體努力的結果時，他們也就培養出個人的責任觀念。自我評量促進自我學習。

九、評量應力求客觀、公正、公平

　　評量試題的題意要明確，不可模稜兩可。試題也要顧及不同的族群、性別、語言、地區、文化的差異，不可厚此薄彼。見仁見智及容易引起爭議的題目宜力求避免。

十、評量應與教學密切結合

　　評量應該是教學的一環。成功的教師會觀察並記載學生學習進展的情形。他們會根據評量的結果，改進教學。評量可提供立即回饋，師生均有裨益。

參 教學評量的特性

　　良好的教學評量要考慮五個 C：(1)符合性（congruence）：評量的項目要符合教學的目標；(2)完整性（completeness）：評量的試題要涵蓋整個教學的層面；(3)一致性（consistency）：評量的試題在不同的時間施測，能得到一致的結果；(4)確信性（confidence）：試題的內容信用可靠；(5)成本性（cost）：試題所花的成本費用是合理的（Smith & Ragan, 1999, p. 95）。具體地說，任何評量的工具至少要具備四個特性：可靠性、標準性、有效性、實用性（reliability, standardized, validity, practicality, RSVP）（Ormrod, 2009, p. 361），分述如下。

一、可靠性

　　如果評量能一致地測量到所要測量的項目，並且具有很高的可信度，則此種評量是可靠的。我們可以相信如果我們明天與下週給予同一班學生相同的測驗，基本上學生在兩次評量仍然可以得到相等的分數。評量工具欠缺信度通常由於試題缺乏客觀性、評量工具過於冗長、題意不明，或行政上的缺失使然。

二、標準性

　　評量的試題要能夠做縱的及橫的比較，以顯示有無進步。縱的比較係指同一系統在不同時段內比較，例如：甲校前年、去年及今年畢業生基本學力測驗成績的比較，250 分以上的比率是提升或下降？橫的比較係指不同的系統在相同時段內比較，例如：甲校今年畢業生基本學力測驗成績與他校、他縣市比較。

　　評量的結果要能夠相互比較，除了要有信度及效度外，試題尚應力求標準化。施測的內容、程序和計分的準則都以相同的方式處理。標準化減少錯誤的機會，達到公開、公平、公正的標準。

三、有效性

如果評量能真正地評量到或測量到所要評量的項目，那麼這個評量是有效度的。每一道試題都要符合所要評量的目標，每一目標所擬的試題都是代表可能發展那些目標的試題。如果試題不能測驗到所要測量的項目，則此種評量是沒有效度的。

常見的效度可分成三種：(1)預測效度（predictive validity），即評量工具能預測未來的表現，例如：智力測驗分數能預測學生未來的學業成就；(2)建構效度（construct validity），即評量工具能否測量特殊的人類特質或特徵，例如：智力測驗能否真正測量智力，或人格測驗能否測量人格特質；(3)內容效度（content validity），即評量的內容及題目能代表所要測量的全部知識及技能。

四、實用性

要增加試題的實用性，最好提高評量的效度與信度，評量的試題盡可能接近實際的生活情境。試題生活化可以使學生應用學習過的知識與技能。然而，創造效度與信度的願望和評量情境的現實性是有落差的。評量的資源有其限制：學生沒有足夠的評量時間，教師也沒有充分的閱卷時間。

總而言之，在這四個特性中，效度最為重要。教師必須使用評量的技術，評量學生的成就是否達成教學目標。然而，信度是效度的必要條件，評量要產生有效的結果，只有當評量也能產生一致的結果──施測的程序、計分的標準力求公正客觀。信度不能確保效度，但標準化可以增進評量結果的可靠性。實用性唯有在效度、信度及標準化沒有重大缺失時始可考慮。

第二節　命題的題型

教學評量的方式不勝枚舉，一般言之，可分為紙筆測驗（paper-pencil test）與非紙筆測驗。本節討論前者的命題題型。常用的題型約有十二種，各有其優缺點，教師宜斟酌採行，分別舉例如下（Kellough & Kellough, 2003）。

壹　排列法

教師把術語、名稱、照片、朝代、實物等，要學生依特定的順序排列。

例如：請把下列朝代，依先後順序排列：宋代、唐代、漢代、明代、元代、隋代、清代。

優點：可分辨順序的先後，了解學生能否分辨朝代的先後順序。

缺點：不易計分。

貳　完成法

教師擬出一道題目，把未完成的部分呈現出來，要學生去完成。

例如：If I were a bird, I ＿＿＿＿＿＿＿.

優點：可測出學生對於文法了解的程度。

缺點：沒有標準答案，不易計分。

參　改正法

教師擬出的句子中，有一個部分是錯誤的，要學生把它挑出來改正。

例如：<u>Money</u> is a great temptation <u>to</u> <u>the</u> <u>most</u> people.

　　　　1　　　　　　　　　　　2　3　4

優點：可測出學生對於文法了解的程度，而且容易計分。

缺點：此類評量只能測出低層次或記憶的問題。

肆　申論法

教師提出一道問題或難題，要學生論述。

例如：國民中小學為何採取常態編班？理由安在？試申論之。

優點：容易命題。

缺點：評分易失於主觀而且評分費時。

伍　分組法

教師呈現一些項目，要學生挑出並放在同性質的組群中。

例如：In the following words, which are the names of countries? Which are the names of languages or people?

America, Chinese, England, French, Germany, France, Italy, Japan, American, Italian, English, China, German, Japanese.

Countries:＿＿＿＿＿＿＿＿＿＿＿＿＿＿＿＿＿＿＿＿.

Languages/People:＿＿＿＿＿＿＿＿＿＿＿＿＿＿＿.

優點：可讓學生了解國名與語言／國民。

缺點：學生要小心翼翼，否則容易弄錯。

陸　辨認法

教師呈現一些項目，要學生以某種標準辨認其屬性。

例如：下列三首詩（略），各屬於何種體裁？

優點：學生可以了解文體的屬性。

缺點：有些學生特別熟悉某種文體的屬性，因而占盡便宜，失去公平性。

柒　配合法

教師在 Column A 中擬出一些題目，要學生在 Column B 中找出正確的答案。

例如：在 Column A 的各項敘述中，哪一位美國總統符合該項的敘述？請在 Column B 中找出相對應的答案。

	Column A	Column B
1	Current president of the United States（2017～）	A. Thomas Jefferson
2	Most recent past president of the United States	B. Donald Trump
3	U. S. president at the conclusion of W. W. II.	C. Abraham Lincoln
4	First president of the United States	D. Barack Obama
		E. Bill Clinton
		F. George Washington
		G. Franklin Roosevelt

優點：可以測量學生的判斷能力及區別相似的人物、事實、定義、理念、概念等，容易評分；某一欄項目增加，即可減少猜測。

缺點：不太能測出高層次的認知能力。

捌　多重選擇法

此法頗類似完成法，但有多項答案可供選擇，需要加以辨認，不只是回憶。

例如：Which one of the following is a pair of antonyms?

    A. loud——soft

    B. halt——finish

    C. absolve——vindicate

    D. produce——purchase

優點：作答容易，評分迅速，在短時間內可測出高層次的認知能力。

缺點：命題要小心而且頗費思量。

玖　是非法

教師擬出一道題目，要學生判斷陳述句的正確與否。

例如：哥倫布在 1492 年發現美洲。以上敘述對或錯？

優點：可以在簡短時間內回答，計分迅速、客觀。

缺點：學生容易猜題。

拾　填充法

教師擬出一道題目，把重要的部分空出來，要學生填答。

例如：中國東北的三寶是：人參、貂皮、＿＿＿＿＿＿。

優點：命題容易。

缺點：偏重記憶。

拾壹　簡答法

簡答法類似於申論法，但答案簡短明確。

例如：請學生簡短說明測驗的信度與效度有何不同。

優點：可評量學生的了解程度，評量較不費時，容易計分。

缺點：學生表達可能有困難。

拾貳 描述法

提供一個情境或材料，要求學生解答問題或描述某些情節。

例如：在「聲音」這個單元中，要學生製作簡單的樂器，描述下列問題：

1. 描述此種樂器的功能。
2. 敘述此種樂器製作的步驟。
3. 寫出此種樂器的特色。

優點：測出學生對樂器的了解程度。

缺點：描述費時，材料的提供也是大問題，評分易趨於主觀。學生能描述細節，未必能表演樂器。

第三節 多元評量的涵義

紙筆測驗雖有多項優點，缺點仍然存在。因此，教師評量學生的學習結果與成就，不能只用一種方法，必須視實際狀況，採取多元評量的方式。

多元評量係指評量的目標、內容、方式、情境、次數、人員都是多元的，即使評量標準、答案也應該是多元的，分述如下。

壹 評量目標多元

教學評量應把握各類教育目的及目標，以檢驗目的及目標是否達成。目標包括各級學校教育目標、課程目標、學科目標、單元目標，以及各課教學目標（行為目標）等。每一類目標都是多元的，絕非單元的目標。就以國民教育階段九年一貫課程為例，即有十項課程目標（教育部，2012）：

1. 增進自我了解，發展個人潛能。
2. 培養欣賞、表現、審美及創作能力。
3. 提升生涯規劃與終身學習能力。
4. 培養表達、溝通和分享的知能。
5. 發展尊重他人、關懷社會、增進團隊合作。
6. 促進文化學習與國際了解。
7. 增進規劃、組織與實踐的知能。
8. 運用科技與資訊的能力。
9. 激發主動探索和研究的精神。
10. 培養獨立思考與解決問題的能力。

　　國民教育階段九年一貫課程目標再衍生國民中、小學各學習領域目標與各學科目標，每一學科也有單元目標及行為目標。一般言之，宗旨及目的皆指遙遠的、抽象的、非短期內可達成的，如憲法及教育宗旨的目的。目標則指近程的、具體的、短期內即可達成的，如學習領域目標、學科單元目標、行為目標。教學及評量是否已經涵蓋課程的重要目標？是否符合小班教學的基本目標？教師命題時即應把握多元化的教學目標，轉化成評量試題，以檢驗教學目標是否達成，評量才不會有所偏失。

貳　評量內容多元

　　學習領域包括認知領域、技能領域和情意領域。Bloom 等人（1956）把認知領域目標分為知識、理解、應用、分析、綜合、評鑑等層次；Anderson 等人（2001）把它們修訂為記憶、了解、應用、分析、評鑑、創造等層次。技能領域也分為技巧、模仿、機械、練習、創作等層次；情意領域則可分為情緒、情操、態度、價值觀念等層次。

　　記憶是學習的基礎，沒有記憶，就很難學習。但是，記憶不等於學習，它只是認知領域的一部分。傳統上，教學評量往往偏向記憶，很少評量高層次的認知諸如分析、整合、歸納、評鑑、創造的能力，難怪一般學

生普遍欠缺批判思考及創造思考的能力。表 16.1 顯示某教師最常問學生一些低層次的問題，較少問高層次的問題。表 16.2 也顯示該教師教學與評量忽略程序知識與後設認知，評量似乎有所偏差。

表 16.1　教師的發問與題型分析

題型	發問類別計數	總數	百分比
評鑑	xx	2	7%
綜合		0	0%
分析	xx	2	7%
應用	x	1	4%
理解	xxxxx xxx	8	30%
知識	xxxxx xxxxx xxxx	14	52%

發問總數：　　　　結束時間：　　　　日期：

任課教師：　　　班級：　　科目：　　　　觀察者：

資料來源：改編自 Glickman、Gordon 與 Ross-Gordon（1998）；Sullivan 與 Glanz（2000, p. 86）

表 16.2　知識向度與認知歷程向度的目標分類

知識向度 ＼ 認知歷程	記憶	了解	應用	分析	評鑑	創造
事實知識	目標 1					目標 3
概念知識	目標 2			目標 4	目標 5	
程序知識						
後設認知						

資料來源：Anderson 等人（2001, p. 217）

　　任何學科都有技能的成分，有些是生活技能的一部分，例如：語文學科教導學生說話的技巧及作文的技巧；社會學科傳授社交的技巧；自然學科辨認環境生態的技巧等。教學要與生活結合，評量就應與生活知能結合。

　　認知領域屬於智商（IQ），而情意領域涉及情緒智商（EQ）。有些教師往往忽略情緒智商的教學與評量，因而學生缺乏毅力、耐力及挫折容忍力，容易自暴自棄，隨波逐流。

　　評量應兼顧三大學習領域，教學評量不能只著重認知領域，忽略技能領域及情意領域，否則會出現「智育掛帥」的弊病，培養一批「五育不全」的人。多元化的評量內容自應盡量兼顧多元智能的八項智能：語文、邏輯—數學、空間、肢體動覺、音樂、知人、知己、自然觀察的智能等。以汽車駕駛為例，說明教學評量的方式如下：

1. 認知領域
   (1)記憶：能說出常見的汽車廠牌三種。
   (2)了解：能指出一種汽車廠牌的特徵。
   (3)應用：能運用駕駛的原理、原則、知識。
   (4)分析：能拆卸一種廠牌汽車的零件，分辨其功能。
   (5)評鑑：能判斷何種廠牌的汽車性能最優越。
   (6)創造：能創新一種汽車的零件或廠牌。
2. 技能領域：駕駛技術純熟，從不違規。
3. 情意領域：能心平氣和，遵守交通規則，小心駕駛，照顧自己，關心別人。

參　評量方式多元

　　評量的方式約可分為四種：(1)口試或筆試，如論文式問題、簡答式問題、口頭辯論、訪談等；(2)成品製作，如美術工藝作品、學習檔案紀錄、研究報告等；(3)實作演示，如實驗、操作、表演、朗讀、修理、開車等；(4)選擇答案，如多重選擇或是非題、電腦化測驗等。

肆　評量情境多元

　　評量不限於固定的場所，教室內、教室外、校園內、校園外，都可視實際的需要，進行教學評量，例如：交通安全測驗，不能只在教室紙筆測

驗,尚應觀察學生在馬路上的行為,是否遵守交通規則,有無違規情事?
又如英語會話測驗,教師也可利用電話,與學生用英語交談,亦可測出英
語會話的能力。

學校是社會的縮影;教育即生活。學校環境應布置具有教育意義的生
活環境,例如:學校可設計模擬超級市場,陳列各種日常生活用品,諸
如:肉類、食品、蔬菜、水果、飲料等,讓學生學習;也可把教室布置成
為模擬情境(如機場、郵局、銀行、醫院等),當作教學與評量的場所。

伍 評量次數多元

教學評量是繼續不斷的歷程。它不是一個月考一次或一學期考幾次而
已。認真的教師教學前通常會問學生幾個問題,實施診斷性評量,以了解
學生的起點行為;教學中隨時檢查學生是否聽得懂,實施形成性評量,以
掌握學生學習的狀況;教學後教師應統整教材,實施總結性評量,以檢驗
學生是否達成教學目標。Black 與 William(2003)針對形成性評量與總結
性評量做了比喻:廚師在烹調時品嚐湯的味道,就是形成性評量;當顧客
享用時品嚐湯的味道,那是總結性評量。

陸 評量人員多元

教學評量不純粹是教師的事,它涉及教師、學生、家長及有關學校行
政人員。因此,教學評量可由學生自我評量、同儕評量、教師評量、家長
評量。評量人員增加,評量的效度與信度就提高。茲以自我評量為例,說
明如下。

平常考試完畢,教師可把試卷發給學生,要求他們根據正確的答案,
評閱自己的試卷,打分數。在評量的過程中,學生可以真正了解自己做錯
的地方而尋求改進。

通常有些學生自我評量時,表現平庸卻為自己打很高的分數;亦有學

生表現優異，卻為自己打很低的分數。這顯示學生的價值判斷呈現兩極化。前者表現出很有自信心，但也看出此類學生有優越感，不切實際、浮華不實的個性；後者表現出缺乏自信心，而且有自卑感，妄自菲薄，總以為自己不如人。這些都是一般教學評量不易評量到的地方。

同儕評量可提供學生互相學習的機會，例如：檔案紀錄評量，教師可讓學生互相觀摩，俾能「見賢思齊，見不賢而內自省」，而且可以培養學生評鑑的能力。學生三五成群相互評量也可以培養學生的價值判斷與立即做決定的能力。然而，自我評量及同儕評量僅是評量的歷程，不能當作評量的結果，學生的學習表現最後應由教師確認。

柒　評量答案多元

評量的題型日趨多元，答案也朝向多元。多重選擇題從中選擇正確的答案，即是一個明顯的例子。正確答案也許不只一個，此類試題頗能給予學生較多的思考空間。

小班教學注重創造能力的培養。評量也應該多採用擴散（開放）式思考，不宜侷限於封閉式的固定答案。下列問題可供學生思考：

1. 請用 4、6、7、2 這四個數字，把它們放在下列四個空格內，使它的和最大？（Shepard, 1995）

$$\begin{array}{r}\square\square \\ +\,\square\square \\ \hline \square\square \end{array}$$

正確答案：72 及 64；或 74 及 62。

2. □＋□＝5，可能有幾種不同的答案？

正確答案：無限個。整數有：0，5；5，0；1，4；4，1；2，3；3，2 等。其他答案尚有小數、分數、正（負）數等。

第四節　多元評量的理論基礎

　　教師為何要使用多元評量的途徑評量學生的學習成就？多元評量的途徑為何受到學校的重視？要探討這些問題，可從近數十年來心理學家、哲學家、社會學家及教育家們的研究，看出端倪。下列六種學說及理念說明多元評量的重要性，也奠定多元評量的理論基礎，多元評量乃應運而生（張清濱，2013，頁 15-19）。

壹　多元智能理論

　　Gardner（1983）指出，人類的智能至少有七種：邏輯—數學的、語文的、音樂的、空間的、肢體—動覺的、知己（內省）的，以及知人（人際）的智能。後來，他又提出第八種智能——自然觀察的智能（Gardner, 1995）。

　　Gardner 的多元智能理論給學校教育人員一個重要啟示：3R's（讀、寫、算）教育或核心課程雖有一席之地，藝能科目諸如音樂、美術、體育，以及社團活動（如交友及人際關係）仍不可偏廢。人生中有許多的際遇與機會。擅長跳舞、歌唱、打球、烹調、機械操作者可以登上世界的舞臺，揚眉吐氣。對於中途輟學或不擅於傳統紙筆測驗的學生，學校如果能改用另類評量，給予表現的機會，照樣會有揮灑的空間。因此，教師若要開發人礦，啟發學生的潛能，就要善用多元評量。

貳　學習型態理論

　　學習型態係指學生學習偏好的方式，也可界定為「個人認識及處理資訊的形式」（Kellough & Kellough, 2003, p. 29）。Riessman（1966）從感官的觀點，研究學生的學習型態，發現每位學生都有不同的學習型態。他

把學習型態分為三種類型：(1)視覺型：此類學生視覺反應敏銳，善於閱讀，一目十行，過目不忘；(2)聽覺型：此類學生聽覺反應靈敏，長於傾聽，輕聲細語，風吹草動，都可聽得一清二楚；(3)動作型：此類學生手腳特別靈活，敏於操作，喜歡打球、運動、吹奏樂器、做實驗、操作機械等。

學生偏愛的學習型態取決於遺傳與環境因素。有些學生在正式場合學習成效最好，另有些學生喜歡在非正式、輕鬆的場合學習，亦有些學生需要按部就班地學習。學習型態會隨著環境的因素而改變，教師的教學與評量應該採取多面向的角度看待學習型態。因此，教師應該運用觀察法及非正式的途徑去判斷學生的學習型態。教學評量宜設計各種不同的情境，評量學生的能力與表現。

參 社會互動理論

依據建構主義的觀點，了解（understanding）存在於環境的互動中（Savery & Duffy, 1995）。換言之，學習是在環境的互動中產生的。環境包括學生周遭的人、時、地、事、物。在學校的環境裡，影響最大的因素包括：(1)教師與學生之間的互動；(2)學生與學生之間的互動；(3)校園景觀與學生之間的互動；(4)學校設施與學生之間的互動；(5)學校組織氣氛與學生的互動；(6)生活經驗與學生之間的互動（張清濱，2008a，頁 233-234）。教師教學評量時往往著重課堂內的學習，而忽略課堂外，甚至校園外的學習活動。因此，教學評量應與生活情境相結合。

肆 行為目標分類

行為目標（behavioral objectives）是一種操作型的目標陳述。它是以學生的行為，準確地描述教學後期望學生獲得可觀察的學習結果及標準（張清濱，2016，頁 150）。這些目標可依學習領域及層次分為：認知領

域、情意領域、技能領域。行為目標的分類成為建立測驗題庫及測量各種教育目標的工具。

Bloom 等人（1956）首先提出此一理念，延攬一群美國測驗專家於 1949 年開始進行研究，終於在 1956 年出版教育目標的分類第一冊。他們把認知領域的目標分為六個層次：知識、理解、應用、分析、綜合、評鑑。事隔四十五年，Anderson 等人（2001）完成修訂目標的分類，把學習目標修訂為記憶、了解、應用、分析、評鑑、創造，稱之為修訂版的教育目標分類法。

認知領域的目標分類完成後，Krathwohl、Bloom 與 Masia（1964）把情意領域的目標分為接受或注意、反應、價值的評定、價值的組織、品格的形成。Simpson（1972）也把技能領域分為七個類別及層次：知覺、準備狀況、在指導之下練習反應、機械或重複練習、複雜的明顯反應、調適、創作等層次。

行為目標的分類給教師們一個重要的啟示：學習是多面向的。雖然各學科的學習重點不盡相同，但都包含認知領域、情意領域及技能領域。這三大領域又細分為許多層次。教師們應該捫心自問，教學時有否遺漏某些領域或層次？教學評量是否包含主要的學習領域及層次？

伍 五育均衡發展

《國民教育法》第 1 條揭示：「國民教育依中華民國憲法第一百五十八條之規定，以養成德、智、體、群、美五育均衡發展之健全國民為宗旨。」（教育部，2016）國民教育以達成「全人教育」為理念，以培養「五育均衡發展」為目標。九年一貫課程綱要即依據國民教育目標分為十項課程目標：(1)增進自我了解，發展個人潛能；(2)培養欣賞、表現、審美及創作能力；(3)提升生涯規劃與終身學習能力；(4)培養表達、溝通和分享的知能；(5)發展尊重他人、關懷社會、增進團隊合作；(6)促進文化學習與國際了解；(7)增進規劃、組織與實踐的知能；(8)運用科技與資訊的能力；

(9)激發主動探索和研究的精神；(10)培養獨立思考與解決問題的能力（教育部，2012）。

這些目標都需要透過各領域課程的實施，始能達成。因此，教師採取何種有效的教學方法並採用何種評量的方式，顯得格外重要，例如：要達成「發展尊重他人、關懷社會、增進團隊合作」的目標，教師宜多採用合作學習及小組教學的方式，教學評量也要兼顧小組成員的自我表現及團體表現。

陸　資訊科技發展

科學技術的發展，一日千里，突飛猛進。教育工學（educational technology）的發展改變教學的型態。課程與教學走向多元化、資訊化、網路化、數位化及國際化。教學媒體不再只是黑板及粉筆而已。各種教學媒體諸如網際網路、社群網站、教育雲端線上作業、電腦化教學（CBI）、電腦輔助教學（CAI），以及多媒體在教學上的應用，如雨後春筍，相繼問世。

隨著資訊科技的發展，教學評量採用線上評量（online assessments）、電腦化測驗（computer-based assessments, computer-based testing），更加普遍（Oliva & Gordon, 2013, p. 366）。教學要以學生為中心，教學評量就應該以學生為本位，把每一個學生帶上來。電腦化適性測驗（Computerized Adaptive Testing, CAT）正可滿足這方面的需求。

電腦化適性測驗有別於電腦化測驗。後者只是利用電腦作為測驗的工具；前者則是按照學生的能力依序作答的一套測驗。測驗時，考生坐在電腦前依電腦軟體顯示出來的題目，循序作答。通常第一道試題難易適中，如果考生答對，則第二道試題難度升高；第一道試題如果答錯，則第二道試題難度降低。依此類推，直至電腦能判斷考生的能力為止，測驗即告結束（張清濱，2016，頁 395-396；Straetmans & Eggen, 1998）。

由於資訊科技的快速發展，在 21 世紀中，教育機構勢必投入更多的人

力、物力，發展並設計各類科電腦化適性測驗，將來各類型考試也許將漸漸採用電腦化適性測驗。

第五節 多元評量的應用

多元評量方式不勝枚舉，除了利用紙筆測驗之外，教師可設計各種不同的評量方式。本節介紹五種評量方式包括檔案評量（portfolio assessment）、實作評量（performance assessment）、真實評量（authentic assessment）、契約評分（grade contracts），以及電腦化適性測驗（張清濱，2016）。

壹　檔案評量

在 1980 年代初期，英國倫敦三位教師創用「主要的語言紀錄」（Primary Language Record）測量學生的語文技能，內容包括寫作與其他足於證明語文程度的紀錄。這些個別化的實錄視為更有意義、更有深度的證據，可以取代單一的測驗或等級成績。它讓家長、教師、行政人員、學生更廣泛的了解學生的學習表現（Barrs, Ellis, Hester, & Thomas, 1989）。直到1991 年，美國加州實施類似的方法，追蹤學生學業進步的實況，稱為「加州學習紀錄」（California Learning Record）。檔案（portfolios）一詞原係藝術家的藝術作品實錄，供他人鑑賞之用。它的本意是人們可以看出學生到底做了什麼、學了什麼，以前的表現可以與日後的表現作比較。教師得以使用檔案紀錄評估自己給學生的作業或講義是否得體（Frey, 2014, p. 164）。

檔案評量亦稱為學習歷程評量，又稱個人檔案紀錄評量，或稱為卷宗評量，它是有目的的學習實錄，可以展現學生的努力、進步實況，以及學習成就，可用來檢驗學生的學業成就。在美國，此法一直作為實作評量的基本方法，蓋因學習歷程檔案無所不包，舉凡各類型的實作評量、觀察、

師生會商，以及有關學生的學習等訊息皆屬之。它具有下列各項優點（Grounlund, 1998）：

1. 可以顯示學習進步的情形（如寫作技巧的改變）。
2. 展示最好的作品，對於學習有積極的影響。
3. 前、後作品的比較，而非與別人比較，更能引起學習動機。
4. 學生篩選自己的作品並做決定，可以增進自我評量的技巧。
5. 可以適應個別差異（例如：學生可依自己的能力、程度、速度，進行學習）。
6. 學生、教師及有關人員可以明確得悉學習進展的實況（例如：不同時段所蒐集的寫作樣品可以相互比較）。

　　學習歷程檔案是一種多向度的評量，包括認知、技能、情意領域，也兼顧過程與結果，提供形成性評量與總結性評量的訊息，具有多元化、個別化、適性化、生活化、彈性化等特性。學習歷程檔案沒有固定、標準的形式，通常包括封面設計、目錄及頁碼、自我介紹、課程與教學計畫、筆記、講義、學習單、家庭作業、課外研讀、日記、心得及感想、特殊優良紀錄、得意作品、實習、研究實驗報告及其他等。學生可依自己的興趣，發展自己的潛能，例如：擅長電腦者，可建立電子的學習檔案；擅長繪畫者，可以插畫方式呈現；工於詩句者，可穿插打油詩、現代詩、五言詩等；喜歡攝影者，亦可穿插照片、海報等。

　　學習歷程檔案紀錄是一本個人學習的實錄，也是一本學習的寫真集，可以看出學生努力及成長的情形。傳統測驗較難測出的創造力、想像力及好奇心，學習歷程檔案則可充分發揮出來。

　　學習歷程檔案紀錄可依不同的學科記錄，例如：一所美國小學四年級的學生，他的語文科學習歷程檔案包括：(1)目錄：列出學生所記錄的內容；(2)學生認為最好的作品；(3)一封信：學生寫給任課教師或評閱者，說明為何選出這些作品及其過程；(4)一首詩或一篇短篇故事；(5)一篇個人的回應：針對某一事件或有趣的事物，提出自己的看法；(6)一篇散文：針對

英語科之外的任何學科，寫一篇短文（Black, 1996）。

學期結束，教師可把班上學生隨機分組，每組 4 人，每位學生先自我評量，再由小組相互評量，評定 1、2、3、4 名次，最後由教師評量、確認。教師可依學生學習努力的情形，評定成績，設定 1 ＝ 90 分，2 ＝ 85 分，3 ＝ 80 分，4 ＝ 75 分，亦可設定 1 ＝ 90 分，2 ＝ 80 分，3 ＝ 70 分，4 ＝ 60 分作為學期（平時）成績的一部分。

雖然檔案評量有許多的優點，它們仍然有一些缺點。第一是花費時間，學生蒐集與整理資料費時，教師評閱檔案也很費時，而且數量又多，無法帶回家詳細評閱，只能在課堂評量。檔案評量的另一個缺點是缺乏信度與效度，主要是沒有明確的固定內容與評分標準。因此，要提高它的信度與效度，必須酌情增加評分人員，並規定必要的項目與內容。

儘管如此，檔案評量還是值得採行。教師於學期開始，第一次上課時，即可告知學生本學期的學習目標、內容及評量的方式，要求學生上完當天的課，就要記錄當天學習的情形。教師可指導學生記錄三件事情：(1)知（knowing）：上了今天的課，我知道了什麼？把它寫下來；(2)行（doing）：上了今天的課，我會做什麼？把它記錄下來；(3)思（thinking）：上了今天的課，我想到了什麼？感想如何？鉅細靡遺，加以批判思考。隔了一段時日，教師宜檢視學生學習進步情形，並可作為學習與生活輔導的資料。

學生的寒暑假作業也可採取學習歷程檔案的方式記錄，例如：一個不愛念書的學生，只喜歡看電視。寒暑假除了看電視之外，無所事事，不知如何過日子。既然喜歡看電視，教師不妨鼓勵他（她）看電視。但每天看什麼電視節目？從電視節目中，知道了什麼？學會了什麼？想到了什麼？有何感想？發現哪些優點與缺點？有什麼批評？都可以一一寫下來。寫了一個寒假或暑假，他（她）可能成為電視專家或電視評論家。

此種檔案紀錄頗能與多元智能理論相結合，至少涉及語文的智能、邏輯—數學的智能、音樂的智能、空間的智能、知己的智能與知人的智能等。例如：看了一齣電視劇後，寫下一則心得報告，顯現語文的智能；根

據劇情,提出假設,發展邏輯—數學的智能;欣賞之餘,唱(作)一首歌,展現音樂的智能;畫一幅畫,表達心中的意境,這是空間的智能;了解自己的長處,喜愛看電視,這是知己的智能;能與人分享,則是知人的智能(李平譯,1997)。

(學習歷程)檔案評量用途甚廣,通常用於學生的課業實錄。值得注意的是,學生的學習歷程檔案也用於大學的入學甄試、就業甄選、教學評鑑。師資生可以撰寫實習檔案紀錄,各級學校教師應該建立教學檔案。實習檔案與教學檔案應該包含教學的錄影帶,展示教師與學生互動的實況(Miller, Linn, & Gronlund, 2009, p. 288)。

貳 實作評量

實作評量旨在運用各種方式,評量各種能力及技巧,要求學生展示知識應用,而非僅展示知識的本身(Long & Stansbury, 1994)。教師可要求學生撰寫一篇論文、團體做科學實驗、以寫作方式提出申辯如何解答數學問題,或保存最好的作品等。相形之下,標準化的紙筆測驗,通例只要求學生個別作答,從選擇題中選出正確答案,似乎不適合這些需求。

實作評量不是教學評量的一種新策略。以往善於教學的教師即經常採用觀察、實驗、寫作及實際操作等方式判斷學生進步的情形。目前許多學校採取有系統的轉變,擺脫選擇式測驗,改用實作評量的方式,作為測量教學及驗證績效的工具。

實作評量與真實評量常交互使用,兩者的定義頗多重疊。依據 Meyer(1992)的研究,前者著重在學生接受測驗時的反應種類;後者則強調學生接受測驗時的反應情境,亦即在現實的情境中產生。

實作評量包含一系列的歷程。這些歷程具有下列四個部分:(1)學生必須展示所教的歷程;(2)展示的歷程細分為較小的步驟;(3)展出的歷程可直接予以觀察;(4)按照小步驟的表現,判斷其成績。基於上述的認知,實作評量必須符合下列四個特點(Airasian, 2001):

1. 應具有明確的目的

實作評量首應確定評量的目標是什麼，通常以行為目標的方式敘述，並且要能涵蓋主要的教學目標。

2. 辨認可觀察的實作行為

目標確定後，教師應考慮以何種行為最能展示學習的歷程及結果。這些行為必須是客觀的、可觀察的及可測量的。

3. 能提供合適的場地

可觀察的行為必須在合適的場地進行，也許是課堂、實驗室或工廠等。教師應設計合適的場地，評量學生展示的行為。

4. 備有預擬的評分或計分標準

例如演說的實作評量，可把演說的行為細分為五個部分：(1)眉目傳神；(2)口齒清晰宏亮；(3)抑揚頓挫；(4)呈現論點；(5)總結論點。這五項行為就成為評量演說的標準，裁判可用來觀察並判斷演說的表現。

實作評量最大的特點是學生明確了解複雜的教學目標牽涉到校內外情境的表現。第二個特點是它們可以測量學習的結果（如打籃球），這是其他的評量方法（如筆試）不容易測量的。第三個特點是它們提供評量的工具，得以評估歷程、程序，或由操作得來的結果。第四個特點是它們採行現代學習理論建議的途徑，學生不是被動地吸收知識，而是主動地建構知識（Miller et al., 2009, p. 267）。

實作評量也有一些限制。它的最大限制如同論文的寫作，評分易趨於主觀；評分的標準不一致，缺乏信度；不同時間與不同的評分者評分就有差異。另一個限制是評量時間冗長，頗浪費時間。因此，對於範圍較大的學科，宜採多元評量的方式（Miller et al., 2009, p. 268）。

參　真實評量

真實評量係指學生的學習活動盡可能接近現實的世界，著重學生接受測驗時的反應情境，亦即在現實的生活情境中產生。真實評量是標準參照評量，不是常模參照評量。它可以用來辨認學生的優點與缺點，但不排列名次相互比較。

真實評量有時稱為變通的評量（alternate assessment）。教師可要求學生使用較高層次的思考技能去處理、創造或解決現實生活的問題，不只是針對指定的項目，選擇其一作出反應。教師可使用真實評量來評估個人與團體的專題研究計畫、技能的錄影演示，或社群性質的活動，例如：自然科學的學生可以設計並做實驗以解決問題，然後以書面敘述他們如何解決問題。教師亦得允許學生選擇要評量的研究計畫，例如：寫一本小冊、製作地圖、創作食譜、發明新事物、創造模型、撰寫兒童書等（Parkay, Anctil, & Hass, 2014, p. 409）。

真實評量類似於實作評量，著重在學生的表現（performance）；學生要在現實的情境裡以合適的方式，展示自己的知識、技巧或能力，例如：學生在模擬的超級市場學習英語會話，展現英語會話的技巧。依據 Wiggins（1998）的研究，真實評量具有六個特性：

1. 評量切合實際：它反映出「真實世界」使用的資訊或技巧的方式。
2. 評量需要判斷：它要解決非結構性的問題，答案可能不只一個。
3. 評量要學生去「做」主題：即透過學習的學科程序。
4. 評量在類似的情境中完成：相關的技巧在類似的情境中展現。
5. 評量需要展現複雜問題的處理技巧：包括涉及判斷的問題。
6. 評量允許回饋、練習，以及第二次解決問題的機會。

真實評量與實作評量的定義與實施，有些部分重疊，例如：Mertler（2003）認為，許多的實作評量可歸類為真實評量；Airasian（2001）則認

為，實作評量可稱為真實評量，它們允許學生展現實際情境中所能做的事情；Frey（2014, p. 203）即認為，真實評量有許多不同的定義，兩個共同的特徵是實作性（performance-based）與形成性（formative）。有些專家強調情境的真實性；另有些注重參與的重要性與合作性；有些則著重計分準則的多元性。

真實評量也有它的缺點，包括較高的成本，為了布置真實的評量場地，所費不貲。評量結果的一致性與實用性有其難度。同樣地，真實評量缺乏信度與效度，也不容易比較（Carjuzaa & Kellough, 2013, p. 296）。

肆　契約評分

契約評分是一種標準參照評量。通常，任課教師在學期開始前，即明確擬訂學生一些基本的學習目標，另加上一些高層次的目標。學生在開學時必須按照自己的能力，會同任課教師，就 A、B 或 C 三種等級，選擇其中一種，簽訂契約，作為該生努力的目標。值得注意的是：此法沒有 D 和 F 級，因為教師不鼓勵學生失敗。如果李生簽訂契約 C，學期結束，只要他達成最基本的目標，即可得到 C 等級的成績。如果王生簽訂契約 B，則他除了完成最基本的目標外，尚須完成一部分高層次的目標。又如張生簽訂契約 A，則他必須完成最基本的目標及高層次的目標。此法的優點是：學生只要努力，都有可能簽訂契約 A；學習動機是自我導向；教學目標明確；可培養責任感；個別化學習；自我鞭策，不與同學競爭；並能驅除壓迫感及恐懼感，建立自信心（Partin, 1979, p. 133）。

此法頗適用於低成就的班級，尤其適用於高智商而低成就的學生，重新建立自信心。但是，一些自不量力的學生可能好高騖遠，簽訂 A 等級契約，然而學期結束，卻無法完成所定的目標，造成挫折感（張清濱，2007，頁 395）。此外，契約評分所得分數作為在校成績並當作升學推薦指標，易失於主觀，公平性令人存疑。

伍 電腦化適性測驗

電腦化適性測驗具有下列各項優點（Straetmans & Eggen, 1998）：

1. 依需要傳輸測驗。

2. 圖表、聲音、影像、文字可以合併呈現，與實際生活情境無異。

3. 電腦本身即可評閱試題，教師不必閱卷。測驗結束，電腦即自動完成計分，省時省力。

4. 教師不必命題，由學科專家及電腦軟體專家精心設計，免除出題及製作試卷的工夫。

5. 測驗更準確，更有效率，更能測出學生的程度。

6. 不用紙筆測驗，節省大量紙張，符合環境保護的概念。

7. 減少作弊、左顧右盼的機會。因前後左右考生的試題可能不盡相同。

儘管電腦化適性測驗具有多項優點，受試者不用文字表達，久而久之，語文能力可能反而退步。因此，應試者接受電腦化適性測驗之前，應先通過語文能力測驗，才不至於顧此失彼。

此外，採用此法之前，學校應先建立標準化的題庫及測驗計分法。因此，在21世紀中，教育機構應投入大量人力、物力，發展並設計各類科測驗，將來各類型考試可能漸漸採行電腦化適性測驗。

第六節 改進的途徑

多元智能、學習型態、社會互動、行為目標分類、五育均衡發展、資訊科技發展等理念建構多元評量的理論基礎。多元評量可視為評量的目標、內容、方式、情境、次數、人員、答案都是多元的。教育部要求中小學教師活化教學，教師應該善用有效的評量工具，評量學生的學習成就。下列各項建議值得省思。

壹 多元評量宜重視心理歷程而非僅以標準答案為已足

　　有些教師往往採取一成不變的評量方式，不允許學生也不鼓勵學生用不同的方法去解答問題，結果抹煞學生的潛能。因此，教學評量不以正確答案為已足，尚應評量其解答的歷程，了解其解決問題、做決定及判斷的能力，例如：數學測驗，張生與李生的答案皆相同；但在解題歷程，張生比李生思考更為嚴謹，解題方法亦較為高明，教師應給張生較高的分數，才能反映出學生的程度（張清濱，2016，頁33）。

貳 多元評量宜兼顧批判思考與創造思考能力的培養

　　許多文獻把思考分成兩種類型：批判思考與創造思考。Ruggiero（1988）即以哲學的與心理學的觀點來說明兩種類型的區別。哲學家偏重批判思考，Ennis（1985）指出，批判思考乃是邏輯的、反省的思考歷程，著重在何者可信及何者可為。認知心理學家則側重創造思考。在尋求解決方案的時候，人們需要一種臨機應變、急中生智的能力，這種能力就是創造力。它是一種具有想像力的活動，而能產生既有創意又有價值的結果，deBono（1985）稱之為「衍生的思考」（generative thinking）。

　　Bloom 等人（1956）曾把認知領域的教育目標分成六個層次：知識、理解、應用、分析、綜合、評鑑。後來 Anderson 等人（2001）將之修訂為：記憶、了解、應用、分析、評鑑、創造。其中分析、綜合及評鑑就是批判思考的能力；分析是演繹法，綜合是歸納法，評鑑是價值判斷。評量就應兼顧這些能力。

　　Guilford（1950）認為學生要有創造力，擴散（開放）式思考是很重要的，它是尋求不同想法或解決辦法的能力。Guilford 分析這種能力具有以下四種特性：(1)流暢性：發展許多理念、觀念、想法；(2)變通性：容易調整方向及作法；(3)獨創性：產生或使用不尋常點子的能力，例如：教師要

求各小組學生把各種不同的水果分成兩類，看看哪一組的分類方法最多（流暢性）？方法最獨特、與眾不同（獨創性）？(4)精詮性：對於各種定義、理念、學說，提出精進的看法。

開放式思考沒有固定的標準答案，較能發揮學生的創造能力；封閉式思考則有固定的標準答案。學校要培養學生的創造能力，教學評量宜多採用開放式思考命題，例如：

一、封閉式思考（有固定答案）

1. 2 + 3 ＝□

2. 五育有哪些？

3. 成熟的橘子是什麼顏色？

二、開放式思考（無固定答案）

1. □＋□＝5

2. 五育中哪一育最重要？為什麼？

3. 水果分類的方法有哪些？

參　多元評量不宜偏重「智育掛帥」導向

學校教育受到升學競爭的影響。多年來，考試領導教學，影響所及，教師命題泰半著重認知領域，忽略情意領域及技能領域，以致群育及德育不彰。即便認知領域，學校教師也都偏向低層次的認知，甚少測驗高層次的認知能力，學生普遍欠缺解決問題的能力。記憶是學習的基本條件，沒有記憶，學習就不可能發生。但是，記憶不等於全部的學習，學習包括知識、技能、態度、觀念、情操等。各類型考試如能採用多元評量，就不會埋沒學生的才能。

肆 高中職及大學校院入學門檻宜考量學生在校多元表現

高中多元入學方案自 2014 年起採用國民中學會考成績。會考旨在測驗學生學習的結果，考試科目包括國文、英語、數學、社會、自然與寫作測驗，考試內容應該把國中的基本能力轉化為會考的試題。考試的題型也應該增加非選擇題。特色招生考試應該減少基礎性題目，增加具有挑戰性及創意性的題目，以增加難度，提高鑑別度。高中職及大學校院推薦甄選入學應該參採學生在校的多元表現，以落實多元評量的理念。

第七節 實務演練

本節以檔案評量、實作評量、真實評量，以及自我評量（誠實測驗）為例，說明如下。

壹 檔案評量

張老師在開學第一次上課的時候，向學生說：「本學期上英文課，每位同學都要撰寫檔案紀錄。學期結束前的最後一次上課，老師要檢查檔案紀錄，評定分數，占學期成績的 20%。」隨後，張老師介紹檔案紀錄的特性、寫法，以及內容，包括：封面、目錄、自我介紹、課程計畫、講義、筆記、英文日記、英文佳句及片語、作業、課外讀物、心得感想、圖畫、卡片、優良紀錄，以及其他等。

學期結束前一週上課的時候，張老師要求學生把檔案紀錄拿出來，進行評量。他要求學生先自我評量，打一個分數；然後 4 人一組，進行同儕評量；最後才由老師確認，評定等級及登錄成績。

你寫過檔案紀錄嗎？現在請思考下列有關檔案評量的問題：

1. 張老師為何要學生自我評量？理由何在？

2. 張老師為何要學生同儕評量？理由何在？

3. 檔案紀錄可否作為學期成績的一部分？為什麼？

4. 檔案評量是否符合教學原理？請提出你的看法。

5. 通常檔案紀錄有哪些內容？（複選題）(1)上課筆記；(2)指定作業；
   (3)英文日記；(4)心得感想；(5)特殊優良紀錄。

6. 下列何者不是檔案評量的特性？(1)多元化；(2)個別化；(3)適性化；
   (4)標準化。

貳　實作評量

　　明禮國民中學生物科李老師要求學生到附近公園觀察樹木的生態，全班採異質性分組分成 5 組，每組 6 人。李老師告訴學生有關實作評量的步驟、內容，以及評分標準。她先把評量的目標具體化，然後設定實作評量的情境、明確規定要件，以及訂定計分的標準。第二次上課的時候，李老師進行實作評量。她採用的實作評量內容、過程、要件、計分標準如下：

標準	配分	實得分數
至少畫出三種不同種類的樹木	30	
敘述每一類型的樹木	30	
敘述樹木的用途	15	
敘述保護樹木的方法	15	
敘述如何保持公園的清潔	10	
總分	100	
實得分數		
百分比分數＝實得分數／總分×30 %＝		
評語：		

現在請你回答下列問題：

1. 實作評量有何特點？為何要實施實作評量？

2. 請你就任教的學科，設計實作評量的情境，實施實作評量。

3. 實作評量較適用於哪些科目？它有何限制？

參　真實評量

　　教育即生活，學校是社會的縮影，學校環境應布置具有教育意義的生活情境，例如：學校可設計模擬超級市場，陳放各種日常生活用品，諸如肉類、魚類、食品、蔬菜、水果、飲料等，讓學生學習；也可把教室布置成為模擬超級市場，當作教學與評量的場所。

　　臺中市立篤行國民小學教學評量即採取跨科、跨領域的方式，結合數學、道德與健康教育等科設計模擬超級市場，要求學生進行採購的活動。該校三年級教學評量，教師把班上學生分成幾個小組，每一組學生發給 500元（分別以 5、10、50 及 100 元面額代替），抽出題目後開始購物。採買的食物必須符合均衡飲食的原則。結帳時則要正確付款，同時自行找錢。每個過程，同組學生都要相互討論：一餐的飲食是否均含有蛋白質、脂肪、維生素、澱粉、礦物質、水分等，以及預算是否夠用等問題。教師從中評量學生的學習成果（葉志雲，1999），例如：學生買的食品養分不均衡，都是吃了會發胖的食物，則健康教育不及格；要是價錢算錯，數學不及格；如果價格「以少報多」，道德教育就算不及格。此種評量方式，兼顧過程與結果，統整多元智能，融合有關學科，真正寓「教」於「樂」。

　　現在請你回答下列問題：

1. 真實評量有何特點？它與平常的紙筆測驗有何不同？
2. 請你就任教的學科，設計真實評量的情境，實施真實評量。
3. 真實評量與實作評量有何異同？請列舉說明。

肆　自我評量（誠實測驗）

　　學生是否誠實？考試是否舞弊？教師可讓學生自我評量，觀察他們的行為。張老師初次任教的時候，曾經設計一份考卷，是非題 10 題，對的用「＋」表示，錯的用「－」表示。選擇題 10 題，採單選題，正確答案以

1、2、3、4表示。試題與答案卷分開。考完後，張老師收回試卷，把每位學生的答案卷影印一份保存。

隔天上課的時候，張老師發還答案卷，要學生自我評量。張老師把正確答案寫在黑板上，請學生自行核對、打分數。然後，張老師把原先影印下來的答案卷與學生自行核對的答案卷相互比較。張老師竟然發現有些學生塗改答案，企圖蒙騙教師，以求較高的分數。

自我評量不僅可幫助學生了解自己，也可當作誠實測驗。教師要知道學生考試是否作弊，使用此法，不誠實的學生也就無所遁形。現在請你回答下列問題：

1. 自我評量的目的何在？有何優點？
2. 自我評量當作誠實測驗，教師應如何進行機會教育？

參考文獻

中文部分

李平（譯）（1997）。**經營多元智能**（原作者：T. Armstrong）。臺北市：遠流。（原著出版年：1994）

張清濱（2007）。**學校經營**。臺北市：學富。

張清濱（2008a）。**學校教育改革：課程與教學**。臺北市：五南。

張清濱（2008b）。**教學視導與評鑑**。臺北市：五南。

張清濱（2013）。多元評量：理念及其應用。**新北市教育，8**，15-19。

張清濱（2016）。**教學原理與實務**。臺北市：五南。

教育部（2012）。**國民中小學九年一貫課程綱要**。臺北市：作者。

教育部（2016）。**國民教育法**。臺北市：作者。

葉志雲（1999，12月15日）。教室變超市，學生採買當考試。**中國時報**。

英文部分

Airasian, P. W. (2001). *Classroom assessment: Concepts and applications.* New York, NY: McGraw-Hill.

Anderson, L. W., Krathwhol, D. R., Airasian, P. W., Cruikshank, K. A., Mayer, R. E., Pintrich, P. R., Rath, J., & Wittrock, M. C. (2001). *A taxonomy for learning, teaching, and assessing: A revision of Bloom's taxonomy of educational objectives.* New York, NY: Longman.

Barrs, M., Ellis, S., Hester, H., & Thomas, A. (1989). *The primary language record handbook for teachers.* London, UK: Inner London Education Authority.

Black, P., & Wiliam, D. (2003). In praise of educational research: Formative assessment. *British Educational Research Journal, 29*(5), 623-637.

Bloom, B. S., Engelhart, M. D., Frost, E. J., Hill, W. H., & Krathwohl, D. R. (1956). *Taxonomy of educational objectives: Cognitive domain.* New York, NY: David.

Carjuzaa, J., & Kellough, R. D. (2013). *Teaching in the middle and secondary schools*

(10th ed.). Boston, MA: Pearson.

deBono, E. (1985). The Cort thinking program. In J. W. Segal, S. F. Chipman, & R. Glaser (Eds.), *Thinking and learning skills, Vol. 1: Relating instruction to research*. Hillsdale, NJ: Lawrence Erlbaum Assocaites.

Ennis, R. (1985). Logical basis for measuring critical thinking skills. *Educational Leadership,* October, 44-48.

Frey, B. B. (2014). *Modern classroom assessment.* Los Angeles, CA: Sage.

Gardner, H. (1983). *Frames of mind: The theory of multiple intelligences.* New York, NY: Basic Books.

Gardner, H. (1995). Reflections on multiple intelligences: Myths and messages. *Phi Delta Kappan, 77*(3).

Glickman, C. D., Gordon, S. P., & Ross-Gordon. (1998). *Supervision of instruction* (4th ed.). Boston, MA: Allyn & Bacon.

Grounlund, N. E. (1998). *Assessment of student achievement* (6th ed.). Boston, MA: Allyn & Bacon.

Guilford, J. (1950). Creativity. *American Psychologist, 5*, 444-445.

Kellough, R. D., & Kellough, N. G. (2003). *Secondary school teaching: A guide to methods and resources* (2nd ed.). Columbus, OH: Merrill/Prentice-Hall.

Krathwohl, D. R., Bloom, B. S., & Masia, B. B. (1964). *Taxonomy of educational objectives, handbook II: Affective domain*. New York, NY: David Mckay.

Long, C., & Stansbury, K. (1994). Performance assessments for beginning teachers. *Phi Delta Kappan, 76,* 318-322.

Mertler, C. A. (2003). *Classroom assessment: A practical guide for educators*. Los Angeles, CA: Pyrczak.

Meyer, C. A. (1992). What's the difference between authentic and performance assessment? *Educational Leadership, 49*(8), 39-41.

Miller, M. D., Linn, R. L., & Gronlund, N. E. (2009). *Measurement and assessment in teaching* (10th ed.). Upper Saddle River, NJ: Pearson.

Oliva, P. F., & Gordon, W. R. (2013). *Developing the curriculum* (8th ed.). New York,

NY: Pearson.

Ormrod, J. E. (2009). *Essentials of educational psychology* (2nd ed.). Columbus, OH: Pearson.

Parkay, F. W., Anctil, E. J., & Hass, G. (2014). *Curriculum leadership: Readings for developing quality educational programs* (10th ed.). Boston, MA: Pearson.

Partin, R. L. (1979). Multiple option grade contracts. *The Clearing House,* November, 133-135.

Riessman, F. (1966). Styles of learning. *NEA Journal, 3*, 15-17.

Ruggiero, V. R. (1988). *Teaching thinking.* New York, NY: Harper & Row.

Savery, J. R., & Duffy, T. M. (1995). Problem-based learning: An instructional model and its constructivist framework. *Educational Technology, 35*(5), 31-37.

Shepard, L. A. (1995). Using assessment to improve learning. *Educational Leadership, 52*, 40.

Simpson, J. S. (1972). *The classification of educational objectives in the psychomotor domain: The psychomotor domain 3*. Lewisville, NC: Gryphon House.

Smith, P. L., & Ragan, T. J. (1999). *Instructional design.* New York, NY: John Wiley & Sons.

Straetmans, G. J. M., & Eggen, T. J. H. M. (1998). Computerized adaptive testing: What it is and how it works. *Educational Technology, 38*(1), 45-52.

Sullivan, S., & Glanz, J. (2000). *Supervision that improves teaching.* CA: Corwin Press.

Wiggins, G. (1998). *Educative assessment: Designing assessments to inform and improve student performance.* San Francisco, CA: Jossey-Bass.

國家圖書館出版品預行編目（CIP）資料

教學理論與方法／張清濱著. -- 初版. -- 新北市：
心理, 2018.03
　　面；　　公分. --（課程教學系列；41329）
　　ISBN 978-986-191-819-8（平裝）

1. 教學理論　2. 教學設計　3. 教學法

521.4　　　　　　　　　　　　　　107003401

課程教學系列 41329

教學理論與方法

作　　者：張清濱
執行編輯：林汝穎
總 編 輯：林敬堯
發 行 人：洪有義
出 版 者：心理出版社股份有限公司
地　　址：231026 新北市新店區光明街 288 號 7 樓
電　　話：(02) 29150566
傳　　真：(02) 29152928
郵撥帳號：19293172　心理出版社股份有限公司
網　　址：https://www.psy.com.tw
電子信箱：psychoco@ms15.hinet.net
排 版 者：辰皓國際出版製作有限公司
印 刷 者：辰皓國際出版製作有限公司
初版一刷：2018 年 3 月
初版二刷：2021 年 10 月
I S B N：978-986-191-819-8
定　　價：新台幣 450 元

■有著作權・侵害必究■